墨香财经学术文库

"十二五"辽宁省重点图书出版规划项目

U0674774

Knowledge Spillover and Innovation

Ecosystem's Emerging Effect in Industrial Cluster

Exploratory Development Based on the Core Enterprise

产业集群中的知识溢出 与创新生态系统生成效应

基于核心企业的探究

李宇 ◎ 著

东北财经大学出版社
Dongbei University of Finance & Economics Press

大连

图书在版编目（CIP）数据

产业集群中的知识溢出与创新生态系统生成效应：基于核心企业的探究 / 李宇著.
一大连：东北财经大学出版社，2020.6
（墨香财经学术文库）
ISBN 978-7-5654-3719-9

Ⅰ．产… Ⅱ．李… Ⅲ．产业集群-知识管理-研究-中国 Ⅳ．F269.23

中国版本图书馆CIP数据核字（2019）第296317号

东北财经大学出版社出版发行

　大连市黑石礁尖山街217号　邮政编码　116025
　网　　址：http：//www.dufep.cn
　读者信箱：dufep @ dufe.edu.cn
大连永盛印业有限公司印刷

幅面尺寸：170mm×240mm　字数：267千字　印张：18.75　插页：1
2020年6月第1版　　　　　2020年6月第1次印刷
责任编辑：石真珍　王　斌　责任校对：龚小晖
封面设计：冀贵收　　　　　版式设计：钟福建
定价：49.00元

教学支持　售后服务　联系电话：（0411）84710309
版权所有　侵权必究　举报电话：（0411）84710523
如有印装质量问题，请联系营销部：（0411）84710711

"东北财经大学'双一流'建设项目
高水平学术专著出版资助计划"资助出版

前言

　　党的十九大报告明确提出，要促进我国产业迈向全球价值链中高端，培育若干世界级先进制造业集群。综观现有公认的世界级先进制造业集群，无论是国家层面、跨省域还是特色产业园区，这些集群的共同点为：一是融通机制，产业链、创新链、人才链、资金链和政策链相互贯通，打破隔离机制，形成融通共享的生态系统；二是创新导向，创新要素向产业集群聚集，知识资本成为其他资本的追踪目标，以各种形式在创新生态系统中高效配置、有机结合，产业链的联结逻辑将按照有利于创新的知识配置和组合逻辑重构。

　　同这两个特点密切关联的集群现象就是产业集群的知识溢出效应，即知识在转移的过程中再造。正是有了知识溢出，知识生产主体之间才有连通的基础和连通的主题，知识才能在不间断的传播中为创新创造条件。产业集群中的知识溢出明显区别于FDI（外国直接投资）过程中的知识溢出，FDI中的行为主体因潜在竞争压力导致合作关系具有不稳定性，而产业集群中的知识溢出则因带有意识性而容易形成稳定的知识获益共同体。本书正是在上述认识的基础上展开的，并将采用科学方法验证已有的认识及探索更多的规律。由于技术是制造一种产品的系统知识，是特殊的知识簇，所以本书所涉及的知识溢出也将涵盖技术溢出。产业集群内部由于核心企业与外围企业的技术水平势能差，在打造创新生态系统、践行新型竞合关系过程中产生的技术溢出，在溢出的内生性、溢出的目的性、溢出的双向性等方面，同跨国公司通过FDI实现技术转移而给东道国带来外部经济的溢出效应截然不同。

本书聚焦于产业集群网络中知识溢出（技术溢出）的独特性及其对集群创新生态系统的生成效应，主要内容如下：

首先（第1章），对写作背景、研究意义、基于研究综述的研究起点，以及全书的研究思路和研究方法等做出概览，提出本书在推动理论发展与反映实践问题中的重要价值。

其次（第2章），对产业集群中的知识溢出做了全面综述，在梳理了现有文献的基础上，构建了"关系—过程—结果"的研究框架，并析出了这个框架中的焦点议题，再结合中国情境展望下一步的研究方向。

再次（第3章、第4章），研究重点放在了对"有意识的知识溢出"的构念上，不仅建立了基于"意愿-行为"的测量量表，而且探索了有意识的知识溢出对集群创新生态系统生成的影响。影响主要从两方面加以阐述：一方面运用实证检验的方法，构建了有意识的知识溢出、集群衍生效应和集群创新绩效之间的因果关系，认为集群创新生态的形成及创新绩效的获取，一个重要的原因是集群衍生现象的出现，集群衍生是有意识的知识溢出和集群创新绩效重要的中介要素；另一方面运用案例研究方法，以有意识的知识溢出最为典型的丰田供应商集群为案例研究对象，创新性地从核心企业的视角审视集群创新生态的形成机制。研究认为核心企业在设置集群的共生关系中起到了不可替代的作用，好的集群生态机制的建立不仅能够使整个集群创新生态实现良性循环，而且能够帮助核心企业摆脱创新动力不足的困境。

然后（第5章），在确立有意识的知识溢出的概念内涵和作用机制的基础上，研究进一步将重点放到知识的创造上来，主要考察了核心企业在知识权力运用中的作用。研究认为核心企业在集群创新网络中有一种独特的知识权力，这种权力会通过网络惯例影响集群的知识创造产出，核心企业往往会构建有利于获得竞争优势的知识网络，然而知识过度集中于核心企业并不一定是最佳的集群企业知识关系，本书检验了产业集群权力距离发挥的重要调节作用。

最后（第6章、第7章和第8章），进一步聚焦在创新集群中的核心企业上，第6章以东莞松山湖高新技术产业集群和沈本新城生物医药产业集群作为嵌套式案例研究的对象，研究了核心企业与跟随企业之间在竞合关系转化过程中，由技术溢出产生的创新效果。研究从核心企业与配套企业之间的竞合关系转化入手，验证了双向技术溢出模式的合理性和产生创新绩效的条件，提出了双向技术溢出效应形成的过程机制。第7章在此基础之上用大样本数据实证检验了双向技术溢出与集群创新绩效的关系，研究以不同的组织依赖关系作为调节变量，得出除了核心企业的正向技术溢出外，中小企业的逆向技术溢出也能显著提高集群创新绩效。联合依赖对正向、逆向技术溢出与集群创新绩效间的关系起正向调节作用，而非对称依赖对正向、逆向技术溢出与集群创新绩效间的关系起负向调节作用。第8章否定了核心企业与配套企业之间简单的关系，用模糊集定性比较分析的方法，研究了创新生态系统协同创新的影响因素，认为核心企业在产业集群中也起到了推动平台产生的重要作用，而这个平台通过推动协同创新促进集群创新生态系统的生成。

本书关注了知识溢出和创新生态系统生成的内在机制，知识溢出在由核心大企业、成熟配套企业、科研院所、中介机构等支持部门形成的创新网络中起到独特作用，既有理论探索的价值，也有同建设世界级先进制造业集群相结合的实践意义。本书的研究源于笔者对创新型产业集群常年的跟踪关注，对东莞松山湖高新技术产业集群、辽宁沈本新城生物医药产业集群、广州南沙产业园、大连保税区汽车产业集群、沈阳浑南新区产业园区、温州汽车零部件产业集群、苏州工业园等产业园区的实地走访调研，也源于对知识溢出和创新网络理论前沿的认知和思考。探索产业集群知识溢出规律，打造创新生态系统，进一步发挥中国全产业链优势，不断完善和丰富通向世界的创新网络，为形成世界级先进制造产业集群提供智力支持，也是中国经济管理研究者的责任和努力方向。

本书得到东北财经大学"双一流"高水平学术专著出版资助计划的资助，同时得到了国家社会科学基金重大项目"供给侧结构性改革下东北地区创新要素结构分析与优化对策研究"（18ZDA042），国家社会科学基金重大项目"新组织理论和组织治理研究"（11&ZD153），国家自然科学基金项目"核心企业'垂直整合-网络嵌入'的创新生态系统生成机制与效应研究：产业链知识体视角"（71972029），国家自然科学基金项目"创新网络视域下有意识的知识溢出、知识创造与创新集群衍生机制：理论与实证研究"（71472028），以及中国博士后科学基金特别资助项目"新型垂直整合战略、双重网络嵌入与产业创新升级研究"（2018T110353），中国博士后科学基金面上资助项目"知识整合视域的产业垂直整合与创新生态系统生成研究"（2017611466）的资助，在此深表谢意。

李 宇

2020 年 3 月

于问源阁

目录

1 导论

1.1 研究背景与研究意义

1.1.1 研究背景

随着国际产业链将跨国企业和本地经济联系在一起，企业之间的竞争已经由单纯的个体对抗转变为所在产业集群及区域分工体系的对抗。产业集群不仅具有将国际产业链通过本地优势再定向的功能，更为重要的是一些产业集群通过内部创新型企业的不断涌现、跨产业链生产技术之间的渗透和再创新，以及复杂开放的创新网络，在决定产业链向高端延伸的可能性的同时，还为集群企业提供了持续不断的创新动力和作为区域经济增长引擎的成长模式（Ornaghi，2006；Andrea Fosfuria & Thomas Ronde，2004；张书军、李新春，2005）。很多研究认为这类产业集群已经超越了要素集中投入和供应链优化配置所带来的集群效益，通过知识的富集、溢出效应和新知识的创造等，成为地理或在技术经济空间中创新活动的热点（Moreno，et al.，2006；Engel，et al.，2009；丁魁礼、钟书华，2010），这类产业集群就是所谓的创新型产业集群或称创新集群（Cluster of Innovation，COI）。

在知识经济背景下，对现有知识利用的广度和深度是解决知识经济效率问题的基础。一类研究考察了硅谷的创新模式，分析从早期的无线电军事技术、硅晶体管到信息技术、网络技术，再到现在看似与硅无关的生物医药、纳米和新能源产业的交替出现，认为新兴产业的不断涌现源于创新集群为创新型企业和高新技术的不断衍生和交互衍生提供了必要的机制，最终形成具有生命力的区域创新知识生态（Saxenian，1994，2006；Jerome S. Engel & Itxaso del-Palacio，2009）。而知识在流动和交互中不但没有消耗反而形成新的知识，如此循环往复的过程就是所谓的创新集群衍生（Cluster of Innovation Spin-off）。根据 Chien（2012），Schilling 等（2007），Gardet（2012），梁启华（2005），高雪莲（2008）等的研究，衍生不同于演化，衍生具有目的性和可控性，既关注过程又重视结果，但二者都强调变革和情境的重要作用；衍生又不同于升级，衍生不仅是同一性能的提升，还包括不同性能的多样化存在，但二者又都强调对更高效或更高价值形态的创造。

显然，并非所有的产业集群都能够成为创新集群，创新集群具有明显的持续性、多样性和创造性的发展轨迹。那么衍生效应（Effect of Spin-off）是不是区别传统产业集群和创新集群的重要特征？创新集群衍生包括了哪些内容，受到哪些因素影响，又有哪些内在规律？如何通过创新集群衍生形成复杂的知识资源共享模式和多元化的技术创新轨道，乃至使整个区域创新系统成为新兴产业的摇篮和经济增长极？这些问题不仅是目前技术创新管理、创新经济地理和产业组织交叉研究领域的前沿问题，也是探索中国特色的创新驱动战略模式、科技与经济紧密结合方式的热点问题。

针对这些前沿热点问题，现有研究可聚类为两条研究主线：一是基于产业集群的社会网络属性，即从创新网络（Innovation Network）视角研究产业集群创新活动。其包括基于社会资本（Social Capital）联结的产业集群创新活动；基于网络要素，如基于网络结构（NS）、网络资本

（NC）等产业集群创新活动；以及基于网络功能，如基于网络联盟的资源获取，降低交易成本，促进信息交流和创新机会，以及跨区域协同创新等产业集群创新活动。二是基于知识作为创新活动的一般载体，聚焦于集群企业个体创新差异与整体创新活动关系的知识溢出效应（Effect of Knowledge Spillover），然而目前大多数研究并未对知识溢出效应做进一步细分，而是集中于笼统地对技术溢出的渠道、发生情境和影响因素等问题的研究，事实上知识溢出普遍存在无意识的知识扩散和有意识的知识分享的知识交互行为（Borensztein，et al.，1998；Gilbert，et al.，2008）。而 Tdtling 等（2009）以知识交互的正式性和动态性进行划分，明确了不同知识溢出的差别。尽管目前很多研究关注了非贸易形式的知识溢出对创新产业和创新活动聚集现象的解释，但是根据 Vernon Henderson（2007）等的研究，尽管存在很多非市场性交易的知识溢出，但其中存在大量潜在的市场交易因素，而创新集群衍生更多的是一种创新主体持续追求创新目标而做出的诸如主动合作和市场交易等有意识的行为。因此本书定位于正式贸易和动态知识交互条件下，有意识的知识溢出对创新集群衍生的影响，如图 1-1 的虚线框所在象限，有意识的知识分享包括知识溢出意愿与诱发机制，知识流动的组织因素与合作形式，知识吸收与再创造等广义的知识溢出过程。而其他三个象限则属于无意识的知识溢出范畴。

目前来看，这两条研究主线对集群成长的交叉研究并不多见，大部分学者虽然意识到了企业关系中的知识溢出效应，但也仅仅将此作为网络创新行为的一般背景，而往往将注意力放在保证创新资源持续供应和知识积累的社会资本和网络资本的创新促进机制（Robert Huggins，et al.，2010，2012），以及企业合作和组织学习行为对创新的作用方面（Johnston，et al.，2006；Paladino，2008；Mika Westerlund，Risto Rajala，2010）。产业集群的衍生现象同时带有创新网络与知识溢出的特征，通过关联整合搭建科学的研究框架使两大研究主线对产业集群衍生问题进行聚焦，将为深入理解集群形态、持续创新动力和成长模式开辟新的研究空间。

创新生态系统生成

集群创新网络

√社会资本联结
(Johnston, 1999; De Nooy, et al., 2005)

√网络要素
网络位置 (Trippl et al., 2009; Maties, 2011)
网络结构 (Borgatti, Everett, 1999; Dhanaraj, Parkhe, 2006)
网络资本 (Huggins, 2010)
网络管理能力 (Hakansson, Ford, 2002; Ritter, Gemvnden, 2004)

√网络功能
资源获取 (Lavie, 2006; Srivastava, Gnyawali, 2011)

知识溢出效应

知识溢出渠道 (Javorcik, Spatareanu, 2008)
发生情境 (Grossman, Helpman, 1991; Comin, Hobijn, 2004)
影响因素 (Lai, Peng, Bao, 2006; Comin, Hobijn, Rovito, 2008)
√有意识的知识溢出
Tdtling, et al., 2009

知识产权

交叉确权；
合作分享；
扩大知识库

模仿、交流

相互测探；
技术前哨联盟；
……

知识溢出意愿与诱发机制 (Iammarino, 2006; Tseng, Hung, 2011)
知识流动的组织因素与合作形式 (Renzl, 2008; Ding & Huang, 2010)
知识吸收与再创造 (Branzer, Vertinsky, 2006; 吴晓波等, 2009)

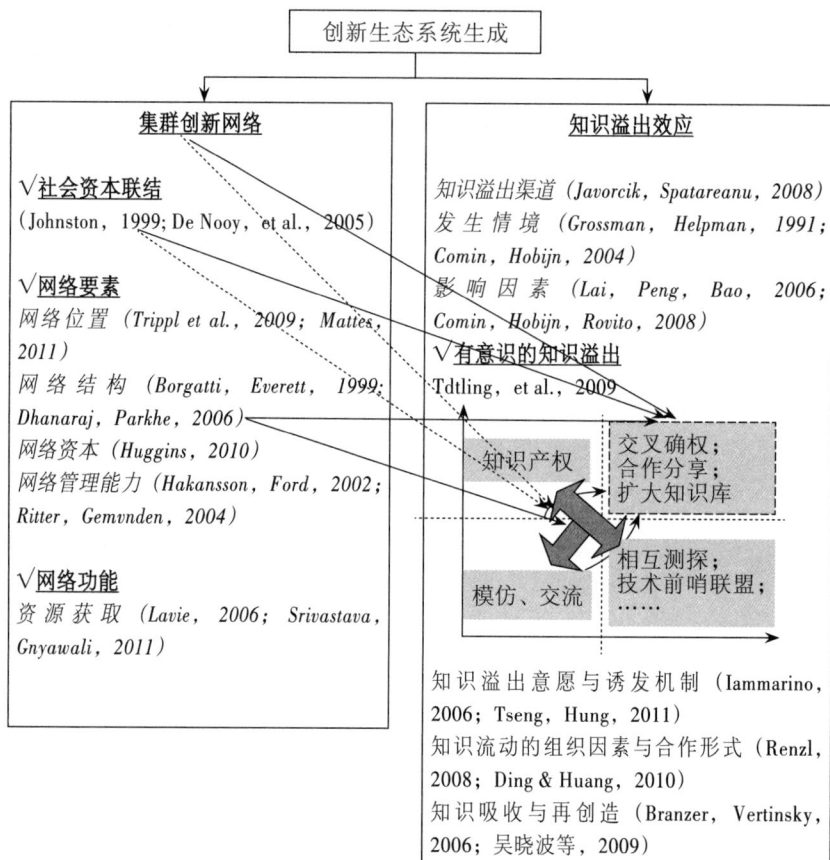

图 1-1 本书的研究定位

从图 1-1 中本书的简要研究定位来看，本书所涉及的"产业集群"并非指在 FDI 初级阶段由资本雇用被动承接国际产业转移而在产业链低端集聚的资源性或生产性产业集群，而是以创新为集群发展的核心动力，并通过不断衍生的新技术、新企业和新兴产业而实现持续创新的"创新集群"。对创新集群衍生机制的研究可谓方兴未艾，一是受竞争全球化和本地化的影响，企业之间的竞争越来越多由个体层面上升到所在产业链和所嵌入的价值网络中，而集群竞争力和创新活力深刻影响着企业间的竞争态势；二是产业集群已经经过了打造产业链、降低成本和招商引资的初级阶段，以技术学习、创新引擎和创造为特征的创新集群是对原有产业集群理论和实践的超越；三是创新集群的发展被作为以科技手段带动区域经济发展和产业转型的着力点，无论是奥巴马政府2009年在全美推行创新集群的经济振兴战略，还是我国2012年党的十八大提出的创新驱动的国家战略，创新集群都作为创新型企业聚集和科技对经济引领的新型经济组织发挥着重要作用。

1.1.2 研究意义

无论是在创新网络还是在知识溢出效应方面，都已有较为丰富的研究积累，但是从二者关联整合的视角对创新集群的衍生机制进行研究，至少有以下研究价值：

第一，目前就创新网络中的知识溢出效应的研究还很欠缺。将网络作为竞争潜在资源优势的重要原因就在于知识在网络成员之间流动、分享和利用的效率更高（Dyer & Singh，1998），但绝大部分研究从资源观的规模经济视角出发，如社会资本（Berg，et al.，1982；Ritter、Gemvnder，2004）、网络结构（Burt，2005）等进行了解释。事实上，知识溢出的互补性和异质性（Complementary & Heterogeneity）等特征既没有在创新网络有效培育创新资源的知识库中被重视，也未在创新网络的渠道作用中得到很好的阐述。尽管 Robert Huggins 等（2010，2012）研究了组织间知识网络如何支持企业层级创新的知识获得，但对于行业特殊性和区域创新性，并没有在行业和地区间的比较，而行业差异在网络活动和处理知识产生、积累和扩散的方法上是极为不同的。所以，从知识溢出的意愿与诱发机制出发，有必要在不同的地区和行业的创新网络中进一步检验知识溢出的差异。

第二，目前对知识溢出与知识创造、产业集群衍生关系的研究中，大多关注知识溢出的主效应，而对作用机制的研究非常欠缺。如 Gilbert 等（2008）通过对在1990年到2000年间设立的127个技术性项目进行回归和路径分析来检验知识溢出在产业集群中的创新效应，研究全部以新建项目为样本，强调了所在产业以及技术发展方向有更好的理解，同时在广度上以及表现的高水平上相较于那些集群外的同产业企业的新项目更有优势。事实上，作用机制应成为知识溢出效应的研究重点，如 Dubini & Aldrich（1991）认为从知识溢出到知识创造的一个关键要素就是对隐性知识（Implicit Knowledge）的共享；Molero & Buesa（1996）通过对于创新过程不同聚集的经验研究，记录了知识溢出作为创新发生环境的特殊机制如何决定知识交换的频率和形式，企业在学习过程中产生了不同的知识创造轨迹，由此对技术的衍生又具有决定性的影响。因此，有关知识溢出对集群衍生作用的中介变量和调节机制等的研究，对创新集群发展的理论和实践都有重要价值。

第三，虽然针对创新集群的研究在国内外文献中逐步增加，但针对中国创新集群创新活动和发展的实证研究才刚刚起步。在我国，产业集群在数量上正经历前所未有的繁荣，但是从 2007—2011 年连续 5 年评出的"百佳产业集群"名单来看，500 家产业集群以强劲创新能力经受住国际金融危机考验、获得广泛的国际知名度的并不多见。2012 年国家停止了"百佳产业集群"的评选，而制定了《创新型产业集群试点认定管理办法》，并于 2013 年评选出了第一批 10 家创新型产业集群试点。前后 10：1 的数量比从侧面说明了被赋予传统经济转型与迎接第三次工业革命历史机遇的创新集群，将是对传统集群在发展质量上的超越。然而在中国情境下，如何基于创新网络的知识溢出实现传统产业集群和知识集群以知识创造为目标的融合，进而使充满活力的创新集群不断向"规模化、高端化和自主化"衍生，真正由"中国制造"向"中国创造"转型，这方面的理论发展和实证研究都还非常缺乏。创新网络中有意识的知识溢出真的能够促进合作和知识创造，真的能够实现创新集群的衍生吗？如果能，其中的作用机制是什么？这种作用机制在不同行业、不同地域、产业链的不同层面和不同产业政策导向下是否具有差异？等等。对这些问题进行理论和实证的回答，无论对中国的产业和企业创新活动的实践和政策指导，还是对经济管理知识的贡献，都具有重要意义。

1.2 相关理论研究综述

1.2.1 创新网络与知识溢出的相关研究

创新网络是在创新资源的分散性、研发的不确定性与创新环境的开放性日益增强的背景下产生的。尤其以高新技术产业部门为代表，企业为了获得创新资源和先人一步的创新能力，越来越多地嵌入在社会、产业网络以及交换关系之中（Gulati, et al., 2000；Tohnston, et al., 1999）。一部分研究使用社会学中的网络分析方法，以网络中心度（Freeman, 1979；Chih-Hsing Liu, 2011）和核心度（Borgatti & Everatt, 1999）作为创新绩效研究中最为常用的网络结构参数。还有一部分研究引入社会资本的概念，研究证实社会关系网络不仅有助于知识交流（Lichtenthaler, 2005；Tomlinson, 2010；Bergenholtz & Waldstrom, 2011），还能促进不同公司间互补性技能的外溢（Arora & Gambardena, 1990；Powell, et al., 1996）。此外，伴随着网络成员而来的既有机会又有限制，一部分研究关注于网络能力作为普遍网络背景下的新型能力，以及企业同所处环境、网络权力分配、参与者之间的控制和网络位置动态变化的管理特征（Bell, 2005；Chiu, 2008；Michel Ferrary, et al., 2009）。

知识溢出效应可以被定义为知识从组织间或组织内的一部分向另一部分直接或间接的转移（Gilbert, et al., 2008）。一系列调查结论有力地证实了知识溢出的存在，即企业的创新活动受附近企业创新活动的影响（Almeida, 1996；Frost, 2001；Jaffe, et al., 1993）。知识溢出有信息、技术和产品等多种形式，接受知识溢出可以帮助企业积极利用最新的技术，企业能够了解其他企业已经进行了哪些技术活动，正在做什么以及已经进行到了什么程度（Brown & Duguid, 2000）。知识溢出对于本产业的技术发展方向的预见使得企业家们可以将其企业的技术调整到与新兴方向一致，帮助企业在最具吸引力的市场中竞争（Audrestsch & Keilbach, 2004）。知识溢出的价值可能会随着在空间内的蔓延而衰减，因此邻近从事相似活动的企业有可能会为企业的创新活动提供更多前沿的知识（Almeida，1996；Frost，2001），而雇员的流动通常被认为是地理集聚的知识溢出的主要渠道（Almeida & Kogut，1999）。

目前在创新网络和知识溢出的关系中，首先，地理邻近性是重要的研究变量。近年来这一领域的大量研究试图更好地理解地理空间，尤其是以同一地区的网络参与者的形式如何，不仅影响这类网络的配置也影响以知识为载体的交互形式促进创新的能力（Baptista & Swann，1998；Asheim，et al.，2003；Rutten & Boekema，2007；Trippl，et al.，2009；Mattes，2011）。其次，网络嵌入性也是另一个重要研究变量（Storper，1997），例如，就合作中有创新目标的合作协议的那些垂直和水平关系，嵌入性不仅强调学习和知识来源的重要性（Lunduall，1992；Cooke，2002），也涉及成本和收益关系，在参与者合作到一定程度之后，合作活动中潜在的知识溢出会减少，但彼此间的了解会有所增加（Laursen & Salter，2006）。创新网络的中心企业嵌入性最强，在交换网络成员分散的能力和资源中担当着领导角色（Dhanaraj & Parkhe，2006）。当占据创新网络中心位置的企业具有较弱的知识溢出水平时，作为中心企业的中小企业机会主义行为将十分严重（Goerzen，2007）。最后，企业内部资源和吸收能力禀赋也是创新网络与知识溢出关系中讨论的重要变量，在创新网络中企业内部资源和吸收能力禀赋会约束关系资源，吸收能力的增强将导致资源类型之间的互补和协同效应（Hervas-Oliver & Albors-Garrigos，2009；Cantner，et al.，2010）。

1.2.2 知识溢出与创新集群衍生的相关研究

创新集群的衍生涉及至少两个层面的问题：一是创新集群的形成（来源），很多研究认为创新集群是传统产业集群的升级版，创新型企业作为源企业（Origin Enterprises）或主导企业、领头企业，是在本地的产业链延伸或业务合作中逐步衍生而形成的（Axelsson & Euston，1992；Albino，1999）；二是创新集群的发展，即创新集群如何进一步衍生以实现持续不断创新的成长机制（Freeman & Engel，2007；高雪莲，2009）。现有研究进一步将这两个层面的问题细化为创新集群衍生的内容，研究最多的是创新集群内的企业衍生（Deeds，et al.，1997；Gilbert，et al.，2008；胡建绩、陈海滨，2005），包括孵化机制（Schoonhoven & Eisenhardt，1989）和集群内创业（Florida & Kenney，1990；Almeida & Kogut，1999；李小康、胡蓓，2013），技术衍生（Nonaka & Takeuchi，1995；Mathews，1999；Saxenian，2006）和新兴产业的衍生（Moreno，2006；王珺，2005；史永隽，2012）。

创新集群的衍生同知识溢出有着密切的关系，Gilbert 等（2008）以集群中企业的新项目代表集群衍生实证检验了集群内吸收知识溢出的新项目对于所在产业以及技术发展方向有更好的理解，同时在广度上以及表现的高水平上相较于那些集群外的同产业企业的新项目更有优势。Lee，Miller，Hancock & Rowen（2000）的研究认为，知识溢出最有可能在那些曾在某一时间分享相同雇员的地理上邻近的公司中产生共振，其中从一个公司流动到另一个公司进行传递与分享的专业雇员是缄默知识溢出的重要载体。由于知识溢出的存在，集群中新兴的企业特别是规模较小的企业会比已经建成的企业从集群中获取得更多（Chung & Kanins，2001）。其他企业创新活动的知识以及将知识在集群中同化的行为应该成为培育创新行为的工具（Henderson & cockburn，1996；Koberg，et al.，1996），这些将使其拥有更大容量的市场。然而，知识溢出又并非忽略集群企业间的异质性，采用区别战略的新建企业不仅可以利用其他企业的声誉，并且相比其他区域内的企业，可以高效地开展创新活动（Almeida & Kogut，1997；Canina，et al.，2005）。Gilbert 等（2008）认为应对知识溢出，集群企业至少需要三种能力来保持创新集群的不断衍生，评估与吸收溢出知识的能力（Maskell，2001），辨别值得追寻的创新机会的能力（Abrahamson & Rosenkopf，1993），以及辨识其可以开发新兴技术市场的能力。

1.2.3　知识整合与创新生态系统

当前对知识整合与创新生态系统关系的研究主要集中在以下三方面：

第一，知识整合在创新网络载体下形成创新生态系统的过程研究。

Hansen（1999）运用知识网络概念解释大公司内部不同业务单元之间知识获取的差异，发现知识整合受到业务单元间知识网络关系的影响。芮明杰和刘明宇（2006）认为网络状产业链因知识冲突引发SECI过程，从企业隐藏知识到产业链明晰知识的转换中诞生新的设计规则，进而形成了主动性知识生产和知识分享的企业间共同协商机制，这是创新生态系统形成的基础。而詹勇飞和金生（2009）基于知识整合与知识网络的不可分割性，总结了知识网络的形态模糊性、知识势能进阶性和整合记忆性三个重要特征，为知识节点通过网络联结进行知识生产和知识整合获得知识完备性准备了条件。

第二，创新生态系统通过创新主体的知识整合获得知识完备性的过程研究。Grant（1996）认为是整合的知识而非知识本身形成企业的核心能力，这种核心能力体现为创新生态系统所具备的知识完备性，而知识整合的范围、有效性和灵活性决定了知识完备性的程度（Boer，1999）。而Makri等（2010）的研究也指出，企业跨越组织边界进行知识整合的目的在于获取互补性（Complementary）知识，创造出单个企业无法创造的价值。Cassiman等（2006）研究了企业创新战略中内部研发和外部知识获取之间的互补性，指出对内部与外部知识源的整合能力是企业竞争优势的一个重要来源。张利飞等（2014）进一步指出，为了向客户提供一整套技术解决方案，单一企业难以独揽全部前沿技术，必将促使不同产业高科技企业之间大范围分工合作创新，从而推动企业之间的竞争由"单个企业之争"演变为"供应链之争"，进而升级为各个企业赖以生存的"创新生态系统之争"。

第三，基于知识整合的创新生态系统的竞争优势。Clark和Iansit（1995）的研究表明，知识内部整合通过强化提供必要的产品、服务和技术支持来提升竞争优势，外部整合通过满足客户一致性要求来促进竞争优势的发挥。Von Hippel（1998）研究发现，有些产业超过三分之二的创新可以追溯到用户的建议或想法，而在另外一些产业（如电信终端设备）中，大多数的创新可以追溯到供应商。因此，在用户、供应商和制造商之间建立良好的知识转移机制可以进行跨企业的"外部创新"，并给成员企业带来持久的竞争优势和核心能力的提高。程鹏等（2014）

通过对华星光电通过知识整合实现本土企业快速追赶的案例研究指出，中国企业打造创新生态系统发展应扬弃传统后发企业知识累积线性追赶的模式，而应将知识整合作为联结零散、破碎知识和重构新知识的手段。

1.2.4 垂直整合与创新生态系统竞争

关于垂直整合与创新生态系统竞争关系的研究，一方面集中于垂直整合作为生态系统竞争的载体的研究。在这方面，对苹果公司的案例研究是近年来涉及最多的内容。Samantha Nielson（2014）认为垂直整合战略使苹果拥有芯片制造商、能够控制制造环节、遵循极为严格的软件标准以及自由零售店产权，这个几近封闭的系统使苹果有能力控制自己的价值链和元件成本，形成一个巨大的商业生态系统。并且Google、Microsoft和Amazon也在为建立自身的生态竞争系统而大步推进着垂直整合。孙进（2011）也指出，苹果垂直整合构建的庞大产业链生态系统最大的竞争优势在于难以复制。此外，Nick Vitalari（2009）认为网络互动构成的商业环境和协作商业平台的兴起使今天的垂直整合不同于传统上的认识，垂直整合增加了企业的竞争选择，扩展了品牌范围，密切了同顾客的联系，为创新提供了新的"沙盘"，以及对生态系统竞争最有利的专利贡献形式。

另一方面是垂直整合提供的生态系统竞争机制。张运生（2010）认为技术标准的开发与市场化推动高科技企业之间的竞争由单个企业之争演变为供应链之争，进而升级为各个企业赖以生存的创新生态系统之争。垂直整合下的协同共生机制将各企业的创新成果整合成一套面向客户的解决方案。李晓华等（2013）将对某一产业的发展产生重要影响的各种要素的集合及其相互作用的关系定义为产业生态系统，认为产业的发展是整个产业生态系统共同作用的结果，各国努力采用垂直整合模式发展战略性新兴产业以抢占产业生态系统竞争的高地。Ron Adner等（2010）认为垂直整合作为生态系统相互依靠获得竞争优势的战略已经超过了技术生命周期的影响，生态系统创新产出不仅受外部创新者体量的影响，也受外部创新者相对于核心企业在生态系统中的位置的影响。

1.2.5　生态系统竞争与创新的关系研究

Moore（1996）将企业生态系统视为一种全新的商业模式，系统成员包括核心企业、消费者、市场中介、供应商、风险承担者，甚至还包括竞争者。成员之间构成了价值链和由此相互交织的价值网。Wei-Feng Tung 等（2010）、De Araujo 等（2011）认为企业生态系统强调打造具有共生性和多样性的价值创造平台，这个平台可供合作伙伴利用和分享，从而使价值创造活动能够得以系统化地组织。因此，创新不仅是生态系统成员间彼此联结的目的也是生态系统现实竞争优势的基本要求（Ron Adner，2006；Verganti，2013）。借鉴生态学的观点，现有研究分别从生态位（Ecological Niche）对企业生存技能的要求（Steve Ditlea，1998；Klaus Rennings，2000）、基于多样性的跨产业链融合（Tolossa，2007，2013）、核心大企业对生态系统运营的知识溢出作用（Arikan，2009；Robert Huggins，et al.，2012）以及模糊企业边界和建立运行机制带来的整合效果（Jacobides，et al.，2006；Kapoor，et al.，2009；简美玲，2010）等方面对个体企业创新和生态系统协同创新作用展开研究。

另一类研究关注生态系统与创新在获取竞争优势方面的一体化，即创新生态系统（Innovation Ecosystem）。Carayannis 等（2012）提出了不同于线性知识生产和强调知识应用的以"系统"为逻辑的知识生产，即主要由"创新网络"和"知识集群"组成的多层次、多主体等知识创新系统。张运生（2010）在对高科技企业创新生态系统技术标准许可定价的研究中指出，企业创新生态系统是以界面技术的标准化、核心技术的模块化、内部成本转移性、价格结构不对称性、合作共生的必然性、集群的高度虚拟性等显著特征，区别于传统意义上的企业集群、虚拟企业、企业动态联盟、集群式供应链、地域性工业园区等研究对象。Ron Adner（2006）研究了半导体光刻设备自1962年出现到2005年经历9代技术更新过程中技术相互依赖的结构与创新生态中价值创造的关系，揭示了企业创新与生态系统中其他企业创新之间的互为竞争和相互协作的多边关系。

1.3 逻辑框架与主要研究内容

1.3.1 逻辑框架

本书遵循问题导向，从研究现象和理论的对话入手，在全面跟踪研究主题的研究现状基础上，找到现有研究的前沿领域、不足和突破口，并以此为依据将总体研究问题合理地区分为逻辑紧密、相互衔接的子研究板块，综合运用多种研究方法展开研究探索，总体逻辑框架如图1-2所示。

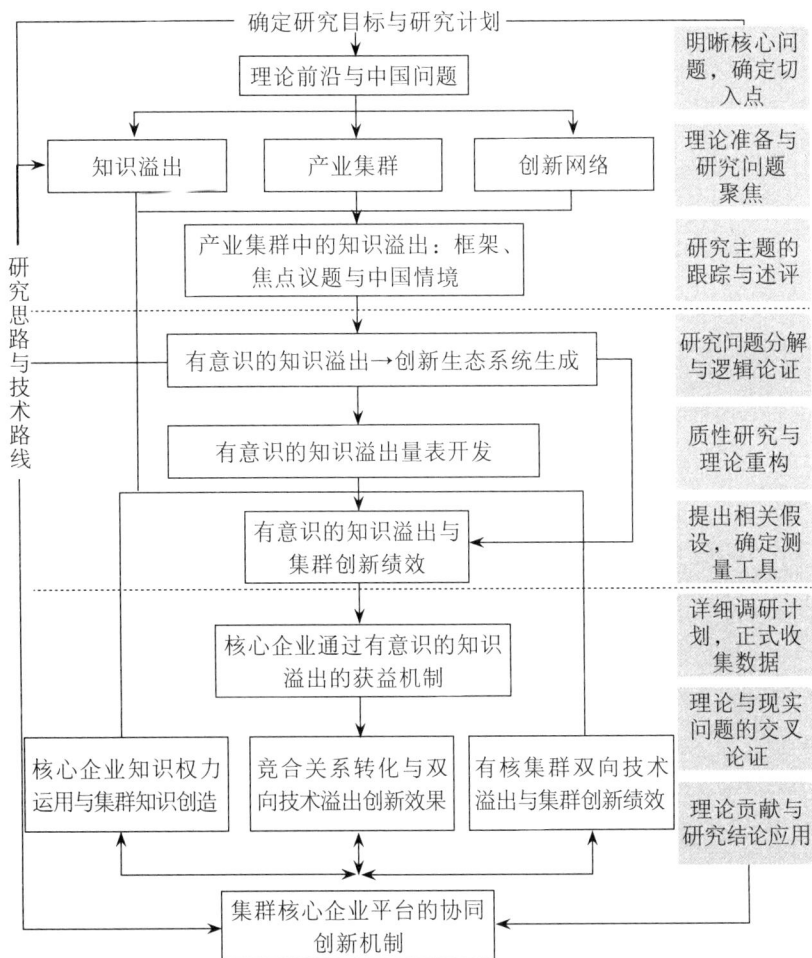

图1-2 整体研究框架

1.3.2 集群创新网络中有意识的知识溢出与知识创造

这部分研究本质上属于创新集群衍生问题的"理论情境"研究，其本身重要的理论价值又是其他研究部分的理论基础。在研究变量关系之前，有必要重新解释和界定两个重要变量——创新网络和有意识的知识溢出的内涵——以区别以往研究并作为本书的起点。本书认为创新网络既是一个情境概念（如从网络要素视角考察，Beyer-lein & Hipp，2005），又是一个解释变量（如从网络功能视角考察，Lavie，2006），所以创新网络概念具体化为"创新网络要素"和"创新网络功能"分别考察同其他变量的关系；而对于有意识的知识溢出，根据 Vernon Henderson（2007）、Tappeine（2007）等的研究，则特指具有市场交易特征的知识溢出，如专利交易、劳动力市场、企业合作研发知识产品等情境下的知识溢出。在概念界定方面该部分分为四个研究问题，如图1-3所示。

（1）网络功能对有意识的知识溢出的作用。目前虽然不乏以合作网络视角探讨知识溢出创新活动的文献，但最近的研究才发现网络的促进作用并不是自发的。本书将考察参与合作企业的意愿（Grori & Soda，1995）、溢出知识的异质性（如隐性知识和显性知识），以及溢出方式（如 Fershtman & Gandal（2011）区分的项目溢出（Project Spillover）和贡献者溢出（Contributor's Spillover））等的重要影响。

（2）有意识的知识溢出与知识创造的关系。对于有意识的知识溢出，其与合作知识创造之间并不总是 FDI 情境下的促进关系，因为 FDI 企业被毫无疑问地定位于领导者角色。而 Ding & Hung（2010）的研究发现在合作创造新知识的过程中，对企业先验知识的溢出会损害竞争优势。本书在此基础上将进一步考察有意识的知识溢出者的竞争地位（领导-跟随）、溢出意图和溢出方式（垂直或水平）等的影响，这将关系到企业以知识创造为目的对跨组织资源分享的决定。

（3）网络要素对有意识的知识溢出与知识创造关系的调节作用。与上面的研究密切相关，除了知识溢出和合作创造的主体特征，本书将检验网络条件的调节作用。目前研究最多的是关于网络结构的影响

变量潜在关系 　　　　　　　　　　　　　　　　研究目标

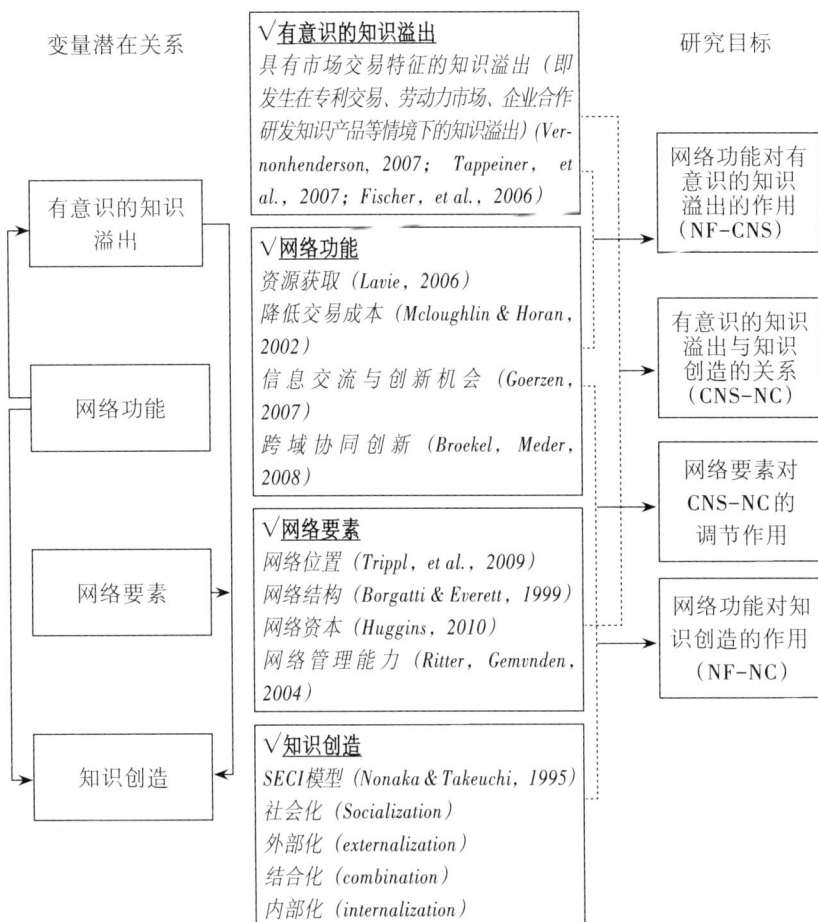

图1-3　创新网络中有意识的知识溢出与知识创造研究

（如 Borgatti & Everett，1999），本书则将综合考察网络位置、网络结构，尤其针对有意识的知识溢出，考察网络资本（Huggins，et al.，2010，2012）和网络能力如何决定有意识的知识溢出同知识创造之间的关系。

（4）网络功能对知识创造的作用。知识创造带有过程化概念的特征（Du，2007），本书拟采用表达过程的SECI经典模型，检验网络功能的多种维度及其与知识创造的关系。在整体关系检验的基础上，进一步讨论在知识创造的不同阶段，网络功能具体发挥的主要作用。

1.3.3 知识创造、知识整合与创新生态系统生成的关系

这部分研究将建立产业链知识整合对创新生态系统产生影响的核心因果关系。虽然有研究对创新生态系统的价值创造机制，如对商业生态系统（Iansiti & Levien，2004）、基于开放式创新的商业模式（Chesbrough，2013）等的研究，都指出了知识整合的核心作用，但是对具体的新型垂直整合战略如何对创新生态系统的生成产生影响，尚少有研究。创新导向的垂直整合既是一种创造价值的企业战略，又是一种基于产业链的网络主体关系，从知识整合角度一方面要抓住产业链、价值链、知识链和创新链的融合，另一方面要重视知识网络下的具体研究对象，例如可能实施新型垂直整合战略的核心企业（张永安，王燕妮，2011），体现知识网络变化情况的创新集群（Mahmood，et al.，2011）等，都作为创新生态系统的重要载体，能够创造出单一企业无法创造的价值，如面向客户的整体解决方案、创造共同价值和价值的协同输出等（Li，2009）。该部分主要涉及以下三个问题，如图1-4所示。

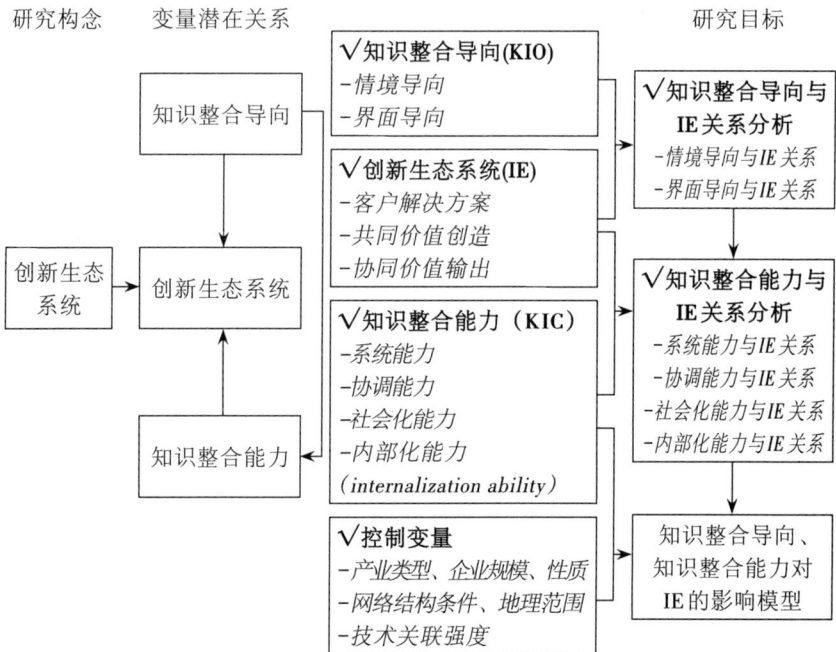

图1-4 知识整合导向、知识整合能力与创新生态系统生成的关系

（1）知识整合导向与创新生态系统的关系分析。创新生态系统是由多主体共同参与，通过优化和联结多种知识价值链，实现知识创新资源的动态整合（Carayannis & Campbell，2012），知识整合是驱动该系统生成的核心要素。本书将通过文献梳理、案例分析和回归分析等方法建立知识整合导向同创新生态系统的理论联系，分析知识整合情境导向和界面导向对创新生态系统的影响，在尝试建立直接相关关系的基础上，进一步发展理论关系并探索适用条件及其他影响因素。

（2）知识整合能力与创新生态系统的关系分析。现有研究对形成创新生态系统的能力认知明显不足，本书将探讨知识整合能力同创新生态系统的建立直接关系的理论依据，由于本书定义的知识整合能力基于知识创造过程本身，涵盖创新生态系统由企业内部扩展到产业甚至区域范畴引起的能力主体变化，有利于从创新网络和知识集群等角度挖掘二者的关系机理。通过文献梳理、案例分析和回归分析等方法，本书将建立知识整合能力同创新生态系统关系的理论联系，并探索适用条件及其他影响因素。

（3）知识整合导向、知识整合能力对创新生态系统的影响模型。在前面理论研究的基础上主要采用案例分析、回归分析和结构方程等实证方法研究知识整合导向、知识整合能力对创新生态系统的影响。借鉴Dring & Schnellenbach（2006）等的研究，加入诸如产业类型、网络结构条件、技术关联强度等控制变量，建立知识整合视域的新型垂直整合与创新生态系统的整体关系理论，并探索理论关系的适用条件和解释力。

1.3.4　全产业链式与生态系统化路径研究

这部分是关注中国现实问题的应用研究部分。研究针对创新驱动经济转型的一系列热点问题，尤其是新常态背景下，如何改善低端产品产能过剩和优质产品有效供给不足的困境，最根本的出路是以摆脱国际产业链低端锁定和加速技术创新实现关键核心自主化的产业创新升级，这个过程不是单一技术层面的问题，而是技术、生产组织和商业模式等层面协同推进解决产业创新升级面临的问题。本书将通过案例研究和统计分析等研究方法，针对产业创新升级的具体问题给出解决策略和提出对策。结合前面的理论研究，将主要以"全产业链式"和"生态系统化"为主线关注现实问题。

（1）如何通过全产业链创新实现高端转型？全产业链创新的目标在于解决很多中国企业"行业最大但非行业最强"的产业链低端锁定困境，本书拟从"大而不强"的根源入手，深入考察基于核心部件装备能力的技术联盟与并购战略，基于整体技术创新能力提升的特殊知识来源、链接与溢出作用（Tdtling，et al.，2009），基于整机制造的协同创新和配套服务能力，以及基于市场分销的渠道和物流体系建设。

（2）创新生态系统与自主创新具有怎样的相互关系？本书将深入考察原始创新、消化吸收再创新和集成创新这三种自主创新形式在创新生态系统中被激活和相互作用的过程。原始创新位于生态系统的核心和最高端，考察生态系统如何获得难以复制的核心技术和核心资源，并以此为基础打造品牌标准；消化吸收再创新是内外双向开放网络的端口，考察创新生态系统如何将外部知识转化为原始创新的条件，且如何通过知识溢出提升整体技术水平；考察集成创新如何在生态系统中通过整体产品的概念得到加强，以及通过不断外扩业务领域形成新的品牌闭环（Closed Loop）。

（3）全产业链创新与创新生态系统的关系。尽管全产业链创新与创新生态系统在很多产业链垂直整合的研究中同时出现，但二者还是存在本质区别的，全产业链创新重点在于产业链的高端化，而创新生态系统则强调了创新的系统化和共生演化。针对创新活动李湘桔和詹勇飞（2008）证明了全产业链创新对形成创新生态系统的重要作用。在此基础上，本书认为创新生态系统内部强大的依存关系也有助于全产业链创新的形成，因此需要进一步研究互为中介变量的关系，及全产业链创新与创新生态系统的交互作用。

（4）创新导向的垂直整合战略的中国策略。在上述研究的基础上，该部分将通过一系列案例分析集中回答中国情境下新型垂直整合战略的适用模式，发展的独特路径和相关产业政策和区域政策的制定等问题。相关问题的回答将有助于解释为什么有的垂直整合战略并未起到创新效果，新型垂直整合战略是不是中国发展创新集群的有效路径，是不是打造中国"硅谷"的条件和路径等。此外，研究将尤其关注行业特殊性、区域特性、集群规模和企业性质等变量的影响，在全产业链创新、创新生态系统和知识溢出模式上做关了地区和行业等的对比分析。

1.4　研究方法

本书将大量采用文献法、归纳法、演绎法和对比分析法，这些都是较为成熟的质性和理论建构方法，诸如访谈、专家调查、问卷等是较为成熟的数据采集方法，而如因子分析、结构方程等也是较为成熟的实证研究方法。这里对以下主要研究方法做特殊介绍。

1.4.1　量表开发方法

本书中，有意识的知识溢出是最为关键的核心构念，通过文献分析、时间观察和专家访谈，都认为知识溢出有外生溢出和内生溢出两类。外生溢出是指企业所无法控制的、自然和不可避免的溢出，即传统上的知识溢出。而内生溢出是指企业所愿意的、可选择的溢出。内生知识溢出是可以自愿传播的，一些高科技企业采用开放的研究环境，甚至允许其他企业获取它们的开源性知识。同一创新集群中的公司在相互学习方面有很大的优势，它们共享信息，利用相同的技术的程度远远超过偶发的无意识信息泄露。相比于传统上的知识溢出，基于产业链要素的衔接关系，有意识的知识溢出则基于溢出双方市场交易中的价值共享。因此，在对有意识的知识溢出的量表开发方面，本书采用了 Hinkin（1995）典型的量表开发策略，经过概念析出、维度构建，并实施题项开发、量表开发及量表评估。

（1）初始题项。在国内外文献梳理的基础上，本书通过发放开放性问卷，以及深入访谈等形式，结合概念界定研究阶段关于有意识的知识溢出收集到的信息，深入挖掘有意识的知识溢出的题项。采用关键事例收集和关键事件整理。

（2）问卷编制与数据收集。在正式调研之前，选取了预调研对象围绕测量内容、题项选择、问卷格式、问卷易懂性、问题的重复性、术语准确性等方面进行预测试，根据反馈，对难懂及重复题项予以删除，最后得到初始题项。然后选取调研对象，对所要编制量表概念的基本条目展开大样本调研，问卷发放采取现场填写、问卷邮寄、电子邮件的方式进行。

（3）因子分析。分别进行了基于信度检验与项目净化的探索式因子分析和验证性因子分析。

（4）信度效度检验。为了评估主动创新行为3个维度的可靠性，需要计算每个因子的结构信度，以评价量表的内部一致性。效度检验包括内容效度、收敛效度和区别效度。

1.4.2　多元层级回归分析

多元层级回归其实是对两个或多个回归模型进行比较。根据两个模型所解释的变异量的差异来比较所建立的两个模型。一个模型解释了越多的变异，则它对数据的拟合就越好。假如在其他条件相等的情况下，一个模型比另一个模型解释了更多的变异，则这个模型是一个更好的模型。两个模型所解释的变异量之间的差异可以用统计显著性来估计和检验。检验一个预测变量是否显著的方法是比较两个模型，其中第一个模型不包括这个预测变量，而第二个模型包括该变量。假如该预测变量解释了显著的额外变异，那第二个模型就显著地解释了比第一个模型更多的变异。这种观点简单而有力。但是，要理解这种分析，你必须理解该预测变量所解释的独特变异和总体变异之间的差异。

在标准多元回归分析中，回归系数用来检验每个预测变量所解释的独特变异。这个独特变异就是偏相关的平方。它表示了结果变量中由特定预测变量所单独解释的变异。标准多元回归可以测量模型所解释的变异量的大小，它由复相关系数的平方来表示，代表了预测变量所解释的因变量的变异量。模型的显著性检验是将预测变量所解释的变异与误差变异进行比较。分层回归包括建立一系列模型，处于系列中某个位置的模型将会包括前一模型所没有的额外预测变量。假如加入模型的额外解释变量对解释分数差异具有显著的额外贡献，那么它将会显著地提高决定系数。

在对核心企业知识权力与集群知识创造能力，以及双向技术溢出与集群创新绩效之间关系的主效应、加入中介变量、调节变量和其他控制变量进行分析，研究主效应的各种内在机制和变化规律的过程中，本书大量采用层级多元线性回归的方法，即在模型中逐步加入控制变量、自变量、自变量交互项进行数据分析。考虑到加入交互项可能带来的多重共线性问题，本书对自变量与调节变量做了中心化处理，然后再计算其交互项并代入回归方程之中。

1.4.3　案例研究

本书拟运用案例研究的方法对典型案例进行规律发掘和共性抽象，旨在归纳新型垂直整合战略的知识整合特征、双重网络嵌入以及创新生态系统之间的规律，进而验证和完善以产业创新升级为绩效目标的总体模型。案例研究在本书的设计中出现得较多，这是因为案例研究既有探索性的也有验证性的。在本书设计的五大研究内容中，第一、第二和第三部分的案例研究尽管也有验证性内容但以探索性为主，验证性内容则主要由大样本统计方法提供；第四部分的案例研究则验证性案例研究和探索性研究并重；第五部分则主要以验证性案例研究为主，兼顾探索性研究。

设计中的探索性研究需要通过理论创新拓展现有理论体系的解释力范围，对大量的实际案例进行分类、总结，抽象共性、提出假设、理论验证的跨案例（Cross-Case Analysis）分析技术必不可少。围绕产业链整合活动通过双重网络嵌入形成具有新的竞争关系和价值创造模式的创新生态系统，并以此形成企业、产业乃至区域层面的创新驱动机制。基于这一核心思路本书拟通过案例研究解决以下问题：（1）跨案例研究的新型垂直整合战略形成背景、知识整合视角的分析框架与竞争优势解析；（2）跨案例研究的产业链知识整合与双重网络嵌入、创新生态系统的关系；（3）纵向案例研究的基于双重网络嵌入的产业链知识整合与创新生态系统对产业创新升级的影响；（4）中国产业创新升级的全产业链式与生态系统化路径的成功与失败案例总结。

案例研究的实施将采取以下步骤：（1）案例选取，在集群层面本书将以科技部公布的国家级创新型产业集群为主要案例研究对象，在企业层面以集群内部的核心企业、有影响力的中介企业为主，考虑到产业的竞争性、样本数和数据的可获得性，也适当将研究样本扩展到以创新性企业为核心的产业集群和省级创新型产业集群。样本力图符合 Pettigrew（1990）案例选取的典型性和极端性要求。（2）数据收集。本书将通过多次实地调研收集访谈记录、观察笔记、企业文件（如议程、公告、档案记录）以及新闻报道、行业资料等信息，其中访谈以半结构化较开放的个人访谈和小组座谈的形式进行，并通过后续的电子邮件和电话进一步核实有关信息，进而构建案例研究数据库。（3）分析策略。研究将运用时序分析考察变量发生较大变化的重要拐点；运用文本编码分析对定性数据分解、比较和概念化，并对数据中反复出现的关键词整理归类；运用三角测量、建立证据链（Eisenhardt，1989；Yin，1994）保证资料翔实可靠、逻辑连贯，对案例企业进行跟踪研究，挖掘事实背后的理论含义。

1.4.4 模糊集定性比较分析（fs QCA）

定性比较分析是以集合的思维以及布尔运算进行研究设计，观测和解析不同的前因变量是如何让搭配组合来导致结果变量的实现，这种方法追求用一个简洁的解释来诠释这个结果变量出现的复杂原因。目前关于定性比较分析，学术界使用最多的主要为三个技术方面，分别是清晰集定性比较分析（cs QCA），其主要用于二分变量数据处理，目前使用最广泛；模糊集定性比较分析（fs QCA），其主要用于连续变量数据处理，通过校准样本数据显示其属于集合中的程度；多值定性比较分析（mv QCA），其主要用于多只数据结果处理，是 cs QCA 的扩展版。

本书在对创新生态系统的协同创新问题方面选用模糊集定性比较

分析（fs QCA）。原因在于本书的变量是连续型变量，无法进行二分。模糊集定性比较分析同时是定性和定量的，与清晰集定性比较分析中传统的区间和比例变量相比，它同时具有两者优点又允许它们进行定性评估。因此，模糊集定性比较分析的使用使研究能够更好地界定所选变量集合的程度，模拟变量导致结果出现的现象：平台企业如何与合作伙伴进行协同创新活动。本书选取模糊集定性比较分析方法开展对创新生态系统协同创新研究的原因有三点：①与定量研究相比，模糊集定性比较分析能有效处理3个以上变量之间的交互作用并且能够判断哪些变量是结果变量的必要或充分条件。②在分析原因要素形成协同创新主要路径的过程中，模糊集定性比较分析方法综合了定性和定量的分析思想。③与定量研究相比，定性研究通常是从单案例或多案例研究中获得研究结论，但是由于样本较少导致研究结论的推广具有局限性，模糊集定性比较分析通过对小样本系统分析，清晰地得出具体影响因素组合方式来解析协同创新机制，研究结论与定性研究相比更具有普适性。

本书采用fs QCA的方法包涵案例的选择和二手数据的收集，采用李克特打分模式对具有成熟量表的变量进行测量和预赋值，然后进行信度效度检验，构建真值表包括数据校准和前因要素一致性分析，明确协同创新影响因素的条件组合，在真值表数据结果的基础上，对协同创新影响因素条件进行组合分析，探索创新生态系统不同的协同创新路径。

1.5　主要创新点

第一，将创新集群的知识交互属性、网络创新模式同创新生态系统生成问题建立因果关系，开辟一个崭新的理论空间审视创新集群成长中的持续性、多样性和创造性发展问题。并以此作为研究中国情境下落实创新驱动战略等热点问题的视角和理论工具，力图在一定的理论高度上面对现实问题是本项目的特色。

第二，研究将创新集群中的知识溢出效应进一步细分为无意识的知识溢出和有意识的知识溢出，并将合作创新区分为静态知识获取和动态知识创造两类。在此基础上，定位于从有意识的知识溢出和知识创造的动态视角分析创新集群衍生问题，相应的变量选择和情境分析都颇具开创性，拓展了理论研究深度。

第三，本书揭示了以创新网络作为研究背景（创新网络结构、中心度等）和功能属性（如网络能力、合作方式等）的变量特征，并基于创新网络的创新生态系统生成动力方面，同时考察了单一次层次和跨层次集群创新网络特征，弥补了现有研究中对于创新生态系统各层面要素的互动关系研究的不足。

第四，在应用研究中，将产业差异性和区域经济作为重要的情境变量，从全球产业链的角度研究探索创新集群的本地化和国际化路径具有创新性。尤其针对不同产业和区域创新集群衍生的对比性分析，能够弥补现有研究在分析中国特色情境下的创新集群衍生模式和基本路径研究方面的不足，同时为评估现有创新集群政策效果打下基础。

2 产业集群中的知识溢出：框架、焦点议题与中国情境

集群网络中的企业因接入庞大的共享知识库（Knowledge Pool）获得了更多的创新机会及对知识最大限度的开发与应用空间。而作为集群网络知识库不断积累和更新的重要内生机制，知识溢出（Knowledge Spillover）频发的产业集群往往因各类创新源的互动和创新活动的活跃而呈现出产业链高端化转移的特征。对产业集群创新活动的聚焦，使得现有以知识溢出为研究对象的大量文献逐步将产业集群作为重要的研究背景，探索知识溢出与创新活动的关系，以及知识溢出产生的原因、溢出的过程及其对产业集群向创新集群转型升级的作用。因此，对知识溢出的研究以产业集群为背景并与产业集群发展中的现实问题相联系，不仅为知识溢出理论研究开辟了新领域，同时能够从知识管理层面抽象产业集群的塑造和动态演化过程的规律。

就已检索到的研究文献而言，尽管以产业集群为背景研究知识溢出的热度不断提升，但尚缺少关于该领域的体系性思考与研究脉络的梳理：一是文献的类别多为针对某一特定类型知识溢出开展的经验性研

究，尚缺乏对该研究领域的全景式展现，以及对各个研究焦点之间关系的分析；二是目前为数不多的以知识溢出为研究对象的综述类文章主要偏重于对知识溢出现象的描述，知识溢出大多被限定在企业间无意识的知识传播范畴，缺少包含知识溢出参与者意愿和行为的全面剖析知识溢出规律的研究；三是尽管知识溢出在集群企业创新中的重要性被广泛接受，然而目前尚缺少一类研究能够全面展现企业在集群环境中传播、利用和创造知识活动的联系，难以系统解释为何创新集群中创新型企业和新兴产业具有更高的成长性和更快的发展速度。

针对以上研究缺憾，本书对产业集群中知识溢出的研究现状进行了梳理与归纳。将知识溢出的范畴设定为包含着有意识的知识分享和无意识的知识传递行为的复合体，并重点展现产业集群中知识溢出参与各方在溢出过程中受到的影响和发挥的作用。此外，本书展现了产业集群对知识溢出的诱发动因，从宏观和微观相结合的路径对知识溢出及其相关影响因素进行理解，较为全面地分析了产业集群情境下知识溢出效应的研究焦点并对该研究领域的发展动向有启示作用。

2.1　整合框架与研究主题

为理清产业集群中知识溢出研究的焦点问题和演进脉络，本书采用文献分析法展开研究。文献分析法是通过对现有研究成果的搜集、鉴别和整理，总体把握研究现状、梳理研究路径，以及找到焦点议题和研究空间的行之有效的研究方法。本书借鉴赵勇和白永秀的研究步骤，首先从文献中析出研究主题，然后建立关于研究主题的内在逻辑关系，再通过对文献分析支持研究主题和基本框架，最后通过对比分析强调研究中可能存在的特殊问题、不足和发展方向。具体而言，本书通过 Web of Science 数据库工具以社会科学引文索引（Social Sciences Citation Index，SSCI）数据库为检索范围对 "Knowledge Spillover" "Technology Spillover" "Industry Cluster" 等关键词进行合并文献检索，选取时间跨度为 2004 年到 2014 年，共检索出相关英文文献 241 篇。对相关文献梳理发现，产业集群为研究知识溢出提供了独特的研究情境和扩展空间。

知识溢出过程需要多方参与主体的共同作用，具体到产业集群背景下，其构成主体在知识距离、组织间信任关系及知识相关性等方面都具有集群外企业不具备的独特性，这些特征在知识溢出过程中扮演着重要角色，影响着知识的溢出形式、溢出渠道、溢出规模、活跃程度及其与创新活动的关系。尽管研究角度各异、研究内容各不相同，但以产业集群为情境研究知识溢出的现有文献还是表现出几个重要的聚焦方向，这些方向将是深入认识产业集群中的知识溢出效应及其研究脉络的重要基础。

一是产业集群中知识溢出形成和发展的原因探索。通过对产业集群中形成知识溢出现象的原因进行梳理，能够更深刻地理解知识溢出过程、效应及其在伴随集群成长过程中所发挥的不同作用。二是对产业集群中影响知识溢出过程的拓展。由于知识溢出的分类集中描述了知识溢出特性、途径和具体形式等，因此几乎所有相关研究都涉及了对知识溢出的分类，如Javorcik等（2008）根据知识溢出参与双方的空间逻辑进行划分，Fershtman（2011）等根据不同的知识溢出源进行划分等。产业集群为知识溢出提供了特定的溢出和接收两方面参与主体，知识属性和知识溢出双方共同成为决定产业集群中知识溢出的渠道特性、溢出规模和最终溢出形成的正负效应。三是对产业集群中知识溢出效应进行关联性分析和不同层面的归纳。知识溢出具有多种效应，很多效应都具有正、负两面性。因产业集群概念本身的多层次性，对知识溢出双面性的归纳及其在不同层面的表现是产业集群视角下知识溢出效应研究体系中颇具价值的线索。

基于此，本书提出一个"原因—过程—结果"的整合框架来梳理产业集群中知识溢出效应的研究构架以及该领域的研究主题（见图2-1）。在图2-1中，产业集群是研究知识溢出效应的大情境。关系（R）主要指产业集群中知识溢出形成和发展的诱导因素；过程（P）主要指知识溢出的渠道选择以及由溢出规模代表的知识溢出活跃程度；结果（E）是知识溢出在不同层面发挥的作用和表现出的效果，多层面知识溢出效应源于产业集群的空间分布和主体构成的多样性。

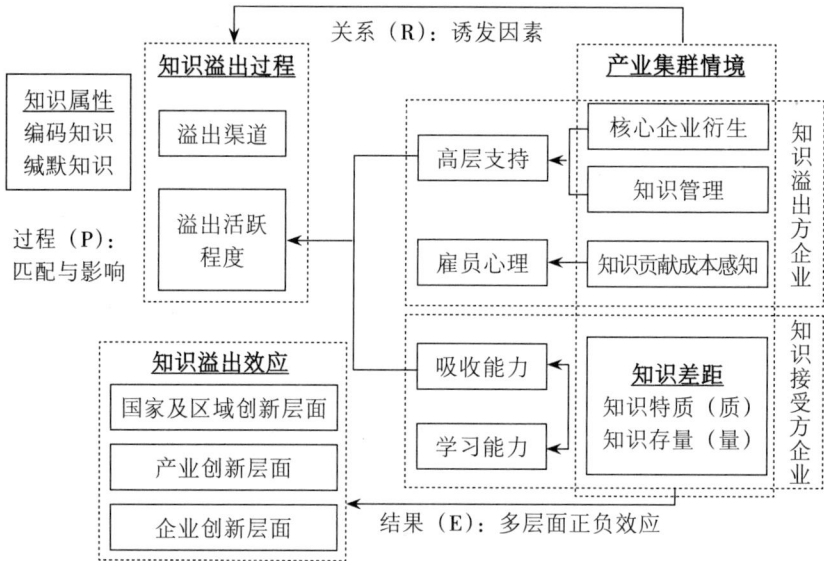

图 2-1　产业集群情境下知识溢出研究的整合框架

2.2　产业集群背景下知识溢出的诱发因素

很多关于产业集群对知识溢出形成和发展的作用的研究都关注于产业集群的特点。产业集群的存在为企业间技术和管理知识的流动提供了便捷的渠道，促进了企业间的知识溢出行为，即知识溢出是伴随着产业集群的演化而衍生出的附属客体。

聚集经济特征是解释产业集群诱发知识溢出的首要原因。Hashino 等将聚集经济的优势进行细化，明确了由地理邻近性为主线而兴起的聚集经济的优势主要体现在经济体内部及聚集区域内经济体之间在信息的获取与模仿、资源共享、整体劳动力市场的高技术性以及具体参与企业劳动力资源的高融合性方面具有的区别于聚集经济区域以外的经济体优势。在此基础上对产业集群进行定义，表明了企业在地理上的自发邻近是为了获取信息和资源的共享，指出聚集经济在知识的交流和资源的共享上存在着优势。Foord 对伦敦东部的一个在 2008 年金融危机余波中迅速崛起的创意产业集群进行分析，研究支持了 Hashino 等的观点，产业集群通过其地理邻近性的特点为知识溢出提供土壤，其具有的聚集经济优势使得知识在企业间的流动更加便利。

从知识溢出本身的特征出发也是知识溢出对产业集群依赖性研究的一个切入点。其中地理依赖性是研究的重要焦点，即产业集群为知识溢出提供了必要的土壤和滋生的空间，并为其进一步的发展扩散提供了养分。实践中，尽管知识也可能向距离知识创造者很远的区域溢出，但在多数情况下，知识溢出更倾向于发生在当地，这表明知识的溢出具有强烈的地理依赖性。区域集中是知识溢出的重要推动因素，体现出知识的流动需要与外部环境进行交互作用。知识的外部性和可传递性决定了知识溢出本质上是一种交互过程，不同交互作用带来了知识的融合、更新与再造，并最终参与塑造知识受体和整个集群的创新形式。个体的交互作用对距离的增长十分敏感，决定了知识溢出与地理距离的敏感关系，空间概念在知识溢出中扮演重要角色。

综上所述，产业集群的形成和发展是知识溢出的诱发源头，而知识溢出从在某一组织中孕育的胚胎期到最终冲破组织形式上的边界进行外溢，始终伴随着产业集群的影响。产业集群在发展过程中，由于固有的负面效应的存在，如拥挤效应和恶性竞争的出现，促使产业集群内在矛盾的激化，并因此抵消其本身所具有的聚集效应、资源共享等优势。同样的刺激还来自于产业集群外部，如市场需求的变化、竞争者战略的转移等因素都会对集群的持续发展构成威胁。在这种情况下，集群中的企业会选择有意识或无意识地通过组织间重要的无形资源——知识的分享与合作更新来提高整个集群的竞争力，从而引发知识溢出。

2.3　基于过程视角的产业集群情境下的知识溢出研究

产业集群作为一种特殊的产业组织形态，为知识溢出过程提供了独特的发生情境。现有文献从多种不同角度对知识溢出过程进行研究，其中普遍采用的一种逻辑源于知识溢出过程的影响因素，其首先关注的是知识溢出的内容特性，即知识属性。根据知识的可编码程度，即在多大程度上能够通过语言文字等进行清晰描述与记录，可以分为编码知识和缄默知识，相应的知识溢出便可以分为编码知识溢出和缄默知识溢出。其次，有学者意识到知识溢出作为一个动态过程，单纯根据知识属性对其进行划分无法清晰体现其动态特征，由于知识溢出渠道为知识的流动提供载体，如果从知识属性和知识溢出渠道的匹配性角度考察，则能较好地体现这一动态过程。此外产业集群为知识溢出提供了特定的溢出和接收两方面参与主体，知识溢出方企业的高层决策者和知识型雇员分别在知识管理和知识贡献成本感知方面影响知识溢出过程，知识溢出接受方企业的学习能力、吸收能力以及同知识溢出企业的知识差距对知识溢出活跃程度也有影响。本书将在该部分探讨不同类型的知识属性与溢出渠道的匹配以及产业集群通过微观主体特质对知识溢出过程的影响。

2.3.1 知识属性与溢出渠道的匹配

由于可编码性是知识在溢出过程中最重要的分歧属性之一，多数从渠道特性角度对知识溢出过程进行研究的学者关注到了缄默知识与编码知识在溢出渠道上的差异，如根据编码知识和缄默知识传播渠道介质的特性，将知识溢出渠道分为正式传播渠道和非正式传播渠道。缄默知识多通过非正式渠道进行溢出，而编码知识多通过正式渠道进行溢出。知识溢出的正式渠道以表现为各类合作知识创造行为的产业网络为主，非正式渠道则以企业与所嵌入的社会网络的非正式交互行为为主。

（1）编码知识溢出的正式渠道

组织间的R&D网络为知识溢出提供了最稳定的正式溢出渠道。随着知识创造的不确定性和创新成本的增加，参与合作获得外部创新资源成为企业创造知识的重要途径。企业通过与外部参加者形成交互网络，使知识在网络流动中推动创新资源的共享并作用于各方的创新活动。这种形式使企业以较低成本占有相对较多资源，开发新技术知识的各类资源通过合作研发集中起来，知识在合作组织间传递与再造的过程也有效地促进了对知识溢出的吸收。

对于产业集群而言，合作网络首先倾向于利用来自本地的知识增强企业产品创新能力，企业家有强烈的动机将创业活动与合作研发相联结获得本地化同步。其次，合作网络并不限于企业之间，企业在基础研究方面的局限性，同大学和科研机构在知识转化方面的局限性正好可以通过合作研发彼此弥补。因此，成功的产业集群往往在地域上同大学和科研机构邻近，如硅谷、中关村等，大学和科研机构衍生（Spin Off）出来的企业已经成为产业集群自我更新的重要形式。大学和科研机构与企业的互动合作网络成为知识以正式渠道溢出的另一主要路径。正式渠道的知识溢出以显性编码知识为主，基于合作知识创造的正式渠道多依赖于较高程度的文档化沟通，在产业集群中表现为各种合作协议、契约等。

（2）缄默知识溢出的非正式渠道

企业为了提高其对知识的接触深度以及对前沿知识的敏感程度，往往通过各种渠道构建知识网络或进入区域内已经存在的知识网络。Mohannak通过对澳大利亚高科技中小型企业的创新网络的研究，指出企业在进行外部知识搜集和创新时，通常在企业、大学和其他机构间建立知识网络，Brenner等的研究进一步探讨了外部知识网络对创新的重要性。企业与社会网络中的其他成员通过重复知识溢出和知识吸收的过程促进知识流动，知识在流动的过程中得到加强和更新，其中一部分是企业提高创新能力所需的关键性资源。

企业与所嵌入的社会网络成员的交互行为显现出非正式性的特点，即人员作为承载知识的最重要的载体，其在社会网络间的流动成为知识非正式溢出的主要渠道之一。流动的劳动力促进了知识的搜集、传播和吸收。整个区域获得知识的途径是通过知识在群落中传递而获得的，因此，知识溢出最有可能在那些曾在某一时间分享了相同雇员的地理上邻近的组织中产生共振，分享相同的雇员是知识以非正式渠道进行溢出的主要因素。组织间的溢出回归到组织内部的知识分享过程中，人员的流动更加成为知识分享过程中的一个主要路径。伴随着人员流动而产生的知识在不同位置或不同区域中的混合和交叉可能导致新知识的产生，从而在分享的过程中自发扩大了知识分享的规模。可见，社会网络间的非正式交互行为主要以人员的流动为载体并构成知识溢出最重要的非正式渠道，而缄默知识的大量溢出和共享是非正式渠道知识溢出的重要特征之一。即使在知识分享被高度正规化的组织中也是一样，缄默知识的溢出与分享主要是通过组织间非正式网络所承载的非正式沟通所进行的。非正式网络可作为知识通过正式网络进行溢出后的补充网络对知识流动进行补充，隐性的缄默知识的溢出和共享是其关键元素。

2.3.2 知识溢出活跃程度的影响因素

（1）知识溢出方企业的影响

现有文献中，部分学者认为知识溢出方企业在知识投入和知识利用方面对知识溢出活跃程度的影响极大。在产业集群环境下，企业尤其是核心大企业通过有意识的知识溢出构建以自身为核心的知识生态，甚至通过新创企业对溢出知识的创造性应用进行技术创新和新兴市场的方向的试探。现有企业在产业集群背景下对知识溢出的影响集中于高层管理者和知识型雇员两方面。

一是知识溢出方企业高层管理者的支持：

Lin检验并证实了高层管理者的支持对溢出过程的影响。高层管理者的支持通过对雇员的知识贡献和知识收集活动的强烈诱发作用，与知识溢出呈现出积极的正相关关系。在产业集群中，核心大企业是主要的知识溢出方，核心大企业的技术能力决定着其在产业链中的地位以及通过核心技术对产业链其他企业的控制，所以高层管理者具有较高的创新动力。核心大企业会通过有意识的知识溢出增强集群区域内的知识基础，同时增加其对创新企业的吸引力而获得更大的知识流入。集群的中小企业由于在资源储备、市场占有、企业稳定性和对先验知识的投入等方面处于弱势地位，因而更希望通过有意识地诱发产业集群企业间的知识溢出来回避风险和不确定性。

知识溢出过程通常存在两种情况的知识转移，一种是企业自愿向集群内的合作伙伴输入知识以期获取新知识回报，另一种是在进行合作的过程中，企业知识由于无法控制的因素而向合作方企业进行企业意愿之外的溢出，甚至向合作伙伴之外的企业进行溢出。在这种情况下，溢出方企业高层管理者对知识价值的评估及其知识管理能力就成为影响知识溢出活跃程度的重要变量。

二是知识溢出方企业知识型雇员的意愿：

"知识型雇员"被德鲁克描述为"那些掌握和运用符号和概念，利用知识或信息工作的人"。由于携带着大量的专业知识技能并具有较高的创造性，这类雇员的流动就形成了知识溢出的一种特殊形式。现有文献关于知识型雇员对产业集群知识溢出的影响也主要是从知识型雇员的上述特质出发的。Renzl关注了雇员信任、对失去独特价值的恐惧和知识文档化倾向对知识溢出的影响，对失去独特价值的恐惧程度较高的雇员会出于保护自己的目的而对知识溢出渠道设定障碍。此外，Hollanders等将知识型雇员进一步细化为高技术雇员、白领高技术雇员和非生产雇员三个等级，对不同技术等级雇员与知识溢出联结的紧密程度进行了研究。结果表明知识溢出与雇员技术和受教育水平的高低呈负向相关关系。由此，从知识型雇员个人角度来看，越是携带核心技术的知识型雇员越是倾向于对现有企业状态下的知识溢出设置障碍。

（2）知识接受方企业的影响

第一，知识溢出双方知识差距的影响。

知识能否被接受方企业顺利接收是知识溢出能否最终形成的条件。影响接受方企业对溢出知识的吸收利用的因素很多，分析现有文献可以发现学者们普遍将接受方有效接受溢出知识的影响因素指向溢出双方的先验知识差距，有知识差距才能形成知识缺口和知识溢出的可能。现有研究表明，知识差距并非越大越好，因为缺少共同知识基础，知识溢出接受方企业无法理解和应用溢出的知识。事实上知识差距可以更进一步区分为知识在质和量两方面的差距。知识在量上的差距是指企业的知识存量，即某一特定时间点的企业所拥有的可以直接或间接创造价值和效益的知识总量。如果双方的知识存量差距特别小，那么用于交流的知识不多，知识溢出的规模会相对较小，同时溢出时间也会相对漫长。相反，如果知识存量差距特别大，知识存量少的一方将由于差距过大，很难对溢出方的知识进行理解吸收，此时知识溢出也将很难进行。

知识在质上的差距关注的是在互动空间中溢出双方所拥有的知识在相关性上的联系。一种观点认为，当某些创新能够较好地将溢出双方的知识进行相容时，这些创新被采用的速度往往比其他创新要快。因此，溢出双方间具有的知识的相关性同知识溢出的频度和效度具有正相关关系。Gilbert指出集群中的企业较之集群外部的企业具有较高程度的知识相似性，因此在集群内部更容易形成知识溢出。另一种观点认为，知识相关性高的两方企业，可能不得不面临着更为激烈的竞争，很可能由于知识保护意识的提高与知识保护行为的增多而使得知识溢出的可能性降低。因此在知识溢出的过程中，可能存在某种知识相关性的最优状态。

第二，知识溢出接受方吸收能力的影响。

无论是知识存量还是知识质上的差距，最终都是通过影响知识溢出接受方企业的吸收能力来发挥其对知识溢出的影响作用的。企业的吸收能力是企业快速利用外部新知识实现创新的关键因素。Tappeiner等在其对产业集群区域间知识溢出的研究中，强调了群体中的学习过程影响知识溢出对创新的作用。学习过程的不同在一定程度上决定了企业和个人在新知识吸收能力上的差异，学习过程中引申出的学习能力是接受方企业吸收能力的重要组成部分。学习能力是联结组织内外部知识活动的桥梁和基础，学习能力的增强能显著提高接受方企业的吸收能力，特别是对于缄默知识的吸收能力。反过来，学习能力的提升又有助于增加企业的知识存量，缩小知识溢出参与双方企业的知识差距，保证企业能够有效地对外部知识进行吸收与利用，进而保证知识溢出的顺利进行。

2.4 知识溢出在集群创新网络中的正负效应：多层面的考察

现有研究中有关知识溢出效应的研究角度众多，但从积极效应和消极效应两个方面进行探索是现有研究的主流。又由于产业集群是多范畴意义上的概念，在地域范围上可以是一个相同或相似产业的聚集区域，甚至由于国家产业链的延伸作用，很多国家从国际产业链角度来看就是某个具体产业链环节上的产业集群。同时产业集群又可以在传统产业概念的划分下指相同或相近产品生产企业的聚集，当然有的时候核心大企业的影响力和规模范围过于强大，以大企业为核心的集群又可以从企业层面去看待产业集群的运行特征和知识溢出产生的影响。当然，上述产业集群的概念范畴之间是相互重叠的，因此本书从产业集群概念的特殊性出发，将知识溢出效应也分多个层次进行讨论。

2.4.1　国家与区域层面的正负效应

在伴随国际产业链延伸的FDI活动中，知识从外国企业的研发行为进行溢出，对东道国的生产力起到积极的促进作用。无论是以加剧竞争刺激还是通过技术输出示范等途径，跨国直接投资活动中产生的知识溢出都在增强东道国的国际交往机会、东道国对新知识与信息的辨识和吸收能力，并在促进东道国生产力的提高和经济增长等方面发挥巨大的效应。而在区域创新层面，由于知识的空间消散性，当邻近的区域鼓励知识和信息流的形成时，一个区域的创新将被加强。然而，知识溢出效应不仅体现在对溢出涉及对象的正向积极作用，由于知识资源的有限性和价值再创造的特性，知识溢出也同时会为参与的主体带来消极的影响。Kuwahara的研究分析了国家经济增长、全球知识溢出以及人力资本聚集之间的内在联系，得出知识溢出对国家经济增长可能带来负向效应的观点。特别是对于人力资本储备较贫瘠的发展中国家，相比于发达国家而言，它们在国际知识溢出中处于弱势地位，国际知识溢出导致人员的流动性增强，从而在某些情境下加重发展中国家人力资本流失的显现。

2.4.2　产业集群自身层面的正负效应

现有研究表明，产业集群内的知识溢出对于集群中的主动创新者具有积极作用。首先，在集群内部形成高效的知识交流渠道和交错的学习网络，能够提升整个集群的学习氛围。这种知识溢出的正效应在高技术部门中表现得要比相对较低技术部门中更加明显，处在这种集群中的企业往往依赖技术的领先获取竞争优势，从而对技术的保护程度也相应较高。在这种情况下，Filatotchev等关注了人员作为知识的具体承载者，人员流动的知识溢出效应在高技术产业集群创新能力的提升中扮演的重要角色，高技术人员跨界流动形成的溢出效应是创新型产业集群保证创新持续性的重要影响因素。

产业集群层面的负效应在缺乏持续创新条件和意愿的集群企业中尤

为明显。一方面，知识溢出的存在可能会导致集群内的产品雷同化，特别是对于要素投入不足、可用资源有限的中小企业集群而言，借助知识溢出对行业内的技术领先者进行模仿能够有效地提升企业的投入与产出比。而对于知识的输出方来说，这意味着企业通过投入资源而获得回报中的一部分转嫁到了环境中的其他实体，使得企业总是无法从其知识投入中收获期望的回报，因此会降低企业投入知识开发的积极性。此外，知识溢出加剧了企业聚集程度从而产生"拥挤效应"，例如在高增长产业，本地竞争的密度和强度也许比企业收益增长更快，导致竞争者数量和输入成本持续增长。

2.4.3　企业层面的正负效应

知识溢出时刻伴随着学习与被学习过程，因此，知识溢出对企业最重要的正向效应之一是其对企业学习氛围的推动及学习能力的提升。企业内部的知识分享行为能够在雇员中建立共同的理解，促进了组织中非正式沟通网络的形成并在其运作过程中担当润滑剂的角色，学习能力的提升则进一步引发创新和创造性的模仿。知识溢出在企业创新方面的另一个重要效应在于对企业隐性技能生成的回报，知识溢出有助于企业在隐性技术上的捕捉和利用。Renzl 的研究得出团体关系的紧密程度和交互频率与知识溢出呈正相关，知识溢出可被看作是增强企业内部联结强度和成员间相互信任关系的动力之一。而面向企业外部的市场机遇识别，知识溢出为企业家辨识和利用机遇提供了有益途径。

知识溢出在企业层面的负效应主要表现为一种潜在的溢出风险，即在企业进行合作知识创造的过程中，有意识的知识分享与特定合作不相关，或企业不愿意进行分享的知识被合作参与者挪用。出于必要的先验知识投资，以及被另一方有意识或无意识捕捉到的其他知识所引起的知识外溢，都会对企业的竞争优势造成损害。同时，知识外溢减少了企业竞争优势的持续时间，无论是在空间距离上还是在时间跨度上对企业的竞争力和竞争优势都有消极影响。

2.5　中国情境下产业集群中的知识溢出研究议题

中国的集群产业在近年得到迅速发展，如何更好地整合利用知识溢出带来的知识资源，形成持续创新所需的知识生态和创新资源共享网络是中国产业集群谋求发展面临的重要课题。因此，对产业集群知识溢出的研究不仅与中国产业集群转型的条件相关，更作为吸收先进技术和加快突破自主创新能力的便捷渠道备受关注。

2.5.1　国内研究概况

国内对知识溢出的相关研究可追溯到 1995 年，以技术溢出效应作为研究的开始，以更广阔内涵的知识溢出为研究主题真正兴起于 2001 年，大量的文献开始意识到企业的溢出效应不仅局限在显性的技术溢出上，更包含着大量软性技术，即更广阔意义上的知识溢出，从而正式形成对知识溢出相关主题的研究热潮。综观国内对产业集群知识溢出的研究现状，由于其起步阶段国外的相关研究已日趋成熟，因此国内研究能够大量借鉴国外的研究成果，具有起点较高、起步阶段发展迅速的特点。但也是由于国外研究成果的影响，中国的研究在起步后很长一段时期仍处于对国外现有成果的重复咀嚼阶段，近年来逐渐兴起对产业集群知识溢出机制的探索，注重在前沿领域的研究中考察中国情境，使中国在这一领域进入了一个全新的发展阶段。

2.5.2　研究主题的对比分析

（1）产业集群中知识溢出形成和发展的原因研究

国内外学者均承认产业集群和知识溢出的紧密关系。但国内学者的研究重心更呈现出随时间拓展进行转变的态势。在中国产业集群发展的初期，多是以企业出于获取资源优势、聚集优势的目的而自发地在地理上集聚为主的初级集群。在这种情况下，企业形成集群的直接目的是分享环境中的显性资源。在这一时期，学者主要关注产业集群具有的聚集经济特征。随着产业集群的发展，越来越多的中国学者开始注意到隐性的知识资源对产业集群形成与发展的重要作用。对产业集群诱发知识溢出的研究也开始关注知识本身的特征和其扮演的角色。

（2）知识溢出过程研究

知识属性与溢出渠道的匹配方面国内外学者具有相似的研究重点，但是在此基础上，较为明显的差别在于国外学者对于知识溢出的划分视角呈现出多样态势，而国内学者强调知识属性的绝对主导地位，在知识溢出过程中对知识复杂程度的敏感性要远高于国外。近年来很多学者开始注意到产业集群中知识溢出的渠道差异，并逐渐将网络理论引入产业集群知识溢出的研究中，如陈静根据参与主体与集群间紧密关系的不同将其形成的网络划分为内部核心网络、辅助网络和外部网络，在不同网络上流动的知识构成了不同形式的知识溢出。国外虽较早将网络理论注入产业集群的知识溢出研究中，但多数是基于横向上的不同形式的网络的研究，而较缺乏从纵向上探讨网络发展不同时期其所承载的知识溢出的不同特征的研究。

在解释产业集群中的知识溢出为何如此活跃方面，国外研究从知识溢出方企业和接受方企业两个视角分析知识溢出过程，而国内则较少关注溢出方企业的影响，大部分研究立足于接受方或宏观分析的视角。这可能与中国集群企业在参与知识溢出过程中，多数情况下处于知识接受方的地位相关，加之知识产权保护制度不甚完善，知识溢出方有意识的知识溢出活动较少。相较于国外已经对知识溢出方企业的能动作用具体到各种影响变量的针对性分析而言，国内学者对知识溢出方企业的能动作用的忽视是比较明显的。

而在对知识差距影响的研究方面，国内研究也同样关注了知识差距对接受方企业吸收能力的影响。但在知识相关性这个主要维度的研究上，国内学者与国外学者呈现出观点分歧，国内研究较为倾向知识相关性对知识溢出吸收的绝对影响，认为知识相关性越大的集群中知识溢出越容易进行，如李志国等认为产业集群内的知识溢出较为活跃的一个根本因素是集群内的企业往往处于相同产业或相似行业，其知识相关性比较大，从而能够使得溢出接受方最大程度地吸收溢出的知识。而国外部分研究则对知识相关性与知识溢出的正向关系持保留意见，其中一个最为主要的理由就是集群内偏向竞争环境下的产品趋同化，由过高的知识相关性引发对恶性竞争的担忧而采取人为抑制产业集群中知识溢出的行动。在溢出知识的使用方面，完善的知识产权保护制度也会增加知识溢出接受方的知识使用成本，因此知识相关性与溢出的活跃程度之间的关系并不能确定。

（3）产业集群知识溢出的正负效应研究

国内研究在该领域与国外研究的相似度较高，也主要从国家区域、产业集群本身和企业创新三个层面开展。大部分学者肯定了产业集群知识溢出对新知识扩散、劳动生产率提高和降低企业研发成本等方面的正效应。但在知识溢出负效应方面没有国外研究丰富，原因可能在于技术先进国家往往是知识溢出方，因此国外研究对知识溢出的负效应，如技术领先优势的丧失、核心技术外溢和国内竞争加剧等关注更多。国内对知识溢出负效应的研究更集中于中、微观层面，如彭向等认为知识溢出会造成集群内产品高度雷同化，激烈的竞争可能会进一步影响企业的创新表现，以致出现企业研发"搭便车"的行为。过度的知识溢出也会具有抑制企业创新的负效应，唯有在集群企业之间构建创新网络才能避免负效应的出现。

国内研究特色之处是更多地关注了中国情境的特殊性，并且在正、负效应的关系和转化方面较国外研究有所进展。如袁诚等的研究将FDI知识溢出的正效应进行了在国家、产业和企业层面的水平拓展，强调了除先进的生产技术之外，先进的管理手段也有效地促进了中国本地企业的人才储备与企业管理水平。在纵向研究上，黄志启从企业衍生角度对知识溢出的短期效应和长期效应进行了动态分析，指出虽然知识溢出对产业集群创新能力存在区域差异性和时滞性，但是也会带来知识累积的长期效应，随着企业加大研发和学习的投入，产业集群内便会形成有助于技术升级的知识获取和利用环境。

2.5.3 中国在产业集群知识溢出领域的研究展望

国内对知识溢出的研究热度呈逐年攀升趋势，在研究广度与研究深度上都还有较大空间。在现有基础上，增加对中国情境的研究及理论与实践的紧密结合，未来的研究可以重点关注以下议题。

（1）对现有议题的深入研究

对于产业集群与知识溢出互动诱发机制的研究，国外学者为中国的研究奠定了基础，但目前国内对知识作为特殊资源对集群形成与发展关键作用的研究有待深入。中国很多的产业集群并不是单纯靠市场调节、企业的自发行为而形成的，政府引导在集群的定位与发展中起到的作用要远大于国外，由此容易弱化知识资源的吸引作用。事实上，在集群发展过程中知识的特殊地位是无法忽视的，那么在政府扮演重要角色的特殊情境中，在不是完全依靠市场进行调节的产业集群内，知识溢出在产业集群发展不同阶段的哪些领域、多大程度上发挥作用是需要国内学者进一步探索的。

在知识属性与溢出渠道的匹配性研究方面，国内对知识溢出渠道特性的关注仍比较缺乏。中国产业集群发展与中国企业的技术能力较国外先进国家相对处于追赶地位，使得弥补吸收能力短板的中国企业，对知识的复杂程度的敏感性偏高，即着重关注知识属性对知识溢出的不同影响，而对知识溢出的渠道选择机制受哪些因素影响，如何发挥作用，横向和纵向不同视角下的知识溢出渠道特性区别等知识溢出渠道属性的问题尚待进一步研究。

（2）对新兴研究热点的关注

本书对产业集群知识溢出现有文献的分析，虽然初步梳理了研究主题和研究脉络，但随着新情境和新问题的出现，结合文献分析的结果和该领域日益活跃的新主题，本书认为除将现有议题深入推进之外，未来仍有许多问题值得进一步探讨。

①网络理论的引入。将网络理论引入知识溢出的研究得到国内外学者的关注。由于国内集群网络的发展处于起步阶段，大多偏重从纵向视角研究对网络与知识溢出的相互作用，而已有的从横向视角的研究中，如根据参与主体在产业集群中的地位划分网络关系和不同作用的研究等，也没有阐述网络参与不同主体间在知识溢出进展的不同阶段所扮演的角色，从而造成割裂知识溢出循环机制的情况。因此，如何将横向与纵向的视角结合起来，关注集群网络建设的不同时期其所承载的知识溢

出的作用机制需要进一步研究。

②有意识的知识溢出行为。国内对于知识溢出的影响机制多从知识溢出接受方角度进行分析，关注企业的吸收能力对知识的吸收整合和再利用的决定性作用，并考虑到知识存量和知识相关性等影响因素，但对知识溢出方的影响因素研究相对较少。知识溢出方作为知识溢出的发起者及溢出知识的承担者，对知识溢出的规模和渠道选择都具有决定性作用。国外学者从组织和个人两个方面对知识溢出方企业的影响因素进行分析，认为高层管理者的支持和组织中的信任水平是两个主要的影响因素，国内相关研究则较缺乏。未来的研究中，国内学者可以对知识溢出方企业对知识溢出的能动作用进行较多的关注。结合中国产业集群发展现状及专利知识保护的发展现状，具体分析知识溢出方企业的意愿、共赢模式的营造等对知识溢出的产生与发展的影响因素。

③最优知识溢出水平。在知识溢出整合阶段，国外将知识溢出的各种效应及作用机制作为研究焦点。这些效应既有正效应，如知识溢出对于区域经济增长、集群的进化路径以及技术扩散的产业升级效应等，也有负效应，如知识溢出对大企业创新动力和中小企业创新能力的抑制等。而中国处在集群的发展期，集群的转型与优化成为当前的主要形式，如何摆脱产业集群面临的大而不强的局面，如何培养集群企业的自主创新能力等都是产业集群在转型与优化中面临的实际发展问题。国内研究应突破知识溢出对国家区域等宏观层面，以及单一层面对知识溢出正效应或负效应的讨论，而应重视微观视角下产业集群知识溢出正负效应的转化与博弈，探索中国情境下知识溢出正负效应的平衡点，以期控制产业集群企业寻求最优的知识溢出水平。

3 创新集群企业有意识的知识溢出：
概念界定与量表开发

　　创新集群是近年来兴起的高效配置网络创新资源的有效形式，由于创新集群的构成主体具有知识生产和知识联结的特性，在共同参与改进和应用共性技术的研发与生产配套活动中，就会因大量异质性和互补性创新资源的集中而使知识溢出频繁和集中呈现。尽管创新集群也是知识溢出的主要研究情境，但是现有关于知识溢出效应的研究仍集中于FDI情境，或将这一情境下知识溢出被动性和非自愿性等特征在创新集群情境下进行简单移植。事实上，关于这类知识溢出导致的产权公有化、知识资产流失，以及高投入低收益抑制了创新主体积极性等方面的负面效应，却并未在创新集群中必然地出现。Baptista（2000）、Cassar 和 Nicolini（2008）、陶锋（2011）的研究都显示知识溢出使企业之间形成良性互动，是集群创新的内在原因，那么创新集群本身有哪些特殊机制抑制了知识溢出的负效应，或者说更为根本的，发生在创新集群中的知识溢出是否是一种特殊的知识溢出呢？

大量对知识溢出负效应的研究都指向了一个共同的特征：FDI条件下知识溢出的无意识性。无意识性又是被动性和非自愿性的直接原因，这是因为无意识的知识溢出会损害创新者的应得利益，促使其加强知识产权保护。FDI背景下传统的知识溢出往往是企业不愿看到但又无法避免的，企业通过知识价值链与外部环境的知识体系联结，部分外部知识是无偿获取的。那么无意识性是否是知识溢出的根本特征呢？事实上，为了降低知识溢出所带来的负效应，一些企业会自发联合起来共享知识。Vernon Henderson（2007）、Tappeiner（2007）等的研究认为，在专利交易、劳动力市场、企业合作研发知识产品等情况下，知识溢出具有强烈的知识传递的主动性及新知识的创造意愿。具有知识优势的一方有意识地与知识劣势的一方进行知识与信息方面的传输，通过知识与信息的合作共享方式提高双方在技术创新方面的合作绩效以达到外部规模经济。知识资产所有者充分利用知识的外溢性，变被动外溢为主动外溢，向合作方传递良好合作意向的信号，从而使合作方信任合作的诚意，以相应的积极态度回应，降低合作的门槛。

这是不同的知识溢出特征，具有知识溢出方向接受方传递的主动性，也就是说，知识溢出的无意识性至少在知识溢出的预期结果上是可以打破的，而创新集群为打破知识溢出的无意识性提供了最为理想的情境。在创新集群网络中，合作创新是主要的创新模式。价值链不同环节核心能力的独立厂商，以知识、项目、产品或服务为中心，通过各种契约合作方式构建企业联合体进行合作研发和分工协作。知识创新主体按照合作创新的相关规定主动将知识提供给其他合作主体，或主动与其他合作主体进行交流而产生知识溢出。知识溢出供给方能够以积极的态度去传播知识，充分发挥知识溢出对其合作伙伴的引导，使知识溢出转变为促进双方合作的资源性投入，向接受方表达一种积极的、高度信任的合作态度，共同开发创意和新技能。

然而，已有文献对创新集群背景下的有意识的知识溢出研究十分有限，诸如：如何在具体情境下明确区分出有意识的知识溢出？有意识的知识溢出是否主要以产业集群为载体？有意识的知识溢出是否总是对产业集群的创新绩效产生积极作用？这些问题都是重要而迫切需要解决的。而构建理论或通过经验性研究解决这些问题的重要前提，是要先解决有意识的知识溢出的构念及在此基础上的测量问题。因此，本书力图在知识溢出现有的理论基础上，从企业动机视角出发，通过理论推演与质性研究，对有意识的知识溢出的概念进行界定，并从有意识的知识溢出的形成过程构建其三个维度，开发出一套相对全面、可靠和有效测量有意识的知识溢出的工具。

3.1 有意识的知识溢出的构念

3.1.1 内生知识溢出理论基础

传统认识认为，知识溢出是FDI初级阶段由资本雇用被动承接国际产业转移而在产业链低端集聚的资源性或生产性产业集群中的一种知识溢出。知识溢出方和接受方之间并没有发生关于技术转让的正式市场交易，溢出方主观上会刻意对其知识技术进行保护，以保证其竞争优势地位，但是由于研发人员的流动、自我保密措施不健全以及知识本身的公共产品性质和可流动性而导致了知识的外部性。这些使溢出方可能不知道什么时间、什么地点、通过什么人、经过什么方式就被接受方获取了溢出性知识。溢出过程中受多种因素制约，一些隐性的知识难以用语言文字表达，具有高度个性化的特征，只能通过不断的重复接触和面对面的交流来传播，接受方吸收的知识也是有限的。

事实上，现有研究认为知识溢出有外生溢出和内生溢出两类。外生溢出是指企业所无法控制的、自然和不可避免的溢出，即传统上的知识溢出。而内生溢出是指企业所愿意的、可选择的溢出。内生知识溢出是可以自愿传播的，一些高科技企业采用开放的研究环境，甚至允许其他企业获取他们的开源性知识。同一创新集群中的公司在相互学习方面有很大的优势，它们共享信息、利用相同的技术的程度远远超过偶发的无意识信息泄露。研究表明，企业自愿披露信息的动机包括：企业可以通过直接向竞争对手公开知识来避免劳动力偷猎或与集群中的企业创造良好的关系，互利互惠，还可以通过共享信息来获得优于外部公司的优势。内生知识溢出是一种主动的知识溢出，知识溢出方是明确的，但是知识接受方可以是明确的，也可以是不确定的，可以是竞争对手，也可以是合作者。有意识的知识溢出特指基于合作关系的、溢出方和接受方都是明确的主动知识溢出。

因此，相比于传统上的知识溢出基于产业链要素的衔接关系，有意识的知识溢出则基于溢出双方市场交易中的价值共享。创新集群中的企业通过产业链、价值链和知识链形成战略联盟或各种合作。涉及价值创造与分配的各利益相关主体由传统的价值冲突转变为价值共享，价值网络中的企业基于各自的优势与其他节点企业建立紧密的协作关系，合作创造并共同分享更多的价值增值，其中伴随着大量的知识流动和知识创造过程，知识在专利交易、企业合作研发产品等市场交易中通过价值共享得以溢出。企业自愿选择信息共享，实现技术互补性，创造良好的关系，互利互惠。在有意识的知识溢出中，知识溢出方主动将知识提供给其他合作主体，或主动与其他合作主体进行交流，接受方获取新知识，结合本身所特有的知识，创造出新知识、新技术和新产品，进而完成更新。有意识的知识溢出与传统的知识溢出的比较如表3-1所示：

表3-1　　　　有意识的知识溢出与传统的知识溢出的区别

区别	有意识的知识溢出	传统的知识溢出
溢出意愿	主动的、自愿的	随机的、非自愿的
溢出双方	明确的	溢出方确定、接受方不确定
溢出途径	专利交易、企业合作研发知识产品	FDI、人才流动
溢出基础	嵌入式合作、价值共享	低端产业链的外包
溢出效果	外部规模经济、新知识的创造	有限的、受多种因素制约

资料来源：作者根据相关资料整理。

3.1.2　概念析出

本书通过访谈发现[①]，在管理实践中，自愿及主动性的知识溢出大量存在。有意识的知识溢出具有以下三方面突出特性：

（1）主动性

按照知识溢出主体的"意识状态"，有意识的知识溢出是主动的。现有研究表明，为了改善技术和市场条件，企业会将选择性披露作为一种战略机制，特别是在合作伙伴高度不确定、高协调成本、已知合作伙伴不愿意合作等条件下，选择性揭示是一种更好的合作机制。企业主动地选择一些内部开发的知识，使其能够被外部合作者访问，通常是自由的，没有合同要求。在创新集群中，企业的利润来源由单一企业的价值链演进到虚拟企业、战略联盟的价值网。集群空间价值链上各环间的企业一般属于上下游企业或者互补企业，这就提供了企业合作的基础。合作企业间紧密的互补性，更是加强了企业活动的溢出效应。溢出方按照合作创新的相关规定主动将知识提供给其他合作主体，或主动与其他合作主体进行交流，通过人才和技术的互补发挥协同作用，取得规模经济效益。

（2）方向性

有意识的知识溢出具有方向性，溢出方和接受方都是明确的。双方

[①]　在国内外文献梳理的基础上，本书采用小组访谈法和深入焦点访谈法，收集企业有意识的知识溢出的行为表现与特征的资料，进而提炼其概念内涵与维度构成。小组访谈对象第一组为研究者所在学校 EDP 学员 7 名（男 3 名，女 4 名）；第二组为 MBA/EMBA 研究生 8 名（男 5 名，女 3 名），其均在创新集群企业担任中、高层的管理或研究人员；第三组为某企业研发部门人员 5 名（男 4 名，女 1 名）。深入焦点访谈为单一样本访谈，共 15 名人员（男 9 名，女 6 名），其中包括：某汽车企业研发部门资深研发人员 4 名，某电子产品企业设计经理 1 名、设计师 2 名、工程师 3 名，研究者所在学校教师 3 名，某制药企业研发经理 1 名、质检经理 1 名。被访谈者均具有大学及以上学历。小组访谈每组 2~3 个小时，深入焦点访谈每人 40~60 分钟不等。
　　研究分三阶段进行。第一阶段分别进行了第一小组访谈以及 9 次一对一深入焦点访谈。首先，请被访谈人员描述本企业或集群中其他企业是否存在主动或自愿的知识溢出行为；若存在这类行为，请其描述印象最深的具体表现事例及其产生原因。访谈过程中进行录音及笔录，将录音转化为文本，并进行归纳整理。根据被访谈人员描述的特征及表现形式，通过内容分析法对收集到的资料进行编码：①从资料中挖掘出高频特征词，完成初级编码；②将特征词进行分类，形成类目，以反映有意识的知识溢出的特征及其形成路径；③以类目为线索，提炼企业有意识的知识溢出的概念内涵，通过分析其内在逻辑关系，梳理其形成路径，归纳、构建其维度结构。然后，邀请三名从事创新管理研究的专家（1 名教授、1 名副教授、1 名博士），对所形成的概念内涵进行讨论与修正。第二阶段是对第一阶段研究形成的初始概念内涵与维度结构的检验、丰富与补充，分别进行了第二小组访谈以及 6 次一对一深入焦点访谈，继续使用内容分析法，进行编码、归纳与逻辑关系分析，并邀请前述专家对概念进行再次检验与修正。第三阶段是对前期研究成果的检验与补充，进行了第三小组访谈。访谈结果表明，前期提炼的概念内涵与构建的维度可以涵盖、区分样本所述所有有意识的知识溢出的表现，即达到理论饱和。

基于各自的经济利益建立合作关系，一般属于上下游企业或者互补企业，溢出方为了有效节约生产成本，主动与接受方进行知识共享。接受方往往是相对规模较小的企业，自身没有能力进行大规模的研发活动，需要吸纳和利用溢出方溢出的知识。这种知识溢出无论对知识溢出方还是知识接受方都具有积极作用，对于提高知识的社会效益和经济效益、促进技术进步有极好的引导作用。如丰田公司与其供应商，丰田将自己的产品图纸提供给供应商，供应商生产出符合丰田要求的产品，双方分工协作，扩展了企业解决方案和应对市场需求快速变化的能力。

（3）创造性

有意识的知识溢出强调新知识的创造。为了追求最大利益，知识接受方不可能只是简单的模仿和复制，需不断地进行知识的交流和技术的学习，将从合作伙伴那里获得的知识与自己现存的知识相结合，对已经学到的新技术进行二次创新，进一步推动企业之间的再交流、再学习。溢出双方之间相互借鉴和学习，从而提高生产效率，形成强大的集群生产能力、高效的经济效益，并最终形成具有竞争力的外部规模经济。如丰田公司总装厂只是将零部件的设计和开发要求指标交给零部件供应商，供应商自己画出图纸和做出原型，然后凭借自己灵活的生产体系和快速的工程化能力，将丰田公司的"设计思想"和图纸转化为现实产品，并结合自己的优势改进产品质量，降低生产成本。基于以上分析，本书将创新集群中有意识的知识溢出界定为：知识溢出方以实现价值共享为目的，在专利交易、合作研发知识产品等交易中，主动将自有知识提供给知识接受方，实现新知识创造的一种知识行为。

3.1.3　维度构建

作为社会心理学领域中论证意识和行为关系的著名理论之一，计划行为理论（Theory of Planned Behavior）认为，个体的意识由行为态度、主观准则和知觉行为控制三个维度构成，这三个维度共同影响着个体的行为意向，而行为意向则能最终决定或预测个体的行为。该理论经过实证分析，在很多研究态度和行为的社会心理学领域都得到了很好的认证。本书认为有意识的知识溢出属于企业有意识的行为模式，包括有意识的推行想法、有意识的解决问题、产生可预期的结果等，因此本书将借鉴行为科学理论，并向企业层面扩展，将有意识的知识溢出分为三个维度：溢出意愿、溢出行为和溢出效果，如图3-1所示。

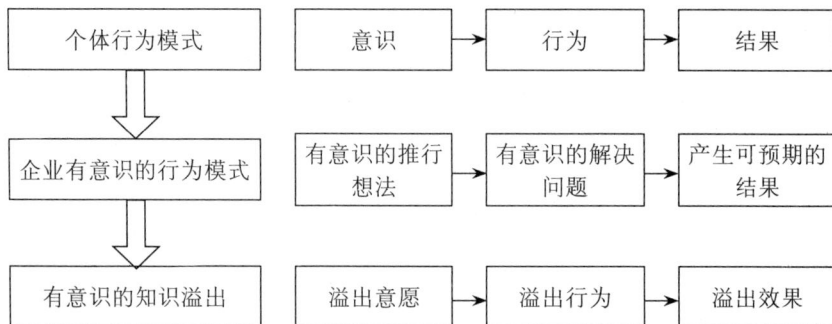

个体行为模式		意识 → 行为 → 结果
↓		
企业有意识的行为模式		有意识的推行想法 → 有意识的解决问题 → 产生可预期的结果
↓		
有意识的知识溢出		溢出意愿 → 溢出行为 → 溢出效果

图3-1　有意识的知识溢出的维度

溢出意愿是指知识溢出方为了达到吸引合作伙伴等目的产生将知识溢出给接受方的想法和计划。如丰田公司在供应商的选择上就十分严格。丰田公司不仅注重供应商的生产设备和质量水准，而且特别重视它们的研发能力。经过层层筛选剩下的少数最终供应商，丰田希望与它们建立长期稳定的合作关系，维持稳定的创新生态系统。

溢出行为是指知识溢出方会解决知识溢出过程中的问题，主动向知识接受方提供技术支持，分享经验。丰田针对供应商生产中遇到的特定问题，专门派出专家顾问，指导供应商改进生产工艺、创新产品制造方法。而经销商也会得到丰田的技术支持，丰田会向经销商提供技术培训，并协助经销商提供相关售后服务。

溢出效果是指知识溢出方与接受方获得的收益。知识溢出方和接受方相互借鉴和学习，形成强大的集群生产能力、高效的经济效益，并最终形成具有竞争力的外部规模经济。如丰田利用已有的生产体系平台，通过信息交流、知识分享等机会推动上下游企业生产与服务创新，调动了产业生态系统中企业的创新积极性，提升了创新绩效。

3.2　量表开发与验证

本书依据 Hinkin（1995）量表开发程序，编制有意识的知识溢出测量量表，也是对上述质性研究结论的修正与检验。开发过程主要包括三个步骤：题项开发、量表开发及量表评估。

3.2.1　初始题项的确定

在国内外文献梳理的基础上，本书通过发放开放性问卷，以及深入访谈等形式，结合概念界定研究阶段关于有意识的知识溢出收集到的信息，深入挖掘有意识的知识溢出的题项。

（1）关键事例收集

请被调研人员依据本书所界定的有意识的知识溢出的概念内涵，回忆本企业或本集群中有意识的知识溢出印象最深的事例。事例收集方法为开放式问卷与深入访谈相结合：①发放开放式问卷。通过向前文所提到的研究者所在学校 EDP 学员和 MBA/EMBA 共 41 名（不包括质性研究调研过的 15 名学生），以及两家汽车企业研发部门资深设计人员 34 名，以纸质问卷和电子邮件形式发放。②深入访谈。对两家研究机构与三家研发型企业的 17 名管理人员或资深研发人员进行深入访谈，现场收集有意识的知识溢出的事例。

（2）关键事件整理

将整理收集到的事例与质性研究阶段得到的事例整合，形成事例库，对语义重复的事例进行合并，共得到 43 个事例。对收集到的 43 个事例进行整理和分类，力求对概念的理解和描述的事件语义清晰准确，并符合行为事件的筛选标准：①事例要描述清晰，不可含糊其辞；②该事例必须是企业表现出来的特征。通过删除不符合有意识的知识溢出概念的事例，最后收集到 23 条符合标准的事例。

3.2.2　问卷编制与数据收集

（1）预测试与调研问卷形成

在正式调研之前，选取了 50 名企业研发及管理人员，分别围绕测量内容、题项选择、问卷格式、问卷易懂性、问题的重复性、术语的准确性等方面进行预测试，根据反馈对难懂及重复题项予以删除，最后得到 21 个题项。由此构建有意识的知识溢出初始量表，见表 3-2。

表3-2 有意识的知识溢出事例条目

维度		具体事例条目
溢出意愿	X1	向外部组织溢出知识能够提升企业形象
	X2	向外部组织溢出知识能够更好地寻找合作伙伴
	X3	向外部组织溢出知识能够帮助外部组织为本企业生产更高质量的产品
	X4	向外部组织溢出知识能够帮助外部组织为本企业提供更好的服务
	X5	向外部组织溢出知识有利于本企业的持续发展
	X6	制订向外部组织溢出知识的计划
	X7	预期向外部组织溢出知识可能会出现的问题，并想好解决方案
溢出行为	X8	搭建交流学习平台，鼓励本企业员工与外部组织交流学习
	X9	组织一系列的主题论坛，向外部组织分享关于产品质量、安全生产等普遍性知识
	X10	向外部组织展示和贡献有关新产品及服务开发的技能
	X11	与外部组织分享专利技术
	X12	派专家顾问向外部组织提供一定的技术援助
	X13	向外部组织提供产品设计、制造和工艺等方面的相关培训
	X14	向外部组织宣传本企业先进的管理经验
溢出效果	X15	在向外部组织溢出知识的过程中获取了新的知识
	X16	向外部组织溢出知识增强了本企业解决实际问题的能力
	X17	在向外部组织溢出知识的过程中提高了本企业的创新绩效
	X18	在向外部组织溢出知识的过程中提高了外部组织的创新绩效
	X19	与外部组织建立了战略联盟关系
	X20	与外部组织建立了专利授权关系
	X21	与外部组织建立了合作研发关系

以上述初始量表为基础形成调查问卷。在问卷中，首先给出有意识的知识溢出的定义，然后请回答者根据实际情况，针对各情境能否用来准确衡量有意识的知识溢出进行评分。问卷采用李克特5点计分方法（1="非常不同意"，5="非常同意"）。然后，通过开展大规模调研，确定最终量表。

（2）数据收集与样本情况

选取沈阳、大连、天津、山东等地创新集群中的企业，对其研发、设计、技术及管理人员展开大样本调研，问卷发放采取现场填写、问卷邮寄、电子邮件的方式进行。发放 600 份问卷，回收 526 份（回收率 87.67%），有效问卷 480 份（有效率 91.25%）。将数据随机分成两部分，数据 A（N=240）用以对有意识的知识溢出的结构进行探索性因子分析；数据 B（N =240）用以做验证性因子分析。两组数据的独立样本 t 检验显示，数据在企业所属行业、产权性质、成立年限等变量上没有显著差异（p 值均高于 0.10），见表 3-3。

表 3-3 样本统计特征分析表

		数据 A（N=240）		数据 B（N=240）	
所属行业	电子与通信	55	22.91%	53	22.08%
	新材料、新能源	24	10.00%	27	11.25%
	软件开发	43	17.92%	44	18.33%
	生物医药	37	15.42%	35	14.58%
	机械制造	62	25.83%	65	27.08%
	其他	19	7.92%	16	6.67%
产权性质	国有企业	103	42.92%	98	40.83%
	民营/私营企业	78	32.50%	82	34.17%
	中外合资/中外合作企业	37	15.42%	33	13.75%
	外商独资企业	17	7.08%	20	8.33%
	其他	5	2.08%	7	2.92%
平均成立年限		6.32		5.87	

3.2.3 探索性因子分析

（1）信度检验与项目净化

本书所有数据的统计处理，采用 SPSS24.0 和 AMOS 24.0 软件。使用 Cronbach's α 系数进行信度检验，来评价多维量表的内部一致性，并结合单项-总体相关系数（CITC）净化测量题项。根据Nunnally（1978）探索性研究采用的标准，因子的α系数内部一致性大于0.6，且CITC指数不低于0.5才可保留，否则应删除对应题项。本书以A部分数据为基础，利用SPSS24.0，取Cronbach's α系数与CITC指数基本要求的交集，见表3-4。发现X19（企业与外部组织建立了战略联盟关系，以实现知识转移）的CITC指数为0.437，低于0.5，故删除此项。最后保留了20个题项。

表3-4 题项总计统计量

	删除题项后的标度平均值	删除题项后的标度方差	修正后的题项与总计相关性	删除题项后的Cronbach's α系数
X1	77.73	186.723	0.680	0.954
X2	77.73	186.835	0.684	0.954
X3	77.73	186.051	0.710	0.954
X4	77.73	186.179	0.712	0.954
X5	77.73	185.864	0.726	0.954
X6	77.73	185.615	0.738	0.953
X7	77.73	186.429	0.702	0.954
X8	77.82	184.313	0.736	0.953
X9	77.82	183.806	0.757	0.953
X10	77.82	183.972	0.750	0.953
X11	77.82	183.981	0.750	0.953
X12	77.82	183.732	0.760	0.953
X13	77.82	184.230	0.739	0.953
X14	77.82	184.495	0.728	0.953
X15	77.91	184.888	0.671	0.954
X16	77.91	185.386	0.652	0.955
X17	77.91	185.004	0.667	0.954
X18	77.91	184.581	0.683	0.954
X19	78.41	191.206	0.437	0.957
X20	77.91	184.481	0.687	0.954
X21	77.91	184.150	0.700	0.954

（2）探索性因子分析

对 A 部分数据做 KMO 和巴特利特球形检验，结果显示 KMO 值为 0.952，高于经验标准 0.70，表明变量间的共同因子较多。巴特利特球形检验的 c^2 值为 4 950 061，达到显著性水平（p < 0.001），代表母群体的相关矩阵间有共同因素存在，适合做因子分析。

使用主成分分析法，采取最大变异法旋转，选取特征根大于 1 的因子。为了获得具有理论意义的因子结构，采用以下 3 条标准来筛选合适的测度变量：第一，题项在某一因子上的负荷最小值为 0.35；第二，题项与其他题项之间只有很低的交叉负荷；第三，某一题项的内涵必须与测度同一因子其他题项的内涵保持一致。只有满足上述 3 条标准的题项才被保留下来。经过这一过程，萃取出 3 个因子，基本保留了前述提出的 3 个维度，总方差累计贡献率为 78.680%。题项 X7（企业预期向外部组织溢出知识可能出现的问题，并想好解决方案）在第 1 个公共因子部分负荷为 0.751，在第 2 个公共因子部分负荷为 0.379，均超过临界值，故做删除处理。经探索性因子分析结果最终剩余 19 个题项，提取出 3 个公共因子，如表 3-5 所示。

3.2.4 验证性因子分析

为了进一步检验由探索性因子分析获得的 3 因子模型（模型 1）最优，本书采用竞争模型比较策略，以 B 组的 240 份样本数据对保留的 19 个题项进行验证性因子分析。将维度进行两两组合，设定 4 个竞争模型：模型 2，将溢出意愿与溢出行为合一，形成与溢出效果的 2 因子模型；模型 3，将溢出意愿与溢出效果合一，形成与溢出行为的 2 因子模型；模型 4，将溢出行为与溢出效果合一，形成与溢出意愿的 2 因子模型；模型 5，溢出意愿、溢出行为、溢出效果合一的单因子模型。采用 AMOS24.0 软件对这些竞争模型进行检验分析，通过拟合指标的比较判断最优模型，竞争模型拟合情况见表 3-6。

表3-5 探索性因子分析结果

维度	题项	因子1	因子2	因子3
溢出意愿	X1	0.789		
	X2	0.785		
	X3	0.848		
	X4	0.824		
	X5	0.831		
	X6	0.841		
溢出行为	X8		0.795	
	X9		0.792	
	X10		0.806	
	X11		0.798	
	X12		0.794	
	X13		0.809	
	X14		0.827	
溢出效果	X15			0.837
	X16			0.846
	X17			0.818
	X18			0.847
	X20			0.847
	X21			0.855
特征根		11.175	2.732	1.829
累计方差解释量		27.139%	54.132%	78.680%

表3-6 竞争模型拟合情况

模型	χ^2	df	χ^2/df	RMSER	CFI
模型1	339.223	149	2.277	0.073	0.957
模型2	1 096.199	151	7.260	0.162	0.787
模型3	1 375.632	151	9.110	0.184	0.724
模型4	1 236.681	151	8.190	0.173	0.755
模型5	1 970.013	152	12.961	0.224	0.591

在此基础上，本书分别做了一阶因子分析（如图3-2所示）和二阶因子分析（如图3-3所示）以进一步判断测量模型的适配度。

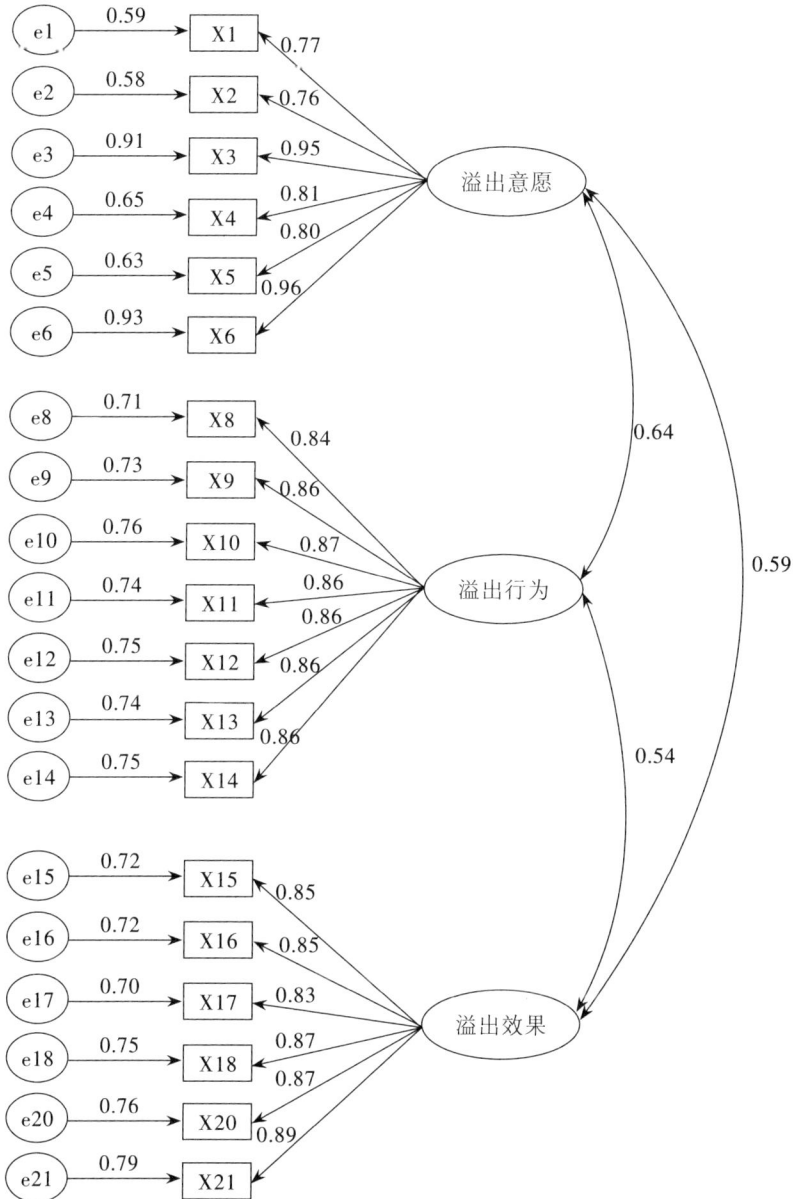

图3-2一阶验证性因子分析

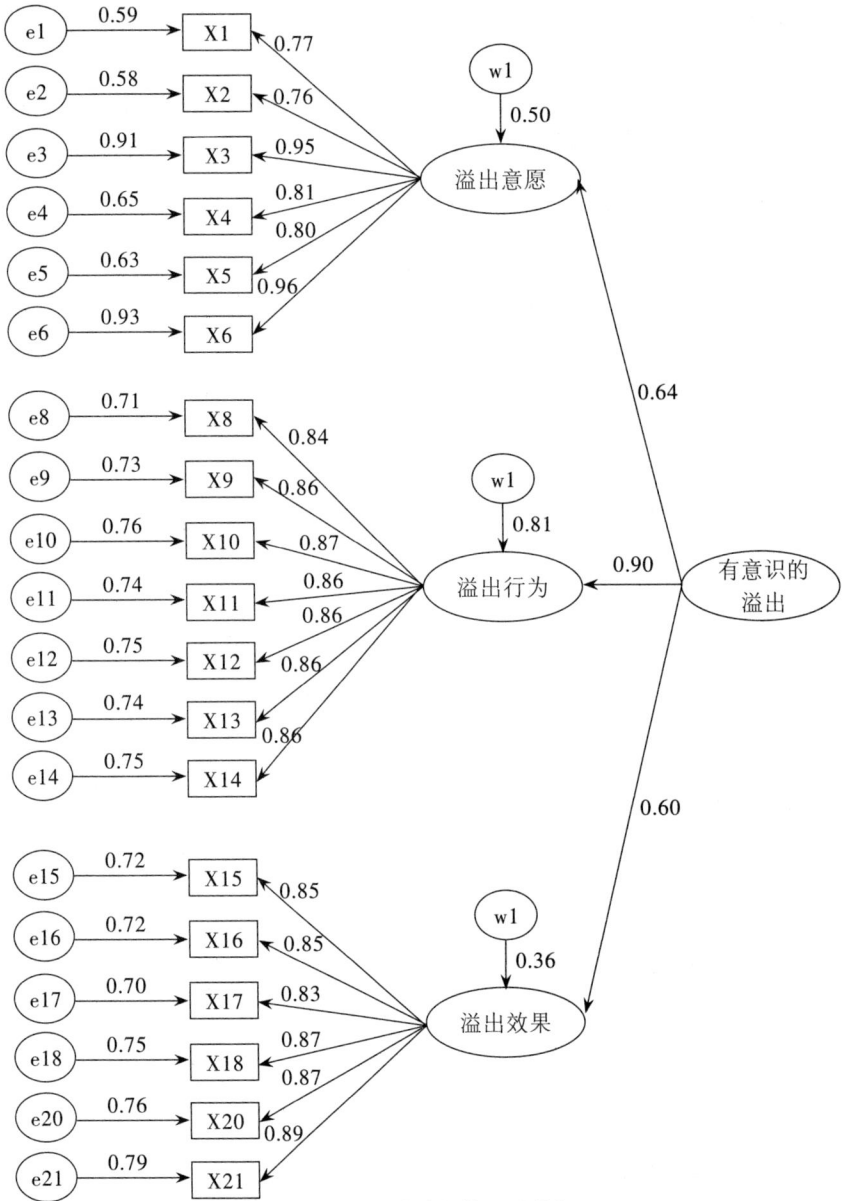

图3-3　二阶验证性因子分析

　　结果显示：因子载荷都大于0.5，在测量模型中溢出意愿、溢出行为、溢出效果3个变量作为一阶因子，而有意识的知识溢出作为二阶因子被提出用来解释3个维度之间的相互关系，且这3个变量是潜变量，不能直接观测，故需做二阶验证性因子分析，软件运行结果如图3-3所示。

如果在评估某一模型拟合度时使用全部指标比较烦琐，应选取经过长时间实践检验并具有代表性和决定意义的指标。一般情况下，大部分研究推荐采用 c²/df、RESEA、NFI、CFI 等指标来验证模型的拟合情况。一阶验证性因子分析和二阶验证性因子分析各项拟合性指数基本达到要求，可见测量模型具有较好的适配度，是可接受的，如表 3-7 所示。

表 3-7 验证性因子分析拟合指标

统计检验量	适配的标准或临界值	一阶模型	二阶模型	模型适配判断
χ^2/df	< 3.00	2.277	2.277	是
RMR	< 0.05	0.036	0.036	是
NFI	> 0.90	0.926	0.926	是
IFI	> 0.90	0.957	0.957	是
CFI	> 0.90	0.957	0.957	是
RMSEA	< 0.08	0.073	0.073	是

3.2.5 量表信度效度检验

（1）信度检验

为了评估主动创新行为 3 个维度的可靠性，需要计算每个因子的结构信度，以评价量表的内部一致性，在验证性因子分析中以 Chronbach's α 系数表现出来。根据 Nunnally 的观点，Chronbach's α 的可接受值为 0.70，吴明隆认为高质量的总量表信度系数在 0.80 以上。本书发现有意识的知识溢出 3 因子模型的 3 个因子分量表的信度系数和总量表的信度系数均大于 0.90，证明本设计的有意识的知识溢出量表具有较高的信度，如表 3-8 所示。

表 3-8 量表的内部一致性信度系数

	因子 1	因子 2	因子 3	总量表
Chronbach's α	0.943	0.953	0.944	0.952
题项个数	6	7	6	19

（2）效度检验

本书通过内容效度、收敛效度和区别效度来判定本量表的效度水平。

第一，内容效度。

内容效度是指项目对预测的内容或行为范围取样的适当程度。一个测验要具备较好的内容效度必须满足2个条件：一是要确定好内容范围，并使测验的全部项目均在此范围内；二是测验项目应是已界定的内容范围的代表性样本。有意识的知识溢出的问卷是通过文献研究和访谈研究而得，为使问卷内容更具完整性且题意清楚明了，在问卷初稿完成后，请专家就题意和表述进行了定性分析，并以定量分析的手法删除了不合适的条目。所以有意识的知识溢出的量表从条目的合理性来判断，内容效度是合适的。

第二，收敛效度。

根据Fornell等的观点，评估收敛效度的标准共有3种方法：①所有标准化的因子荷载大于0.5，且达到显著水平；②组成信度大于0.7；③平均变异数抽取量（AVE）值超过0.5。

本书通过AVE值来判定量表的收敛效度，如表3-9所示，各项AVE值均超过0.5，意味着量表具有良好的收敛效度。

表3-9　　　　　　　　有意识的知识溢出三因子相关系数表

	溢出意愿	溢出行为	溢出效果
溢出意愿	（0.746）		
溢出行为	0.414***	（0.813）	
溢出效果	0.301***	0.370***	（0.795）

注：对角线括号内为因子的AVE系数的平方根，***表示P<0.001。

第三，区别效度。

对于各维度间是否存在足够的区别效度，常用的区别效度评估方法有2种：

①2个构成变量之间的相关系数必须低于0.85，否则会形成多重共线性的问题。本书模型中3个构成变量之间的相关系数见表3-9，最大为0.414，均小于标准值0.85。

②比较各维度间完全标准化相关系数与所涉及各维度AVE的平方根值大小，当前者小于后者时，则表明各维度间存在足够的区别效度，反之，则区别效度不够。由表3-9可知，各因子AVE值的算术平方根均显著大于其与其他因子的相关系数。所以可以认为，本书编制的有意识的知识溢出量表具有足够的区别效度。

3.2.6 实证结果讨论

在针对样本A进行信度检验和项目净化时，由于题项X19的CITC指数没有达到标准，故删除该题项。在对样本A做探索性因子分析时，题项X7在溢出意愿和溢出行为两个维度的因子载荷均超过临界值，故删除此项。该因子被删除的原因可能是，企业预期向外部组织溢出知识可能出现问题并想好解决方案，既是一种溢出意愿，也属于溢出行为的范畴，所以在2个维度的因子载荷都超过了临界值。虽然这2个题项在问卷编制的过程中被考虑到，但在实际测试中被删除后量表各项指标更具代表性，所以最终编制的主动创新行为量表包括19个题项。

3.3 关键维度与独特价值

3.3.1 关键维度与测量意义

首先，本书从企业动机出发基于过程角度将有意识的知识溢出界定为：知识溢出方以实现价值共享为目的，在专利交易、合作研发知识产品等交易中，主动将自有知识提供给知识接受方，以提高双方创新绩效实现新知识创造的一种知识行为。这一定义将创新集群中有意识的知识溢出与传统知识溢出进行区分，丰富了创新集群知识溢出的研究内容。

在剖析有意识的知识溢出的本质及其内涵的基础上，从理论和实证的角度识别出溢出意愿、溢出行为、溢出效果三个关键维度，开发出一套相对全面、可靠和有效测量有意识的知识溢出的工具。为今后围绕有意识的知识溢出进一步开展相关的理论研究及深入研究有意识的知识溢出对产业集群创新绩效的作用、与知识创造的关系等实证研究打下了基础。

3.3.2 对创新集群企业的独特价值

对于创新集群中的企业而言，可以运用本书所提供的有效量表，确定自己在与其他企业合作中究竟做得如何。同时，本书所提供的量表也可以用作一种有效的诊断工具，用以识别需要改进的具体领域和突出在价值共享实践中需要重点从事的活动，充分利用知识的外溢性，变被动外溢为主动外溢，向合作方传递良好合作意向的信号，从而使合作方信任合作的诚意，以相应的积极态度回报，降低合作的门槛。此外，企业也可以识别出与本企业合作关系密切的企业并据此设计出有针对性的策略来维持较高的关系水平，或识别出合作关系较低但对企业长期发展十分重要的企业并设计出有效的策略来提升关系水平。

本书的调查样本为辽宁、山东、天津等地的企业，调研范围局限于北方地区，由于地域文化背景的差异性，样本选取的代表性可能存在偏差；问卷调研的有效样本为 480 份，样本数量还可能有待进一步扩大。未来应对不同地域的员工，开展更大数量样本的调研，以进一步检验、完善有意识的知识溢出的概念内涵、结构及测量量表。未来的研究也可以此为基础进一步探索有意识的知识溢出的先行因素与绩效结果。

4 有意识的知识溢出与集群创新生态：
衍生效应与以"核"获益

4.1 有意识的知识溢出对创新集群衍生的影响

知识溢出对集群企业创新绩效提升的影响是创新集群研究中的热点问题。相当一部分研究认为知识溢出有利于集群创新绩效的提升：知识溢出促进了知识扩散和集群企业之间相互学习（Gilbert，et al.，2008；庄小将，2016），扩散和学习的结果进一步增加了集群整体的知识积累，为知识创造提供了有利环境（魏江，2003；Rodriguez，2013）。然而，这并不是知识溢出对集群创新绩效的全部作用，很多基于集群创新失败的研究则发现，知识溢出还存在抑制集群创新的效应：知识溢出所形成的共享性知识具有公共产品的性质，容易造成"搭便车"现象（邓莉、梅洪常，2004；杜伟，2004；武建，2009），这种知识溢出的外部性特征打击了知识溢出方的创新积极性（梁涛，2012；杨皎平等，2016），由此带来的知识溢出的高风险又进一步降低了合作创新的意愿

（杨玉秀，2008；梁涛，2012）。

观察现有关于知识溢出对集群企业创新作用的正负效应会发现，事实上在大部分研究中，争议双方各自的立足点是不同的，知识溢出的正效应主要是从知识受溢方获利的角度出发的，而知识溢出的负效应则主要强调了知识溢出方创新回报不足对自身创新动力的影响，知识溢出主体的无意识性是知识溢出负效应的隐含要件。不可否认，传统知识溢出的外部经济性和溢出企业的非自愿性（张瑞，2009；施宏伟、王梓蓉，2010；兰娟丽、雷宏振，2015）导致了知识溢出方非自愿地提供了其他企业模仿或挪用知识的机会（王立平、孙韩，2007）。这种情况在 FDI 的知识溢出中最为常见，外资集团的进入给东道国企业带来新信息和创新信号，但外资集团为防止核心技术流失，通过加密、专利或加大产品提前期等方式阻止向东道国企业的"非自愿知识溢出"（Cassiman & Veugelers，2002；Smarzynska，2004；王然等，2010）。

那么，知识溢出是否都是无意识的呢？从实践经验来看，集群中大量创新成功企业对知识溢出的态度却并非避之不及，诸如丰田汽车与供应商建立"双赢"的战略伙伴关系，以惠普为代表的大学衍生企业的创建，苹果公司与供应商及客户之间的共同研发活动等，无不存在着大量的知识溢出，但传统知识溢出的负面效应却并没有显现出来，溢出方企业并不拒绝溢出，反而通过溢出更具有创新活力。丰田公司著名的"供应商协会"模式颇为典型，位于日本丰田市的丰田城是世界著名的汽车产业集群之一，它采用的是轴轮式发展模式。丰田汽车公司是轴心企业，大量中小企业作为轴心企业的供应商聚集在它周围。丰田公司同战略性零部件的供应商有较高程度的合作，建立了企业与供应商之间的知识分享界面，把专有知识与技能传递给供应商，采取"要员派遣"的形式让丰田的技术主管到供应商的工作现场进行观察并加以指导，以确保产品无缺陷和产品的定制化（蔡惠芬等，2006）。可见，丰田与其供应商之间存在着一种特殊的知识溢出。

这种特殊的知识溢出在内生性知识溢出理论中得到了支持。国外学者最先构建了内生溢出理论，除了将溢出归因于员工离职等人员流动携带的企业知识和技能之外（Saxenian，1991；Combes & Duranton，

2001；Gersbach & Schmutzler，2003；Fosfuri & Ronde，2004），企业在某些环境下更有自愿披露信息的动机，即使在劳动力不流动的情况下，知识也可以通过合作项目从一个公司流动到另一个公司（Guarino & Tedeschi，2007）。基于自发的信息共享意愿，集群企业的知识溢出是通过贡献者主动的知识发散而产生的，并非简单知识泄露的结果（Hans Gersbach & Armin Schmutzler，2002）。可见，内生溢出包含了企业家自愿地揭露信息所产生的知识传播，和专业工人的流动（劳动力偷猎、员工离职）所产生的知识扩散两部分，而本书所指的知识溢出则是内生溢出中带有主动性和目的性、自愿共享信息的那部分知识溢出。从扩散的方式来看，这种知识溢出是同时具有传统知识溢出的外部性和内生知识溢出的主动性的知识溢出，本书称之为有意识的知识溢出。这种知识溢出在破除阻碍集群创新绩效方面具有独特效果。

那么，引入有意识的知识溢出是否能够更为合理地解释关于知识溢出与集群创新绩效的争议？除了知识溢出的外部性带来的知识增益效果，有意识的知识溢出对集群创新绩效影响还具有哪些独特性？如何打开这个影响机制的过程"黑箱"呢？现有研究发现，有意识的知识溢出在集群形成和发展过程中常伴随一种独特的集群衍生效应，即集群通过新创企业和新兴技术的涌现而保持创新活力和不断发展壮大的过程（高雪莲，2008）。有意识的知识溢出使产业在一定区位空间内的相互作用和交流变得便利起来，提高了研究活动的富集程度和知识在集群中的传播速度，使参与者更易于学习和掌握知识，加强了集群内企业间的技术联系和技术扩散，在不同层面上改变了整个产业集群的技术基础。伴随产业合作活动的拓展，会有新的企业不断涌入这个空间，新技术不断涌现，同时也导致新的产业类型不断分化。因此，我们认为，集群衍生效应是有意识的知识溢出在集群特定区域和文化条件下的表达。同时，携带新技术的新创企业的商业成功则是集群创新绩效的直接体现（庄小将，2011；马力、臧旭恒，2012）。因此，本书拟从集群衍生视角出发，探索有意识的知识溢出通过企业衍生和技术衍生影响集群创新的规律和基本路径，试图打开有意识的知识溢出对集群创新绩效影响的过程黑箱，为讨论知识溢出和创新的关系提供新的思路。

4.1.1 有意识的知识溢出与集群创新绩效

由于地理邻近、产业关联和社会文化规制等原因，核心网络成员企业之间有意识地开展一些高频度的互动，掌握先进技术和生产知识的企业有意识地向与其有关联的企业转让一些技术，这种知识扩散具有共赢性的特征，大大地节省了有限的研究开发资源，对于提高产业集群的整体竞争力有着促进作用（陈昌柏，2003）。有意识的知识溢出是知识溢出方出于某种目的，主动利用知识的外部性进行知识创造，自愿并且可控地选择合作对象及知识溢出的内容的。由于其主动性和目的性会降低其无意识行为，不至于流失其核心技术，而使其自身利益受损，因此它对于企业、特别是企业聚集的集群的创新绩效的阻碍作用会减少甚至消失，整体上有意识的知识溢出继承了对于促进创新的积极效应，弥补了破坏创新的消极效应。

任何一个项目都涉及到在同一个项目共同工作的研究人员团队，以及除"人"之外的所有与项目有关的物化知识载体，包括会议记录、座谈记录、合同、技术图纸等。研究人员在一个联合 R&D 项目上进行合作的过程中交换意见并分享信息，便产生了有意识的知识溢出（Gersbach & Schmutzler，2003；Guarino & Tedeschi，2007）。溢出方通过项目合作中的"物"来主动溢出知识的行为称为项目溢出，溢出的多为具体的、物化的显性知识。溢出方通过项目合作中的"人"来主动溢出知识的行为称为贡献者溢出，溢出的多为很难做到以文字等方式清楚展示的隐性知识。

项目溢出的存在，使一些研发能力相对较弱的企业可以通过技术许可、公开的专利和出版物、各种技术会议培训、合作项目等方式获得新技术和新专利等显性知识，从而在短时间内掌握比较先进的技术，提升自身创新能力。这些知识进入企业内部转化为员工个体及企业知识积累的一部分，激发出创新思想，形成创新理念或创新设计，将这种创新理念或创新设计应用于产品创新或过程创新，进而提高创新绩效（王明华、高勇，2009）。

企业的研发人员是知识溢出的载体，是创新项目得以成功的关键贡献者。贡献者溢出通常发生在研发人员与其他研发人员或合作者交换意见和分享信息的过程中，溢出的知识多为很难做到以文字等方式清楚展示的非客观的隐性知识。它很难规范化地表达出来，不易传递给他人，受行为本身和个体所处的环境严格约束，所以贡献者溢出依赖于在特定区域或范围内的成员之间的非正式交流与面对面沟通（Feldman，1999）。例如企业技术人员、大学研究人员以及企业家通过非正式交流或参加各种正式的学术研讨会来交换知识。而产业集群的多维邻近性使得非正式组织会在不同企业的员工之间形成，使得员工在非正式组织内部和非正式组织之间能够进行频繁的交流和讨论；员工社会关系的网络化，尤其是在成员企业间形成的网状的社会关系，极大地扩大了不同企业员工间非正式交流的范围和程度。这不仅加强了集群内知识的流动和沉淀，而且还加速了隐性知识的转化，促进了集群企业的知识传播，提升了产业集群的创新能力（Guarino & Tedeschi，2007；王长峰、杨蕙馨，2009；陈福娣，2014）。

基于此，本书提出如下假设：

H1：有意识的知识溢出与集群创新绩效正相关。

H1a：项目溢出与集群创新绩效正相关。

H1b：贡献者溢出与集群创新绩效正相关。

4.1.2 有意识的知识溢出与集群衍生效应

（1）集群衍生效应

有意识的知识溢出在集群形成和发展过程中常伴随一种独特的集群衍生效应，即集群通过新创企业和新兴技术的涌现而保持创新活力和不断发展壮大的过程。高雪莲（2008）对区位空间内知识溢出现象做出了解释，她认为这在具备地理距离的邻近性和文化背景一致性的条件下，知识会在产业集群内部要素之间以及产业集群外部不同组织机构之间的流动和交互中不断扩散、传播、转移和获取，这种现象就是集群衍生效应。它主要表现在经济外部性上，是在集群形成发展过程中的一种特殊表现。学术界关于衍生的研究应该起始于对美国硅谷的高新技术产业集群内衍生的研究，《硅谷热》一书中将衍生企业定义为：高新技术产业集群中母公司的员工出走创业、设立新公司的过程（宋霞，2002；王缉慈，2011）。总结现有管理学领域中关于衍生的研究可以发现，衍生的过程不能只是视作简单的模仿复制，更需要聚焦于一系列创新内容的产生，例如新思想、新技术、新理念，以及在合作创新过程中知识的有意识溢出。集群的衍生过程是一个自我强化、螺旋上升的过程，衍生效应促使企业数量激增，促进知识、技术和学习方法的转移，能很好地解释企业的地理集聚和集群的发展机制（Christian Garavaglia，2012）。从集群整体的角度而言，融合和重组后的知识输出要么以新技术的形式出现，要么以新企业的形式出现，这也是集群衍生的基本形式。

（2）有意识的知识溢出与企业衍生

第一，项目溢出与企业衍生。

新创企业的建立大多是从一个有冒险意识和创业精神的企业家和一个有市场的创业项目开始的。企业创新活动中面对的技术问题越来越复杂，仅靠一个企业自身条件实现发展变得越来越困难，所以需要通过项目合作的方式，借助外部的力量来求得发展。而集群特有的地理邻近性使得企业间可以便捷地进行项目合作。借助集群社会网络并伴随产业项目合作活动的拓展，集群内企业可以与母体企业、其他企业、科研机构及高等院校之间进行项目合作，能够较快地从集群母体组织或联盟伙伴那里获得衍生企业创立所必需的资金、市场、信息等关键资源（Kilduff & Tsai，2007），将获得的项目溢出转化为互补性的科学知识和技术，实现资源共享和优势互补，增强企业的竞争优势，促进新公司实体的形成（Stein Kristiansen，2004；冯艳飞、江小明，2004）。同时，由于项目合作者的需要，新的合作企业会不断涌入这个空间，集群规模不断扩大（高雪莲，2008）。

第二，贡献者溢出与企业衍生。

公司衍生企业是基于原有企业中雇员的创业，大学衍生企业建立的必要条件是企业的创办者来自大学的雇员（Brett et al.，1991；Adams，1993），这表明企业衍生的机理是企业家尤其是创业企业家活动的结果，这些企业家又是原有单位中的贡献者（李永刚，2006）。集群经济活动在空间的集聚、企业在地理空间上的邻近为企业家面对面地交流提供了便利，正式和非正式交流使企业家的成就与经验得以展示和传播，激发集群内部企业家精神的成长，更好地培育和造就企业家资源。企业家与集群母体组织（企业、大学或科研机构）之间通过互相学习，知识共享，来提升彼此的知识水平、创新能力，获取技术资源。同时，借助产业集群网络关系，与其他员工尤其是集群内的非正式联系进行交流与合作，分享内部知识，获取技术资源（Nicola Brandt，2007）。企业家通过在产业集群网络中学习到先进的管理经验、知识和技能，获取新企业创建所需要的资源，从而推动集群的发展演进（Storper & Venables，2004；马力、臧旭恒，2012；杨勇、周勤，2013）。基于企业家创业发生的知识溢出以新建企业率、自我雇佣率和就业率等形式表现出来，Zucker等（1998）对新建立的生物科技企业与明星科学家分布的关系进行了实证研究，结果表明贡献者溢出会促进新办企业的建立，从而促进企业衍生。

（3）有意识的知识溢出与技术衍生

第一，项目溢出与技术衍生。

当前科技成果的研制成本增高，技术难度加大，对资金、技术、人才以及组织形式等各方面的要求越来越苛刻，技术的突破需要依靠学科和产业之间的交流与合作，技术发明和创新需要更多地依靠群体通过项目合作来完成（王长峰、杨蕙馨，2009）。企业在知识或技术上的领先性使得其成为集群内其他企业的学习对象，其他企业可以与领先企业进行项目合作，学习其生产技术、产品特性、管理经验等以达到提高自身技术水平的目的（李志国、王伟，2013）。成员企业在项目合作过程中，通过外部技术资源的内部化，进行优势互补、取长避短，降低技术交易成本，共享创新所需的核心知识和技能，分散技术创新成本和风险，形成技术协同效应和技术组合优势，以提高产品和工艺水平，衍生出更优化、更先进的产品、技术和生产工艺（冯艳飞、江小明，2004）。

第二，贡献者溢出与技术衍生。

知识的载体有许多种，但是能够利用知识的显然是掌握知识或知识载体的人，贡献者就是为了将大学或自主研发中发展起来的智力资本转变为经济回报而进行知识转让工作的人（Fosfuri & Ronde，2004），通常提企业家和研发人员。从Marshall在19世纪末提出的产业区位理论开始，劳动力要素一直被集群研究者认为是知识溢出最重要的机制。由于技术的非规范化特征，新技术知识中人与人之间的接触传递比远距离传递能更容易地进行，这种新的默会性知识更容易通过人与人之间的接触而流动（Nelson and Winter，1997；Earl，2001）。贡献者在空间范围内（特别是产业集群中）与其他合作者或周围群体主动发生互动和交流，为企业带来了新的思想、知识诀窍和技术，从而促进了企业技术知识基础的更新和增强（Almeida & Kogut，1999；王长峰、杨蕙馨，2009）。在产业集群中存在着大量的正式或非正式的协作研发组织，这种组织是集群内多个企业建立的一种松散协作关系，在人力资源重新分配和交换的过程中，包含各种技术和隐性知识的人力资本和知识资本不断形成技术创新（王旭升，2015）。从集群层面上看，贡献者溢出加强了集群内企业间的技术联系和技术扩散，在不同水平上形成加总，从而改变了整个产业集群的技术基础，促进了技术衍生。

基于此，本书提出如下假设：

H2：有意识的知识溢出与集群衍生效应正相关。

H2a：项目溢出与企业衍生正相关。

H2b：贡献者溢出与企业衍生正相关。

H2c：项目溢出与技术衍生正相关。

H2d：贡献者溢出与技术衍生正相关。

4.1.3　集群衍生效应与集群创新绩效

（1）企业衍生与集群创新绩效

企业衍生表现为促进产业规模的不断壮大以及集群中企业数量的不断增加，并促进相关及支持性产业的发展。而企业衍生的目的在于增强企业的竞争优势（胡建绩、陈海滨，2005）。企业衍生对产业集群的发展具有促进作用，主要表现为：衍生企业的试错性经验是形成集群内学习机制的一种方式，这种学习机制对企业创新、创业以及吸引外部投资等都有决定性作用（Parker & Alstyne，2010）；衍生效应为集群企业所带来的资源优势和禀赋，为新设企业创造了更多机会并提高了其创新成功率（Golman & Klepper，2013）。实证研究表明，底特律和硅谷都有来源于衍生过程的示范性企业，在其周围不断集聚的衍生企业往往具有更好的绩效，这导致创新集群内优秀企业不断积累（Nonaka & Takeuchi，1995；Saxenian，2006），进而推动创新集群持续发展（Golman & Klepper，2013）。企业衍生导致集群中企业数量的增加，集群的规模在企业衍生效应的作用下不断扩大，并且不断发展完善相关及配套性产业。创新性越强的集群具有越高的企业衍生率，并且衍生企业的成功率越高，因为创新是一种正反馈循环过程（Danneels，2002），这种循环过程为更多新设企业创造盈利机会。综上所述，企业衍生会对集群创新绩效产生积极影响。

（2）技术衍生与集群创新绩效

技术衍生表现为产业集群中知识、技术等要素的重新组合与不断创新可以推动技术创新、产品创新、生产工艺创新（梁启华，2005）。此外，智力资本可以通过技术的衍生转化为有经济价值的经济回报。在人力资源重新分配和交换的过程中，包含各种技术和隐性知识的人力资本和知识资本在此过程中不断产生技术创新，这些创新随着人员的流动得以加速扩散。技术革新和新技术的不断产生，在不同水平上形成加总，从而会改变整个产业集群的技术基础，使集群具有更强的创新能力和竞争力。Parker（2010）研究了台湾新竹集群，认为公共研究机构不断衍生的新技术创造了成功的计算机和微晶片集群。集群中企业的不断发展得益于研究机构以及实验室中发明的新技术在集群中成功实现商业化（Saxenian，1983；Tappi，2005；Patrucco，2005；Franco & Filson，2006；Buenstorf，2007）。许多大学衍生企业就是通过将高校研发出来的新技术进行商业化，以此建立核心竞争力。由此可见，技术衍生可以从深度上促进集群衍生，是集群持续创新的动力源泉。综上所述，技术衍生会提升集群的创新绩效。

基于此，本书提出如下假设：

H3：集群衍生效应与集群创新绩效正相关。

H3a：企业衍生与集群创新绩效正相关。

H3b：技术衍生与集群创新绩效正相关。

4.1.4　集群衍生效应的中介作用

（1）企业衍生与技术衍生

有意识的知识溢出在集群形成和发展过程中常伴随着集群衍生效应，企业和技术不断地注入新鲜血液，是集群生生不息的不竭动力。在经营发展过程中，母体企业积累的技术、知识、资源和经营方法可作为创业者的创业孵化器（李小康，2013），促使新企业不断衍生。而不断衍生出来的企业导致新老公司在同一种产品市场上展开竞争，这种竞争会促进产品的不断改良、技术的不断更新。这里需要说明的是，企业衍生只有导致技术的衍生，才能提升集群的创新绩效。衍生过程是高新技术区产生新企业的重要方式，企业衍生是连接科研成果与商品之间的桥梁，是知识溢出、技术成果转化和新企业创建的重要途径之一（王缉慈等，1995）。企业衍生为新兴技术的出现提供了物质条件，使一些不为原技术系统认同或兼容的技术实现商业化，促进了知识的突破和转移，这是突破原技术方式的重要途径。企业衍生为尽可能多的技术提供了商业化的机会，通过市场来考验各种技术的发展前景，促进了技术与市场的结合，使得新知识服务于社会（王长峰、杨蕙馨，2009）。吴林海（2001）考察了硅谷的创新模式，发现硅谷的创新以企业衍生活动为载体，企业衍生成为硅谷技术得以扩散的重要机制。所以本书认为，企业的衍生会导致技术得以衍生，最终推动集群不断发展。

基于此，本书提出如下假设：

H4：企业衍生越活跃，越有助于技术衍生的出现与发展。

（2）集群衍生效应发挥着中介作用

有意识的知识溢出在集群形成和发展过程中常伴随一种独特的集群衍生效应，即集群通过新创企业和新兴技术的涌现而保持创新活力和不断发展壮大，它是在集群形成发展过程中的一种特殊表现。Sam（2004）认为，一个地区较高的企业出生率能够促进地区经济的活跃性。在集群内，由于知识溢出效应和集体学习能力，集群内企业很容易获得其他企业产品的相关信息，这使新产品和技术创新可以快速在集群内通过组织要素资源进行试验和生产（Lichtenstein & Brush，2001）。显然，集群内相关企业和服务机构为新企业分担了部分风险和成本，因而集群内企业衍生速度很快（Michael，2003；Gabe，2003；王辑慈，2001）。同时，新进入企业往往会为集群注入新产品或技术创新，如使一些不为原技术系统认同或兼容的技术实现商业化，从而保持集群的活力。而在非集群化的组织环境中很难快速、低成本地组织要素资源，新企业试错和搜索专业性信息的成本很高（尤其是隐性知识），因而企业衍生风险和技术衍生成本很高（王发明等，2007）。台湾新竹、北京中关村以及"第三意大利"地区的蓬勃发展也表明，正是由于产业集群推动大量中小企业的不断涌现，为地区发展提供了不竭的动力。所以衍生效应是集群环境下的一种独特的、能促进集群创新和发展的现象，它主要表现在可以使有意识的知识溢出可视化，溢出的知识通过促进企业和技术的不断发展最终促进集群的不断发展。

基于此，本书提出如下假设：

H5：集群衍生效应在有意识的知识溢出与集群创新绩效之间发挥中介作用。

H5a：企业衍生在有意识的知识溢出与集群创新绩效之间发挥中介作用。

H5b：技术衍生在有意识的知识溢出与集群创新绩效之间发挥中介作用。

4.1.5　研究模型与研究方法

（1）研究模型

在前文理论分析的基础上，本书从集群衍生效应的视角出发，对有意识的知识溢出与集群创新绩效之间的关系进行研究，并将有意识的知识溢出分为项目溢出及贡献者溢出，对三个变量之间的关系及相应维度间的关系进行了深入、系统的分析，弥补了以往研究中对有意识的知识溢出关注较少的不足。在此基础上，本书构建了一个关于集群衍生效应在有意识的知识溢出及集群创新绩效之间起到中介作用的模型，如图4-1所示。

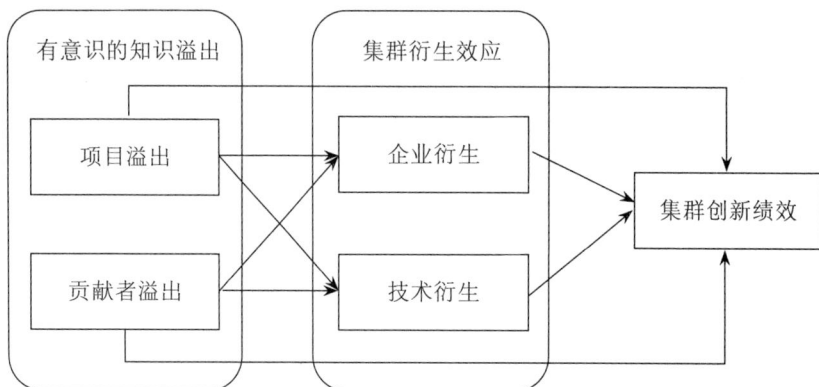

图 4-1　有意识的知识溢出、集群衍生效应与集群创新绩效的关系研究模型

（2）调查程序与样本结构

本书采用问卷调查的方法收集数据。通过对辽宁省大连市软件园的若干企业高管进行深度访谈，结合文献阅读的结果设计出最初的调查问卷，并通过选取 10 名东北财经大学 EMBA 学员当面试填、商讨，对问卷部分内容和形式进行了修正，确定了有关调查问卷的最后形式。2017 年 3 月至 7 月期间，在该校 EMBA 项目、校友会等部门协助下，以邮寄、E-mail、问卷星或实地调研等方式对沈阳、大连、长春、青岛、济南、哈尔滨等地主要面向软件外包、装备制造产业、高新技术产业以及其他行业的产业集群的关键特殊人发放问卷。问卷的形式主要有两种：一种是以纸质问卷的形式发放给受访者；另一种是以答题软件问卷星的形式发送给被调查者。大连地区的调查大多以现场发放的形式进行，其他地区的问卷以发送 E-mail 和问卷星等方式进行。调查共发放 350 份问卷，回收 323 份问卷，回收后对不符合要求的问卷进行了删除（一是填写不完整的；二是答题选项完全相同的），有效问卷为 275 份，问卷的有效回收率为 78.57%。

（3）测量工具

本量表采用的是李克特（Likert-type）7 级度量方法，针对不同的题项根据企业的实际情况分别从 1 至 7 选择打分。

对于有意识的知识溢出，本书采用 Fershtma 和 Gandal（2011）设计的由"项目溢出""贡献者溢出"两个知识溢出主体以及"直接溢出"

"间接溢出"两种知识溢出途径组合形成的四个维度的量表，用以对有意识的知识溢出进行统计分析。这四个维度分别为"直接项目溢出""间接项目溢出""直接贡献者溢出""间接贡献者溢出"。

对于集群衍生效应，根据其在广度和深度两个方面的表现，本书借鉴高雪莲（2009）的研究，将它分成企业衍生和技术衍生两大类，从企业衍生（5个题项）、技术衍生（5个题项）两个维度来进行测量。

对于集群创新绩效，从目前的相关研究看，除了考察创新主体投入产出的创新效率以外，还需要考察产业集群的整体创新效果，充分考虑集群资源的利用问题，深层次探讨良性创新模式的构建及其对集群创新绩效的影响（张琼瑜，2012）。本书借鉴上述学者对集群创新绩效的界定，认为产业集群创新绩效是集群内部企业通过自身的创新行为以及与集群内其他机构或企业合作创新行为所产生的结果，并从经济绩效、科技绩效和社会绩效三个方面来测量。

4.1.6　数据分析与假设检验

（1）样本企业的描述性统计分析

本书的调查对象是产业集群，由于获取一个集群的数据的难度较大，本书采用以关键特殊人为问卷发放对象的方式，关键特殊人是指集群管委会领导、核心大企业高层中介组织（银行、行业协会等）等，这个群体对于所在集群的情况非常了解。在进行数据分析以及假设检验之前需要对样本集群进行了解，主要从关键特殊人的工作年限、所属集群的成立年限及规模、企业的性质等方面对样本进行描述，具体情况见表4-1。

（2）问卷的信度与效度分析

本书中采用Cronbach's α系数法，并运用统计软件SPSS 22.0测量量表的信度系数。根据Nunnally（1978）提出的标准，$\alpha < 0.35$表示低信度，$0.35 < \alpha < 0.7$表示中等信度，$0.7 < \alpha < 0.9$表示高信度，$\alpha > 0.9$表示信度非常高。本书使用SPSS 22.0软件进行统计分析，所得的Cronbach's α如表4-2所示。

表4-1　　　　　　　**样本集群的描述性统计（N=275）**

项目		样本数（个）	所占比重（%）
工作年限	2年以内	128	0.465
	2~5年	75	0.273
	6~10年	37	0.135
	10年以上	35	0.128
产业集群成立的年限	2年以内	45	0.164
	2~5年	46	0.168
	6~10年	33	0.120
	10年以上	151	0.549
所隶属的产业集群包含的企业数量	10家以下	83	0.302
	10~49家	79	0.287
	50~100家	41	0.149
	100家以上	72	0.262
企业（机构）的产权性质	国有企业	89	0.324
	民营/私营企业	100	0.364
	中外合资/中外合作企业	40	0.145
	外商独资企业	18	0.065
	其他	28	0.102
所属的行业	制造	35	0.127
	电子信息	24	0.087
	新能源、新材料	18	0.065
	生物制药	13	0.047
	软件开发	25	0.091
	综合	34	0.124
	其他行业	126	0.458

表4-2 各测量变量的信度分析结果

因素	测量题项	CITC	Cronbach's α Item Deleted	Cronbach's α
直接项目溢出	Q7	0.692	0.822	0.852
	Q8	0.751	0.766	
	Q9	0.724	0.791	
间接项目溢出	Q10	0.571	—	0.727
	Q11	0.571	—	
直接贡献者溢出	Q12	0.766	—	0.867
	Q13	0.766	—	
间接贡献者溢出	Q14	0.567	0.749	0.777
	Q15	0.593	0.723	
	Q16	0.686	0.623	
企业衍生	Q17	0.791	0.9	0.919
	Q18	0.795	0.899	
	Q19	0.768	0.905	
	Q20	0.791	0.9	
	Q21	0.805	0.897	
技术衍生	Q22	0.681	0.869	0.884
	Q23	0.701	0.864	
	Q24	0.801	0.84	
	Q25	0.694	0.866	
	Q26	0.732	0.857	
经济绩效	Q27	0.762	0.859	0.891
	Q28	0.763	0.858	
	Q29	0.794	0.848	
	Q30	0.726	0.873	
科技绩效	Q31	0.792	0.904	0.92
	Q32	0.771	0.907	
	Q33	0.777	0.906	
	Q34	0.797	0.903	
	Q35	0.705	0.915	
	Q36	0.799	0.902	
经济绩效	Q37	0.709	—	0.83
	Q38	0.709	—	
整体				0.949

由表4-2可以得到，直接项目溢出、间接项目溢出、直接贡献者溢出、间接贡献者溢出的Cronbach's α分别为0.852、0.727、0.867、0.777，企业衍生、技术衍生的Cronbach's α分别为0.919、0.884，经济绩效、科技绩效、经济绩效的Cronbach's α分别为0.891、0.92、0.83，整体的Cronbach's α为0.949，均大于0.7，表明各个量表具有良好的信度。每一个题目的CITC都大于0.5，样本数据量表可靠性总体是较强的。

①EFA。效度指的是测量的正确性，由于本书所使用量表的测量题项均来自国内外文献中的成熟量表，因此，本书涉及的量表的表面效度和内容效度较高。本书先采取探索性因子分析来检验问卷的结构效度，通过Bartlett球形检验和KMO检验来验证是否可以进行因子分析，然后进一步通过因子载荷来衡量其效度。一般情况下，当KMO值大于0.7，同时Bartlett球度检验的相伴概率小于0.05时，认为量表适合进行因子分析，在进行因子分析之后获得的因子载荷大于0.5时表示量表的聚合效度较好。

首先，利用SPSS22.0对有意识的知识溢出、集群衍生效应和集群创新绩效三个量表分别进行KMO和Bartlett球形检验，来检验是否适合做因子分析，具体如表4-3所示。

表4-3 KMO和Bartlett球形检验

		有意识的知识溢出	集群衍生效应	集群创新绩效
取样足够度的Kaiser-Meyer-Olkin度量		0.716	0.918	0.917
Bartlett的球形检验	近似卡方	1 103.384	1 810.864	2 197.418
	df	45	45	66
	Sig.	0	0	0

由表4-3可知KMO值均大于0.7，Bartlett球形检验值均显著（Sig.<0.001），表明问卷数据符合因子分析的前提要求。本书使用主成分分析法提取因子，及最大变异转轴法，来估计因子之负荷量，以特征根大于1为提取原则进行因子分析，得到表4-4。

表4-4　　　　　　　　各量表探索性因子分析结果

变量		题项	因子载荷	特征值	解释方差	累计解释总变异量
有意识的知识溢出	直接项目溢出	DPS1	0.849	3.307	23.37%	77.86%
		DPS2	0.872			
		DPS3	0.867			
	间接项目溢出	IPS1	0.874	2.288	21.09%	
		IPS2	0.833			
	直接贡献者溢出	DCS1	0.907	1.176	17.60%	
		DCS2	0.909			
	间接贡献者溢出	ICS1	0.759	1.015	15.80%	
		ICS2	0.805			
		ICS3	0.869			
集群衍生效应	企业衍生	ED1	0.803	5.776	37.49%	72.09%
		ED2	0.849			
		ED3	0.806			
		ED4	0.82			
		ED5	0.839			
	技术衍生	TD1	0.786	1.433	34.60%	
		TD2	0.759			
		TD3	0.849			
		TD4	0.748			
		TD5	0.774			
集群创新绩效	经济绩效	EP1	0.818	6.613	34.37%	75.60%
		EP2	0.825			
		EP3	0.824			
		EP4	0.763			
	科技绩效	TP1	0.752	1.435	26.09%	
		TP2	0.763			
		TP3	0.798			
		TP4	0.815			
		TP5	0.78			
		TP6	0.813			
	社会绩效	SP1	0.849	1.023	15.14%	
		SP2	0.866			

注：提取方法：主成分分析法。

旋转法：具有 Kaiser 标准化的正交旋转法，旋转在 6 次迭代后收敛。

从表 4-4 中可以看出因子分析的结果显示有意识的知识溢出、集群衍生效应和集群创新绩效三大变量的总解释能力分别为 77.86%、72.09%、75.60%，均大于 50%，表明各个变量筛选出来的因子具有良好的代表性。各个测量题项的因子负荷量均大于 0.5，且交叉载荷均小于 0.4，每个题项均落到对应的因子中，因此，量表的信度值良好，保留所有的测量题目进行后续分析。

②CFA。有意识的知识溢出可用项目溢出和贡献者溢出来测量，项目溢出共有 2 个次级维度，即直接项目溢出、间接项目溢出，5 个测量题项；贡献者溢出共有 2 个次级维度，即直接贡献者溢出、间接贡献者溢出，5 个测量题项；集群衍生效应共有 2 个次级维度，即企业衍生、技术衍生，10 个测量题项；集群创新绩效共有 3 个次级维度，即经济绩效、科技绩效、社会绩效，12 个测量题项，对其分别执行验证性因子分析，得到表 4-5。

表 4-5　　　　　　　　各变量验证性因子模型拟合度

变量	CMIN/DF	RMSEA	GFI	AGFI	NFI	IFI	TLI	CFI
项目溢出	2.663	0.078	0.985	0.944	0.98	0.987	0.968	0.987
贡献者溢出	2.67	0.078	0.985	0.943	0.98	0.988	0.969	0.987
集群衍生效应	2.334	0.07	0.955	0.906	0.957	0.975	0.967	0.975
集群创新绩效	1.826	0.055	0.947	0.919	0.958	0.981	0.975	0.981
判断标准	<3	<0.08	>0.9	>0.9	>0.9	>0.9	>0.9	>0.9
结论	合格	合格	合格	合格	合格	合格	合格	合格

从表 4-5 可知各测量变量的 CMIN/DF 均小于 3，GFI、AGFI、NFI、IFI、TLI、CFI 均达到 0.9 以上的标准，RMSEA 均小于 0.08，各个拟合指标均符合一般的研究标准，因此可以认为这个模型有不错的配适度。将以上各量表进行验证性因子分析，得到表 4-6。

表4-6　　　　　　　　　各量表验证性因子分析结果

变量	项目	非标准化负荷	S.E.	C.R.	P	标准化负荷	CR	AVE
项目溢出	直接项目溢出	1				0.716	0.673	0.508
	间接项目溢出	1				0.709		
直接项目溢出	Q7	1				0.768	0.854	0.661
	Q8	1.05	0.079	13.32	***	0.853		
	Q9	1.039	0.08	13.046	***	0.815		
间接项目溢出	Q10	1				0.686	0.734	0.581
	Q11	1.226	0.197	6.218	***	0.832		
贡献者溢出	直接贡献者溢出	1				0.643	0.677	0.514
	间接贡献者溢出	1				0.784		
直接贡献者溢出	Q12	1				0.908	0.869	0.768
	Q13	0.921	0.097	9.516	***	0.844		
间接贡献者溢出	Q14	1				0.685	0.768	0.552
	Q15	1.059	0.111	9.553	***	0.704		
	Q16	1.151	0.116	9.938	***	0.831		
企业衍生	Q17	1				0.836	0.919	0.694
	Q18	0.981	0.059	16.705	***	0.835		
	Q19	0.921	0.058	15.905	***	0.809		
	Q20	0.959	0.057	16.742	***	0.837		
	Q21	1.005	0.059	17.07	***	0.847		
技术衍生	Q22	1				0.741	0.886	0.609
	Q23	0.989	0.082	12.084	***	0.743		
	Q24	1.209	0.086	14.119	***	0.865		
	Q25	1.057	0.088	12.03	***	0.74		
	Q26	1.108	0.084	13.137	***	0.804		

续表

变量	项目	非标准化负荷	S.E.	C.R.	P	标准化负荷	CR	AVE
集群创新绩效	经济绩效	1				0.813	0.831	0.621
	科技绩效	1.048	0.122	8.558	***	0.816		
	社会绩效	0.933	0.112	8.332	***	0.733		
经济绩效	Q27	1				0.825	0.893	0.676
	Q28	1	0.065	15.361	***	0.814		
	Q29	0.981	0.06	16.472	***	0.858		
	Q30	1.015	0.069	14.706	***	0.789		
科技绩效	Q31	1				0.841	0.921	0.661
	Q32	1.053	0.064	16.416	***	0.818		
	Q33	0.941	0.058	16.327	***	0.815		
	Q34	1.052	0.062	16.947	***	0.834		
	Q35	0.879	0.063	13.973	***	0.734		
	Q36	1.022	0.061	16.798	***	0.83		
社会绩效	Q37	1				0.858	0.83	0.71
	Q38	0.938	0.081	11.614	***	0.827		

由表4-6可知，各题标准化因子负荷均大于0.6，残差均为正而且显著，显见无违犯估计。项目溢出、贡献者溢出、企业衍生、技术衍生和集群创新绩效的组成信度均大于0.6，平均变异萃取量均大于0.5，达到收敛效度的标准。

区别效度。区别效度分析是验证不同的两个构面相关在统计上是否有差异，在不同构面的题项应该不具有高度相关性，如有（0.85以上），就表示这些题项是测量同一件事，通常会发生在构面的定义有过度重叠的时候。本书采用较严谨的AVE法对区别效度进行评估，每个因子AVE开根号须大于各成对变量的相关系数，表示因子之间具有区别效度（Fornell and Larcker，1981），结果如表4-7所示。

表4-7　　　相关系数矩阵和平均提炼方差（AVE）的平方根

	项目溢出	贡献者溢出	企业衍生	技术衍生	创新绩效
项目溢出	**0.713**				
贡献者溢出	0.190**	**0.717**			
企业衍生	0.427**	0.507**	**0.833**		
技术衍生	0.441**	0.401**	0.604**	**0.780**	
创新绩效	0.464**	0.486**	0.701**	0.741**	**0.788**

注：加粗黑体字为AVE开根号值，下三角为相关系数。

**表示在0.01水平（双侧）上显著相关。

表4-7中各因子AVE的平方根均大于对角线外的各个潜变量之间的标准化相关系数的绝对值，这表明本书仍具有区别效度，斜下三角为相关系数。

（3）结构方程模型检验

①主效应的检验。在相关测量指标取得了良好的信度和效度之后，为了更好地探究各个因子之间的关系，本次研究采用AMOS22.0建立了待验证的完整结构方程模型，来验证变量之间的关系，如图4-2所示。拟合效果如表4-8所示。

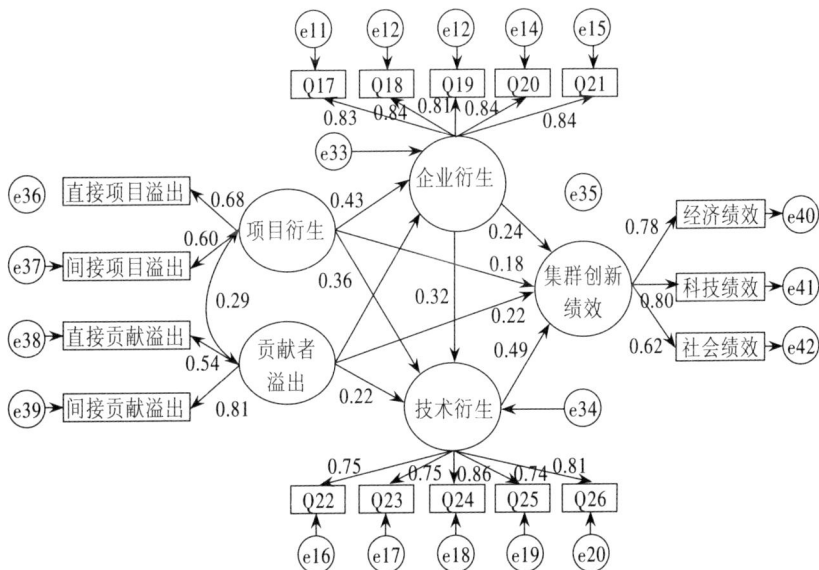

图4-2　结构方程初始模型图

表4-8 结构方程初始模型拟合度

拟合指标	CMIN/DF	RMSEA	GFI	AGFI	NFI	IFI	TLI	CFI
判断标准	<3	<0.08	>0.9	>0.9	>0.9	>0.9	>0.9	>0.9
模型结果	1.767	0.053	0.921	0.89	0.93	0.968	0.96	0.968
结论	合格	合格	合格	不合格	合格	合格	合格	合格

从表4-8可知结构方程初始模型的拟合指标CMIN/DF为1.767，小于3，GFI、NFI、IFI、TLI、CFI均达到0.9以上的标准，RMSEA为0.053，小于0.08。但是AGFI为0.89，小于0.9的标准，表明模型拟合度不达标，因此需要对模型进行修正。按照Modification Indices指标提示，E17与E19项目的MI值为20.755，超过了5，表明该模型仍然存在改进余地。通过变量修正指标对模型进行修正从而减少卡方值，表4-9是变量间的协方差修正指数，表示两个残差间增加一条相关路径后能够减少模型的卡方值。

表4-9 变量间的协方差修正指标

	M.I.	Par Change
E17<-->E19	20.755	0.288

在正式修改模型前应进一步考察项目内容，从因素与项目内容的匹配情况看，"所在集群常常在行业内率先推出新服务"与"所在集群的创新产品的开发成功率很高"有一定关联，接受增加两者关系的修改意见。本书在E17与E19之间添加相关路径，增加相关路径后需要重新估计模型。修正后的结构方程模型如图4-3所示，拟合效果如表4-10所示。

综合看来，修正后的基本模型与实际观察数据吻合较好，各项拟合指标都达到理想值，CMIN/DF为1.574，小于3，GFI、AGFI、NFI、IFI、TLI、CFI均达到0.9以上的标准，RMSEA为0.046，小于0.08，各个拟合指标均符合一般的研究标准，总体来说所建的理论模型是可以接受的。

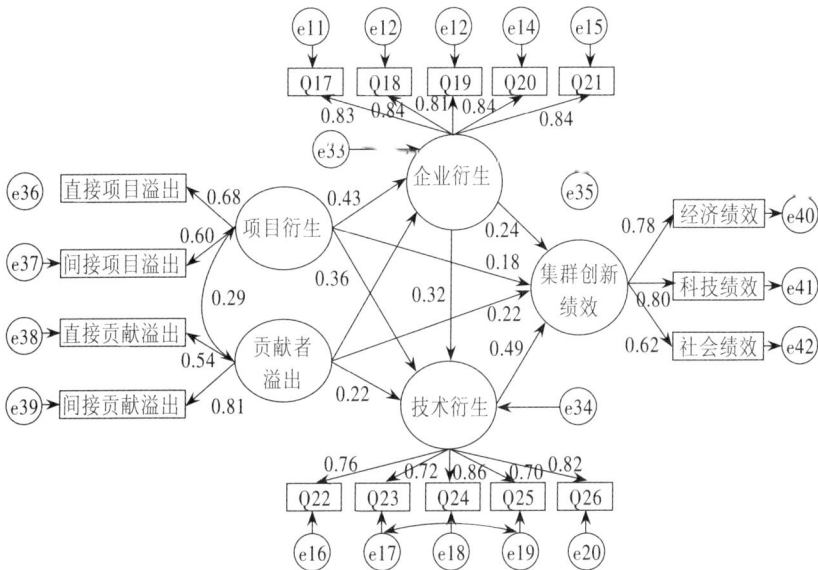

图4-3　修正后的结构方程模型图

表4-10　　　　　　　　修正后的结构方程模型拟合度

拟合指标	CMIN/DF	RMSEA	GFI	AGFI	NFI	IFI	TLI	CFI
判断标准	<3	<0.08	>0.9	>0.9	>0.9	>0.9	>0.9	>0.9
模型结果	1.574	0.046	0.931	0.902	0.938	0.977	0.97	0.976
结论	合格	合格	合格	合格	合格	合格	合格	合格

由表4-11可以得到，模型1中项目溢出与集群创新绩效的标准化路径系数为0.183（P<0.05），具有显著正向影响，假设H1a成立；贡献者溢出与集群创新绩效的标准化路径系数为0.23（P<0.05），具有显著正向影响，假设H1b成立。由此可得出有意识的知识溢出与集群创新绩效正相关，假设H1成立。模型2中项目溢出与企业衍生的标准化路径系数为0.434（p<0.05），具有显著正向影响，假设H2a成立；贡献者溢出与企业衍生的标准化路径系数为0.504（p<0.05），具有显著正向影响，假设H2b成立；项目溢出与技术衍生的标准化路径系数为0.365（p<0.05），具有显著正向影响，假设H2c成立；贡献者溢出对技术衍生的标准化路径系数为0.208（p<0.05），具有显著正向影响，假设H2d成立；由此可得出有意识的知识溢出与集群衍生效应正相关，假设H2成立。模型3中企业衍生对集群创新绩效的标准化路径系数为0.24

（$p<0.05$），具有显著正向影响，假设 H3a 成立；技术衍生对集群创新绩效的标准化路径系数为 0.489（$p<0.05$），具有显著正向影响，假设 H3b 成立。由此可得出集群衍生效应与集群创新绩效正相关，假设 H3 成立。企业衍生与技术衍生的标准化路径系数为 0.315（$p<0.05$），具有显著正向影响，假设 H4 成立。

表4-11　　　　　　　全模型的路径系数及假设检验

路径			标准化系数	非标准化系数	S.E.	C.R.	P	假设
企业衍生	<—	项目溢出	0.434	0.626	0.134	4.683	***	成立
企业衍生	<—	贡献者溢出	0.504	0.876	0.157	5.561	***	成立
技术衍生	<—	项目溢出	0.365	0.495	0.148	3.334	***	成立
技术衍生	<—	贡献者溢出	0.208	0.339	0.155	2.189	0.029	成立
技术衍生	<—	企业衍生	0.315	0.296	0.106	2.794	0.005	成立
集群创新绩效	<—	企业衍生	0.24	0.197	0.07	2.819	0.005	成立
集群创新绩效	<—	技术衍生	0.489	0.428	0.07	6.111	***	成立
集群创新绩效	<—	项目溢出	0.183	0.217	0.105	2.059	0.039	成立
集群创新绩效	<—	贡献者溢出	0.23	0.329	0.115	2.853	0.004	成立

②中介效应的检验。本书采用 Bootstrap 方法验证中介作用。在 AMOS23.0 中使用 Bootstrap 方法运行 1 000 次，得出在 95% 的置信度下的水平值，如表4-12所示。

根据中介结果研究表中的数据可知，间接效应的6条路径中，项目溢出-企业衍生-技术衍生-集群创新绩效、项目溢出-技术衍生-集群创新绩效、贡献者溢出-企业衍生-技术衍生-集群创新绩效和贡献者溢出-技术衍生-集群创新绩效这4条路径所对应的 Bias-correctde 95% 与 Percentile95%CI 置信区间都不包含0，表明间接效应存在；而项目溢出-企业衍生-集群创新绩效和贡献者溢出-企业衍生-集群创新绩效这两条只通过企业衍生来影响的路径所对应的 Bias-correctde 95% 与 Percentile95%CI 置信区间均包含0，表明间接效应不存在。该结果证实了只有导致了技术衍生的企业的衍生，才能提升集群的创新绩效，使得有意识的知识溢出发挥更重要的作用。如果没有足够的技术使得科研成

表4-12 中介效应模型的路径系数

路径	标准化效应估计值	Bootstrap（1 000）		
		Bias-correctde95%CI		P
		Lower	Upper	
间接效应				
项目溢出-企业衍生-技术衍生-集群创新绩效	0.079	0.002	0.258	0.037
项目溢出-企业衍生-集群创新绩效	0.123	-0.035	0.371	0.123
项目溢出-技术衍生-集群创新绩效	0.212	0.084	0.486	0.005
贡献者溢出-企业衍生-技术衍生-集群创新绩效	0.111	0	0.317	0.046
贡献者溢出-企业衍生-集群创新绩效	0.173	-0.049	0.476	0.123
贡献者溢出-技术衍生-集群创新绩效	0.145	0.002	0.425	0.046
直接效应				
项目溢出-集群创新绩效	0.217	-0.096	0.636	0.13
贡献者溢出-集群创新绩效	0.329	0.107	0.696	0.006
总效应				
项目溢出-集群创新绩效	0.631	0.334	1.012	0.003
贡献者溢出-集群创新绩效	0.757	0.475	1.096	0.002

果成功转化成商品，衍生将成为纯粹的复制，将使集群逐渐丧失其竞争力。同时，在全模型的假设检验中企业衍生与技术衍生的标准化路径系数为 0.283（$p<0.05$），具有显著正向影响。以上两点均证明假设 H4 成立。

直接效应中项目溢出-集群创新绩效所对应的 Bias-correctde 95% 与

Percentile95%CI置信区间包含0，表明直接效应不存在，即项目溢出对于集群创新绩效的影响完全通过企业衍生和技术衍生来产生；而贡献者溢出-集群创新绩效所对应的Bias-correctde 95%与Percentile95%CI置信区间不包含0，表明直接效应存在，即贡献者溢出会直接影响到集群创新绩效，同时也会通过企业衍生和技术衍生间接影响集群创新绩效。充分验证了企业衍生-技术衍生、技术衍生在有意识的知识溢出与集群创新绩效中发挥的中介作用，假设H5、H5b成立。假设H5a不成立，企业衍生不能单独起到中介作用，必须通过影响技术的衍生来发挥中介作用，企业衍生-技术衍生在有意识的知识溢出与集群创新绩效中发挥中介作用。

（4）假设检验结果与讨论

第一，假设H1、H1a及H1b成立。本书的模型结果显示，项目溢出、贡献者溢出对集群创新绩效均有正的影响作用。这表明，有意识的知识溢出会通过项目溢出和贡献者溢出这两种方式，在集群这种地理邻近、产业关联的特殊的地理区域下发挥其独特的作用，集群内掌握先进技术和生产知识的企业会通过项目合作或"要员派遣"的方式，有意识地向与其有关联的企业转让一些技术和技能，这种知识扩散具有共赢性的特征，可以快速、低成本地组织要素资源，对于提高产业集群的整体竞争力有着促进作用。

第二，假设H2、H2a、H2b、H2c及H2d成立。本书的模型结果显示，有意识的知识溢出的两个维度对集群衍生效应的两个维度均具有正的影响作用。这表明，有意识的知识溢出在集群形成和发展过程中常伴随着企业和技术的衍生，技术发明和创新需要依靠群体通过项目合作来完成，而在项目合作的过程中人与人之间的接触加速了新技术知识的传递。在集群合作创新的过程中，有意识的知识溢出会通过项目的合作来加速新企业的建立和新兴技术的产生，同时也会通过人与人之间的接触学习到先进的管理经验、知识和技能，获取到新企业创建、改良或创新技术所需要的资源，从而使集群通过新创企业和新兴技术的不断涌现而发展壮大。

第三，假设H3、H3a及H3b成立。本书的模型结果显示，集群衍生效应的两个维度对集群创新绩效都具有正的影响作用。这表明，企业衍生和技术衍生对产业集群的创新发展具有促进作用。企业衍生使得集群中企业数量不断增加，集群的规模在企业衍生效应的作用下不断扩大，并且不断发展完善相关及配套产业，促使集群的产业生态链不断完备。技术的衍生直接关系到集群的经济绩效和科技绩效，衍生新技术可以突破生产瓶颈，衍生新工艺可以提高生产效率，衍生新产品可以提高生产效益。

第四，假设 H4 成立。本书的模型结果显示，企业衍生越活跃，越有助于技术衍生的出现。这表明，企业衍生导致集群中企业数量的增加，新衍生出来的企业会在集群化的组织环境下快速、低成本地组织要素资源进行试验和生产，不断地衍生出新产品、新技术和新工艺，促进技术的衍生。

第五，假设 H5、H5b 成立，H5a 不成立。本书的模型结果显示，集群衍生效应的两个维度在有意识的知识溢出及集群创新绩效间的中介作用成立。但这里需要注意的是，企业衍生不可以单独起到中介作用，必须通过影响技术的衍生来发挥中介作用，而技术衍生可以单独起到中介作用，即企业衍生–技术衍生、技术衍生在有意识的知识溢出及集群创新绩效间的中介作用成立。这表明，企业衍生只有导致了技术的衍生，才能提升集群的创新绩效。企业衍生是连接科研成果与商品之间的桥梁，企业衍生为新兴技术的出现提供了物质条件，促使了技术的衍生，使得科研成果更快地转化成商品；如果没有足够的技术使科研成果成功转化成商品，衍生将成为纯粹的复制，将逐渐丧失其竞争力，进而很难长久地进行。

4.1.7　实证结果讨论

本书探讨了有意识的知识溢出、集群衍生效应及集群创新绩效之间的关系及作用机理，将有意识的知识溢出分为项目溢出及贡献者溢出，构建了集群衍生效应的中介作用模型，并采用集群数据对相应研究假设进行验证。实证结果表明：

第一，有意识的知识溢出中的项目溢出、贡献者溢出对集群创新绩效均具有正的影响作用。其中，贡献者溢出更能影响集群的创新绩效，原因在于项目溢出关注的是文本信息等易于编码的物化知识的溢出，而贡献者溢出关注的是通过人与人之间的接触而流动的隐性知识的溢出，人们更偏好向其他人求助而不是依靠非人格化的信息来源以获取新知识（Allen，1997）。这一实证研究结论显示，各成员溢出的知识所产生的收益属于合作内部共同收益，在一定程度上把成员间知识溢出的外部性转化为联盟的内部性，知识溢出方和知识接受方在共同利益的基础上，能够就知识贡献补偿和知识共享机制达成高度共识，约束了传统知识溢出的挤出效应、技术及渠道隔离等效应的解释力和适用性。

第二，有意识的知识溢出的两个维度对集群衍生效应中的企业衍生、技术衍生均具有正的影响。其中，贡献者溢出更能影响企业衍生，而项目溢出更能影响技术衍生。由于创新思想更依赖面对面的交流进行溢出，所以企业家以及高级技术人员这类掌握着特定领域的核心知识技术的贡献者们通过个人的社会互动以及技术人才和职业经理稠密的人际关系网络，从而更有利于企业的衍生（Saxenian & Annalee，1994）。而技术衍生的成果一般以工艺流程、设计图、操作方法等形式出现，最终实现商品化（Franco & Filson，2006；Buenstorf，2007）。物化知识的项目溢出更有利于企业对其进行高效的学习和传播，催生技术的创新，从而更有利于技术的衍生。这一实证研究结论关注了项目溢出和贡献者溢出在企业衍生和技术衍生中扮演的作用和发挥作用的顺序。

第三，集群衍生效应的两个潜变量对集群创新绩效的影响作用存在一定的差异，技术衍生对集群创新绩效的影响作用更强。这个结论间接地支持了王缉慈等（1995）提出的如果企业衍生只是单纯的复制和抄袭，没有技术的创新，就无法将科技成果转化成更好更实用的商品的观点。技术衍生是根本性的，是科技成果转化的前提，而企业衍生是形式上的和工具性的，本质上是加快了知识溢出的速度和科技成果转化的速度。硅谷的调查研究发现，每年新增企业数量很多，但是大量企业的出现也伴随着大量企业的死亡，而这些企业死亡的原因无一例外都是由于技术的衍生不够而导致的创新不足（Saxenian，1994）。这一实证研究结论拓展了原有衍生效应理论的切入视角，原有对于集群的衍生的研究往往关注的是集群内企业数量的增加、集群规模的扩张，对于集群中技术研发成果的巨大作用关注不足。对于集群创新绩效而言，二者缺一不可，因为创新不完全是技术性的，但是高技术产业集群的特点在于技术的快速更迭，所以在高技术产业集群中需要更加关注技术的衍生。

第四，企业衍生、技术衍生是有意识的知识溢出影响集群创新绩效的中间传导机制。首先，企业衍生不能单独起到中介作用，必须通过影响技术的衍生来发挥中介作用，原因在于企业衍生是对原技术系统的扬弃，使一些不为原技术系统认同或兼容的技术实现商业化。其次，知识溢出方可根据合作的程度和收益性决定溢出知识的内容及形式，内容上表现为溢出技术知识或市场知识，这些知识等要素在集群企业柔性集聚过程中被重新组合与创新，从而产生新的组合、开发出新的产品，并且包含人力资本和知识资本在内的技术创新在集群内会得以加速扩散，技术得到快速的衍生。而技术衍生的最终目的在于科技成果转化、技术商业化和产业化，促进集群的持续发展。这一研究结论有力地揭示了有意识的知识溢出与集群创新绩效之间的非线性转化路径，探索了有意识的知识溢出通过企业衍生和技术衍生影响集群创新的规律和基本路径，突出技术衍生在打开这个黑箱中的重要作用。

4.2 核心企业如何从知识溢出中获益：丰田供应商集群的案例研究

在全球化市场竞争背景下，有关创新能力的比拼早已从企业之间的竞争转化为集群之间的较量（Rothgang，et al.，2017）。为了获得更高的创新绩效，企业间通过集群创新的方式将核心企业的技术优势和其他中小企业的灵活性优势结合起来，利用频繁的交互分享创新进展（Boudreau & Lakhani，2015）。在此背景下，拥有领先技术的核心企业与集群中的其他企业进行集群创新时会不可避免地溢出知识（Fritsch & Franke，2004），而摆在核心企业面前的难题是，核心企业既为了增强集群创新的效果愿意溢出部分知识，又担心合作伙伴的机会主义行为导致主要技术泄露侵害自身的竞争优势（Oxley & Sampson，2004；Enkel， et al.，2010）。因此，能否处理好知识溢出的两难境地，就成为核心企业能否有效开展集群合作的关键（Alcácer & Chung，2007），特别是在知识产权保护体系尚不完善的情况下，通过设计有效的合作机制解决知识溢出问题是核心企业普遍关注的重点难点问题。

一类研究认为，核心企业应通过构筑防御措施抵御知识溢出的技术泄露风险，但相关策略滑向了消极合作的一面，如与外部创新源保持距离（Alcácer & Chung，2007；Kim，2016），及减少外部合作（Ryu，et al.，2018；应瑛等，2018）等。事实上，这削弱了集群的创新优势，使企业承担更多的研发成本和风险（Ritala & Hurmelinna，2009），降低了外部知识流入带来的知识多样化（Rodan，2002），阻断了核心企业知识溢出可能带来的集群内创业（Endogenous Entrepreneurship）机会（Ioannou，2014），从而使问题又回到原点。

而另一方面，Agarwal 等（2007）的研究则提供了一种新思路，即如果考虑到多个时期内企业会在知识创造者和知识接受者的角色间转换，或者由知识溢出引发的更广泛的生态系统会补充核心企业的供应，知识溢出将会从传统文献中的"零和游戏"转变为"双赢"的局面。也就是说，如果外部的知识具有核心企业溢出的知识，由于知识的积累和路径依赖性（Nelson & Winter，1982），利用这些外部知识产生的创新以及这些创新知识产生的溢出效应将对核心企业具有更高的价值（Alexy，2013），核心企业可以利用这种知识溢出的间接收益来补偿知识溢出带来的创新价值损失。已有研究探讨了核心企业借助知识溢出构建知识生态的不同方式，如借助外界企业的能力试探技术应用和创新的方向（Tseng & Hung，2011），其他企业及个人结合自身的特殊知识进行创造性重组（Sorenson，et al.，2006），以及溢出方企业可以从供应商参与的创造性重组中得到启发，加速了创新产品价值的实现等（Adner，2010）。

然而，现实的问题是核心企业很难将企业知识溢出的内容控制在计划范围内，而核心企业对意外知识泄露风险的担忧也未能从根本上消除。因此，是否能够挖掘出有效的核心企业主导下的企业间决策机制，将对知识溢出的限制依据从权衡短期利益，扭转为是否通过满足双方创新需求实现长期共生利益层面上来，对相关规律的探索对于构建"有核"集群的创新理论具有重要意义。而从企业实践来看，丰田汽车主导的供应商集群模式是现有核心企业与配套企业共生关系最为稳定、创新成果最为突出的产业集群，因此，研究丰田供应商集群紧密创新合作关系的形成依据，探索核心企业消除对知识溢出的防御机制和获益机制，是本书的研究重点和可能的理论贡献之处。

4.2.1　核心企业控制知识溢出的途径

在集群创新中，知识溢出过程参与主体包括知识溢出方和接受方，众多研究发现参与主体会影响知识溢出的活跃程度：接受方吸收能力（Lai，et al.，2006）、知识溢出方高层管理者的支持（Lin，2007）、知识溢出方企业知识型雇员的意愿（Hollanders & Terweel，2002；Renzl，2008）、参与主体双方知识差距（Wersching，2010；Perri，et al.，2013）。核心企业作为集群创新中主要的知识溢出方，由于拥有资金、技术、设备、信息等关键资源，占据较多结构洞（Zaheer & Bell，2005），可吸附诸多中小企业并使之处于相对劣势地位，在集群知识溢出中具有较强的控制力。

核心企业进行知识溢出控制的方式有很多：Howells（2002）发现企业间密切的、深层次的"面对面"R&D合作及人才流动过程能够影响核心企业向中小企业的知识溢出。Hansen（2002）发现核心企业只有拥有合理的组织结构和先进的企业文化才能有效促进知识的吸收、积累和传播，同时只有当核心企业的知识存量积累到一定程度并且向成员企业传播知识以后，才能最终实现对知识的有效利用和创新。Alcacer和Chung（2007）研究发现核心企业通过战略性选址进行知识溢出管理；Agarwal等（2010）发现核心企业可以通过员工创业管理知识溢出；Kim和Steensma（2017）发现核心企业通过雇员管理控制知识溢出；李宇、陆艳红（2018）提出核心企业设计并维持合理程度的网络惯例，营造低权力距离的文化氛围，可以有效促进集群创新；Cirillo（2019）发现核心企业通过企业分拆有效控制了知识溢出。

4.2.2 知识溢出、关系资本与集群创新

（1）知识溢出对集群创新的影响

由于创新是无形且难以预测的，合作创新的合同往往非常复杂，涉及众多技术条款、法律条款和意外事件（Argyres & Mayer，2007；Lumineau & Malhotra，2011），同时对知识产权的规定由于缺乏可验证性也往往缺乏可执行性（Brockman，et al.，2018），企业间很难通过合同等正式手段对协作创新过程中的机会主义行为进行约束，所以知识溢出对集群创新产生正向影响需特定条件，一是给予创新者适当的补偿而不应完全抑制，二是创新者要有保护知识产权的意识（张聪群，2005）。

事实上，研究发现知识溢出对集群创新具有正向效应，同时具有创新抑制效应（杨皎平，2015）。一方面，知识溢出能够减少集群其他企业的学习成本（梁琪，1999），对集群创新产生正向影响，因此核心企业希望通过知识溢出提高集群创新绩效；另一方面，知识溢出会对集群创新产生抑制效应。首先，知识的非排他性，会使知识溢出者不能获得新知识的全部收益（侯汉平、王浣尘，2001）。其次，企业加入集群的目的之一就是学习核心企业的技术诀窍和提高自身能力（Kale，2000），由于供应商与核心企业的目标不一致以及信息不对称，其他企业会产生减小创新投入、挪用合作伙伴创新产出等机会主义行为（Brockman，et al.，2018），集群创新提供一种新的范式来维持公司的竞争优势的同时，也会带来巨大的挪用和机会主义风险（Brockman，et al.，2018），另外，外部知识共享也有可能将组织的核心竞争力暴露给竞争对手（Lichtenthaler，2011）。因此，知识溢出可能会限制公司完全适应集群创新所产生回报的能力。

（2）关系资本视角与集群创新的研究

目前对关系资本仍未形成权威性的统一定义。Kale（2000）认为关系资本是指在联盟伙伴各层级紧密互动下，彼此产生信任、尊重及友谊的程度。Cousins 等（2006）认为供应链关系资本是合作伙伴之间建立的相互尊重、信任的密切互动关系。Clercq 和 Sapienza（2006）定义关系资本为一定程度上的交换，这种交换涉及信任、社会交往和共同准则

或目标。陈菲琼（2003）认为存在于联盟企业个人层次上的互相信任、尊重和友谊称为关系资本。宝贡敏、王庆喜（2004）认为联盟企业之间的关系资本既包括组织层次又包括个体层次，是建立在组织和个体层次上的以相互信任、友好、承诺、专用性投资等为联盟企业专有的独特性关系资源。林莉、周鹏飞（2004）将建立在个人层面上相互信任、尊重、友好等独特的关系资源视为关系资本。关系资本通过关系的创造和利用而带来资产，这些资产使关系成为实现个人和集体目标的资源（Kale，et al.，2000）。

个人层面的关系资本可以遏制联盟伙伴的机会主义行为，防止关键技术的泄露，从而促进知识溢出（Kale，et al.，2000；Mawdsley & Somaya，2015；Brockman，2018），进而促进集群创新。首先，关系资本有助于提高企业与其他企业间的合作能力和学习能力（Brockman，et al.，2018）：一方面，关系资本中所包含的信任使得企业减少对机会主义行为的防备，另一方面，当企业间存在关系资本时，关系资本的网络结构刺激了隐性知识的转移，这些关系使某些公司可以与集群中的其他公司共享复杂的信息，企业可以更加容易地获取外部技术从而增强传统的研发实践（Chesbrough，2006），还能通过接触更多的外部创新思维加速创新过程（Iammarino & Mccann，2006）；其次，关系资本有效降低合作伙伴之间的协调成本：企业要防范其他企业的机会主义行为造成的自身核心知识的泄露，因此集群内需要对知识和资源的共享不断地进行监测和调整，产生协调成本。一方面，如果在关系资本的基础上形成联盟，可以通过反复的互动缩短协调学习期，有效降低合作伙伴之间的协调成本（Genefke，2001）；另一方面，集群创新绩效的提高也会增强协作创新企业间的合作信心，从而增强企业间关系资本。

由于集群创新中充满着不确定性，因此建立在企业间的信任、承诺，以及在共同理解基础上的关系资本显得尤为重要（Gjerding & Kringelum，2018）。在不完全合同下的任何集体活动中，经济主体倾向于最小化他们对协作创新的贡献，同时最大限度地从协作创新中获取利益（Alcácer & Chung，2007；Brockman，et al.，2018）。因此，关系资本作为不完全契约的补充，直接影响着协作创新的成果（Jensen，et al., 2015)。

然而，大多数集群创新过程中出现的机会主义行为表明，自然状态下集群学习过程与集群创新过程产生的关系资本不足以对机会主义行为加以遏制，需要某些动力机制推动集群学习过程与跨企业研究成果对关系资本的促进。在组织间的背景下，企业之间的重复互动被认为是发展关系资本不可或缺的一部分（Hartmann & Herb，2015）。在企业间的协作创新过程中，核心企业如何能够加快企业间关系资本的发展，从而形成基于关系资本的协作创新，本书针对这一过程展开了深入的研究。

4.2.3　研究设计：案例的选择、分析策略与数据来源

（1）抽样原则

单案例选择往往采用目的性抽样，即根据发展的概念和形成的理论有目的地选择样本（陈晓萍等，2012），寻找具有极端性和启发性的"会说话的猪（Talking Pig）"（Eisenhardt，1989；Eisenhardt & Graebner，2007）。本书尝试从具有"核心企业主动促进知识溢出"现象的集群案例入手，通过搜集资料对该集群案例进行系统分析，提炼出该集群中吸引核心企业主动促进集群内知识溢出的核心要素，进而揭示核心企业从知识溢出中的获益机制。为此，本书选择了拥有促进知识溢出优秀实践的集群——丰田供应商集群为标本进行单案例研究。选择丰田供应商集群作为研究对象主要基于以下3个原因：第一，丰田供应商集群在丰田企业的主导下，建立了供应商大会、互助小组等知识溢出平台，并成功激励成员通过知识溢出平台公开分享有价值的知识，极大地促进了集群内的知识溢出；第二，丰田供应商集群通过知识溢出取得了非常卓越的创新绩效，集群内企业的生产能力显著提高；第三，关于丰田对供应商的管理和丰田供应商集群的发展有大量的基础资料和研究素材可供分析和对比印证，能为高效度的理论概括提供基础。

本书选择丰田供应商集群作为案例研究的对象，原因在于丰田集群内形成了基于强关系资本下的集群创新。首先，丰田与供应商之间的合作方式并非传统的甲方提供参数、乙方根据参数报价竞标进而生产的模式，而是丰田与供应商通过集群创新的方式进行新车型的开发，同时丰

田还会主动为供应商提供技术支持；其次，丰田主导下的供应商集群会主动通过供应商大会、互助小组等方式分享生产流程中的创新知识，从提升整个供应链的角度提升最终产品的竞争力；最后，随着丰田供应商对自身生产流程的不断改善，为丰田提供的产品的价格会不断降低。这些现象表明丰田与供应商之间不仅仅是简单的头卖关系，也不是一般的企业间集群创新的关系，而是建立了强关系资本的集群创新关系。这一鲜活的案例为构建本书"核心企业如何能够加快企业间关系资本的发展，从而形成基于关系资本的集群创新"提供了充足的证据。

（2）案例概况

丰田精益生产方式已经被称为"改变世界的机器"。精益生产方式的基本理念是一种现代化的经营观念和先进的生产组织原则，它所追求的是生产经营全过程彻底的合理化。然而，分析丰田公司的经营管理模式时，绝不能忽视丰田汽车与供应商之间的专业化分工协作关系，正是这种协作分工体系支撑了丰田准时生产方式和丰田管理体系。"丰田公司的生产系统是靠系统部件厂家来支撑着的"，这句话真实地反映了准时化生产方式下丰田公司的供货网络状况。因此，丰田将选定的供应商整合为一个"企业网络"，使得其内部所有相关企业的利益和目标完全一致。这种强大的供应商合作关系网络培养加强了丰田的核心竞争优势。在"2003年OEM基准"（评价美国汽车制造业制造商与供应商关系的主要指标之一）调查中，丰田公司不论是在信任度、潜在的机会，还是在研发变革等方面都被评为零部件供应商中最受欢迎的企业。另外，在一项"最希望合作的整车厂商"的调查中，70%以上的零部件供应商表示了与丰田合作的意愿。供应商企业一致认为丰田比较重视供应商的知识产权，能够在成本、质量以及技术三者间选取合理的平衡点，谋求长期的发展。

丰田公司与供应商关系的形成可以追溯到20世纪中期。当时，丰田公司的产量并不大，不能为供货商带来大笔生意。事实上，那时丰田公司经常一天制造不了一辆车，因为它没有足够的高品质零件。因此，丰田公司了解到寻找固定伙伴的重要性。丰田公司唯一能提供的是和所有供货商长期以互惠方式共同成长的机会。与此同时，受日本商业环境和通产省政策的影响，汽车业被提升为日本战后发展经济的重点产业。政府在提供大量技术和政策支持的同时，对汽车的生产效率和质量提出了严格要求。由于集团内部采购效率低下，丰田公司开始依靠供应商获得零部件资源。丰田先后经历了由国际采购向国内采购的转变，通过对潜在供应商的不断考察（主要是技术指标方面）和培训，逐渐形成了与供应商之间的合作。

不久之后，丰田公司外购零部件的比例不断增加。与此同时，日本国内零部件供应商也迅速发展起来。丰田公司为了把供应商密切集中起来还对供应商群体实行战略细分，即把供应商分为独立供应商和协力会成员。对于协力会成员，丰田公司拥有大部分股权和实际控制权。丰田公司通过这种细分，形成了独特的供应网络，为与供应商之间建立紧密关系奠定了基础。

自20世纪60年代起，已开始踏入欧洲市场和北美市场的丰田公司首先采取了将零部件供应等配套系统进行本土化移植的方式，在海外建立汽车装配线的同时，也自行生产。在拓展海外市场时，丰田也很重视供应商在整个运作系统中的作用，在海外市场培育了不少优秀的供应企业，拓展了其供应网络。市场调查中，美国汽车的零部件供应商对于与丰田的合作关系评价甚高。例如，2005 年由 John Henke's Planning Perspectives 所做的调查，基于信任和品牌等 17 个参数建立了一个综合指标，丰田排名第一，以 500 分为满分，丰田得到了非常领先的 415 分（较 2002 年提高了 32%），而通用汽车则保持一贯的低水平，仅得了 114 分（较 2002 年下降了 29%）。

为了对供应商进行有效管理，丰田公司采取了细分供货商的方式。丰田喜一郎在 20 世纪 30 年代末提出的供货商管理模式被沿袭了下来，即根据零部件的重要性对零部件进行分类，对不同的零部件供应商实行不同的管理模式。其内容主要有以下两点：①对于非战略性零部件，丰田主要考虑价格、质量和送货时间等因素能否满足自己的要求，使用传统的竞标方式压低价格，以刺激供应商之间的竞争，由此降低物品的采购价。②对于战略性零部件的供应，丰田将这类制造业务专门分包给和丰田有紧密资本和财务联系的工厂，并将其视为丰田的特殊供应商。丰田与这类供应商发展战略合作伙伴关系，企业与供应商有较高程度的合作，企业开发与供应商之间的多功能界面，建立企业间的知识分享界面，把专有知识与技能传递给供应商。例如，丰田公司通过让自己的工程师与供应商的工程师协作，使产品的缺陷减到最小。同时，丰田也推进与供应商特定性关系的投资，让组装工厂与供货商之间的界限趋于模糊，从而确保企业获得关键技术和长期竞争优势。通过将传统的竞价采购和建立合作伙伴关系这两种模式相结合，企业有针对性地对供应商进行了区别管理，这就避免了传统模式和合作模式的不足。

丰田公司从纵向一体化转向从外部供应商采购组件和原料的同时，必须克服一个问题，那就是，一旦缺乏对外部供应商的控制，供货质量和及时性就得不到保证。丰田汽车为避免这些危机的发生，又做出多方努力来保证建立并发展紧密的合作伙伴关系，并收到了很好的成效。可以这样说，在处理与零部件供应商的关系上，丰田汽车集团是制造业做得最好的企业之一，它通过有效的策略，充分利用了供应商资源，提高了公司的经营业绩。如今，丰田汽车和供应商之间的战略关系越来越趋向合作竞争，朝着提高组织效率、发挥各自优势、增强供应链整体竞争力的方向转变。

（3）案例分析策略

本书以经典扎根理论分析为主、文献回顾为辅的方式进行案例分析。经典扎根理论认为理论源于实践、一切皆为数据，强调尽可能减少人的主观性，通过对数据的不断比较逐步归纳出理论（贾旭东，2016）。本书按照经典扎根理论分析的方式，采取开放式编码、选择性编码和理论编码的标准研究程序对案例进行分析。同时，考虑到查阅相关文献对于清晰界定研究问题、建构立论充分的理论的重要性，本书在进行经典扎根理论分析的每一个程序中都结合相关理论的回顾对结果进行反复考察和修正，提高研究过程的理论性。当经典扎根理论分析得出的结论与现有理论不一致时，一方面回顾既有文献，另一方面检查扎根理论分析的过程，并寻找额外支撑数据，对原解释进行审核和修正。

为了减少相关研究文献对本书理论构建的干扰，本书根据Suddaby（2006）基于多年学术期刊审稿经验提出的建议，在进行理论回顾时，通过回顾多个领域的相关文献、时刻提醒自己不受既有概念的影响、不过分套用既有研究等方式避免相关文献对本书进行经典扎根理论分析的干扰。

本书的编码过程由研究者独立完成。Glaser（2002）指出，编码过程一定是个性化的行为而不是群体讨论的结果。由于不同研究者的理论敏感性存在差异，因而其构建出的理论也一定带有强烈的个人色彩，通过集体讨论或集体编码形式来提高扎根理论研究的信度和效度貌似科学，实际上却完全背离了扎根理论的基本原则和特征，抹杀了研究者的洞见，得出一个平庸的理论（贾旭东、衡量，2016）。因此，为了充分发挥研究者的洞见，在本书中不采用集体讨论或集体编码的形式，而是由研究者独立完成数据的编码过程。同时，本书采取了相应的策略来保证独立编码结果的信效度。本书案例分析策略如图4-4所示。

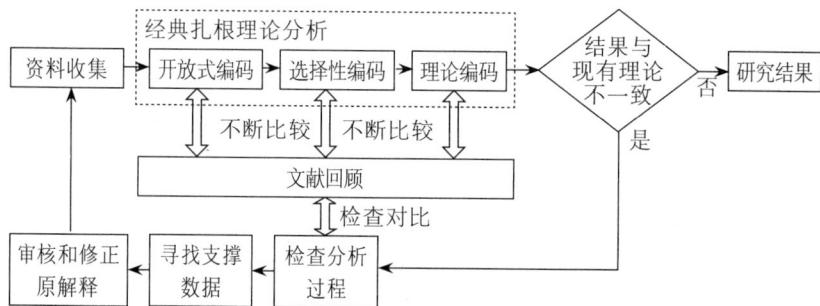

图4-4　案例分析策略

（4）数据收集

鉴于本书的研究主题——核心企业如何从知识溢出中获益，通过客观翔实的资料对丰田主动向供应商溢出知识的动力进行梳理是本书研究的关键所在。本书通过二手数据进行资料搜集较为合适：首先，丰田企业作为世界范围内认知度和曝光率较高的企业，存在充裕的高质量二手数据，从公开资料中获取的数据足以满足本书的需要；其次，采用二手数据可以避免访谈方式获取数据过程中由印象管理（Impression

Management）和回溯性释义（Retrospective Sensemaking）带来的误差（苏敬勤、单国栋，2017）；最后，由于地理可及性、语言沟通障碍、作者学术背景单薄等方面的原因，本书难以获取一手数据。因此，本书通过搜索二手资料获得研究所需数据。

本书对资料搜索的要求是：采用多种数据来源的方式，保证数据的丰富性和有效性，保证所搜集的资料能够全面回答和涵盖研究所涉及的问题。同时，对数据进行严格的三角验证，通过多重性数据来源增强证据之间的相互印证，剔除不可靠的内容，最大程度保证数据的真实性，提高研究效度和信度。

为了探究丰田企业如何从知识溢出中获益，本书从以下3个方面搜集了大量的资料，它们包括：

①拥有丰田企业一手资料的研究学者撰写的著作。作者首先利用多个图书馆搜索系统、购书网站及图书交流网站搜索与丰田有关的著作，随后通过书名、作者简介、目录等信息筛选出可能包含丰田供应商集群案例资料的高质量著作，最后根据每本书章节内容的侧重点不同，采用高度相关章节精读、低相关章节泛读的方式获取案例资料。根据最终资料的获取情况，罗列出本书案例资料的著作来源，包括《改变世界的机器》（沃麦克等，1999），《丰田模式（实践手册篇）——实施丰田4P的实践指南》（莱克、梅尔，2012），《精益产品开发体系——丰田整合人员、流程与技术的13项精益原则》（摩根、莱克，2017），《丰田供应链管理——透视丰田产业链制胜的秘密武器》（艾弗等，2010）等，如表4-13所示。

②利用Web of Science网站，选择"Web of Science核心合集"数据库，以"Toyota"和"Supplier"为主题进行搜索，类别选择"Management"、"Business"和"Economics"对搜索结果进行精炼，得到50篇英文期刊；同时，利用中国知网，以"丰田"和"供应商"作为关键词，期刊来源选择"CSSCI"和"核心期刊"进行搜索，共搜索出43篇中文期刊。得到93篇文献后，通过浏览标题、阅读摘要的方式快速筛选出可能包含本书所需案例资料的文献，摘录本书所需相关案例资料。

表4-13 案例资料的著作来源介绍

书名	著作介绍
《改变世界的机器》	三位作者分别是精益企业研究所（LEI）所长、英国精益企业研究院（LEA）院长和日本钢铁工业工程教授，该书根据麻省理工学院的"国际汽车计划项目"研究人员参观了90个总装工厂后准备的116篇专题报告整理而成，其第6章"供应链协作"和第7章"客户关系"中有大量关于丰田供应商集群的资料
《丰田模式（实践手册篇）——实施丰田4P的实践指南》	两位作者中，一位任密歇根大学工业工程教授，并担任该校日本技术管理项目主任，对社会技术体系尤其是丰田公司有着多年的学术研究经验；另一位曾在丰田肯塔基州乔治城工厂担任团队领导人，先后在日本和肯塔基州接受丰田生产体系专家长达十年的培训和指导，在工厂现场践行丰田模式的一线经验。因此该书提供了切合实际而又不乏深入理论的实践指南。其中第12章"将供应商和合作伙伴发展为企业的外延"有大量关于丰田供应商集群的资料
《精益产品开发体系——丰田整合人员、流程与技术的13项精益原则》	两位作者中，一位拥有24年的汽车产品开发和运营管理经验，用3年时间完成了丰田汽车与其北美竞争对手产品开发体系的比较分析，获得了"新乡奖"（Shingo Prize）。另一位是密歇根大学工业工程教授，对社会技术体系尤其是丰田公司有着多年的学术研究经验。该书第10章"产品开发体系中供应商的角色与使命"中有大量关于丰田供应商集群的资料
《丰田供应链管理——透视丰田产业链制胜的秘密武器》	三位作者中，艾弗在普渡大学Krannert管理学院任教，是众多行业供应链领域的专家；色沙德利在得克萨斯大学奥斯汀分校McCombs商学院IROM系任教授，在供应链合约与风险管理方面做过大量研究；瓦沙是丰田前高级经理，曾在北美丰田与欧洲丰田任职，在处理供应链相关问题方面任重要职位，现任RPV咨询公司总裁。该书从两位丰田研究专家以及一位前丰田供应链管理者的角度向读者全方位地展示了丰田供应链体系的运作情况。其中第7章"供应商管理"和第11章"供应链管理中的丰田模式"中有大量关于丰田供应商集群的资料

③通过新浪、网易、搜狐、腾讯、百度、新华网、人民网、凤凰网等门户网站搜索关于丰田和供应商的媒体评论、公开的丰田和供应商的视频资料，作为搜集丰田供应商集群案例资料的辅助手段。

本书从以上 3 个方面搜集资料，一方面可以提高案例研究素材的丰富性和准确性，另一方面也便于进行多方印证和比对，通过多种资料三角验证的方式提高资料分析的可靠性和可信度。

（5）信度和效度

进行案例研究时不仅要关注研究结果所揭示的意义以及社会构建的事实，还要遵循科学研究的法则，严守科学研究中的效度与信度的要求。本书结合现有研究中提出的保证案例研究信度与效度的研究策略（郑伯埙、黄敏萍，2008；肖静华等，2015），分别从构念效度、内部效度、外部效度和信度 4 项案例研究质量的评价标准，对本书进行控制和检验，如表 4-14 所示。

表 4-14　　保证信度和效度的策略、实施阶段和实施方法

检验	策略	实施阶段	实施方法
构念效度	多源渠道获取数据	数据收集	多源渠道获取数据，三角验证的多源数据交叉验证。数据来源包括：①根据一手数据撰写的书籍；②Web of Science、中国知网、读秀、万方期刊网等文献获取渠道；③门户网站、媒体评论等网络媒体渠道
	建立证据链	数据分析	原始数据→开放式编码→主轴编码→选择性编码→理论编码→理论模型与原始数据检验修正
	魔鬼辩护师	数据分析	请未参与编码工作的团队成员对编码过程、分析结果进行讨论，就模型构建过程、结论等方面提出意见
内部效度	建立解释	数据分析	通过重复检视命题、理论与经验数据是否符合来不断修正理论与命题，建立较佳的解释
	分析对立的竞争性解释	数据分析	对已有解释提出对立数据，审核并修正原解释
外部效度	可复制性案例	研究设计	选取在美国成功复制日本本土供应商管理模式的丰田供应商集群作为本书案例研究对象
	理论指导	研究设计	将相关理论进行回顾梳理后与本书结果进行对比分析，使研究与理论进行深度对话
信度	细致的研究计划	研究设计	研究正式开始前回顾大量类似研究，做出较为详细的研究计划，并反复修改，保证研究过程的规范化和可复制性
	案例研究数据库	数据收集与分析	建构案例研究数据库，包括研究笔记、誊写文稿、档案数据以及分析记录等
	重复实施	数据分析	通过重复实施数据分析过程，对比分析结果，形成最终分析结果

　　构念效度是指针对所要探讨的概念，进行准确的操作性测量。本书保证构念效度的方法有：①通过多源渠道获取数据。多源渠道获取的数据都能获得类似的资料与证据时，说明案例研究中的衡量具有构念效度。本书通过相关书籍、文献获取网站和网络媒体等渠道对相关数据进行交叉验证。②建立证据链。让搜集的数据资料具有连贯性，且符合一定的逻辑。本书通过搜集原始数据、开放式编码、主轴编码、选择性编码、理论编码和理论模型与原始数据检验修正来建立证据链。③魔鬼辩护师。安排能够挑战数据、证据及结论的魔鬼辩护师，对资料的搜集、分析及结果与报告进行检视，避免个人偏见的产生。本书邀请未参与编码工作的导师和同学对编码过程、分析结果进行讨论，就模型构建过程、结论等方面提出意见，确保搜集的资料能够反映研究构念。

　　内部效度是指建立因果关系，说明某些条件或某些因素会引发其他条件或其他因素的发生，且不会受到其他无关因素的干扰。本书保证内部效度的方法有：①建立解释。通过回顾相关理论，提出一连串的命题。检视理论、命题与经验数据是否符合，据此修正理论与命题，再重复以上的过程，直到理论、命题与经验数据趋近为止，从而建立起较佳的解释。②分析对立的竞争性解释。审核已有的解释是否存在对立的数据，如果存在对立数据，结合理论和经验数据对原解释进行修正。

　　外部效度是指研究可以类推的范围。本书保证外部效度的方法有：①可复制性案例。本书选取的研究对象是丰田供应商集群，丰田企业已经在美国成功复制日本本土的供应商管理模式，从而增加了本书结果的类推能力。②理论指导。本书将相关理论进行回顾梳理后与本书结果进行对比分析，使研究与理论进行深度对话，提升本书结果的类推能力。

　　信度是指研究的可复制性，通过重复实施能够得到相同的结果。本书保证信度的方法有：①细致的研究计划。在研究正式开始前，查阅大量类似研究的文献，结合本书的具体需求，做出较为详细的研究计划，并反复修改，保证研究过程的规范化和可复制性。②案例研究数据库。建构案例研究数据库，整理研究笔记、誊写文稿、档案数据以及分析记录等材料，方便对研究进行再检查与再分析，通过详细的文字记录和数据文件来强化研究的信度。③重复实施。通过重复实施数据分析过程，对比多次数据分析结果形成最终的研究结果，加强研究的信度。

4.2.4　研究发现：集群创新的大小循环动力机制

（1）开放性编码

开放性编码是将所有数据资料进行概念化的过程，实现资料的概念化、范畴化。开放性编码旨在用概念正确反映数据内容，并将数据以及抽象出来的概念打破、揉碎并重新整合（Strauss，et al.，1990）。本书通过对收集到的资料逐段、逐行以及逐句进行分析，反复阅读文字资料，对原始资料进行分解，将原始资料分为贴标签、概念化和范畴化三个阶段，通过对资料进行分解、贴标签，获得90个标签，将这90个标签归纳为19个概念。随后，将这19个概念进一步范畴化，进行分析归类和提炼，将相类似的概念归类，一共得到6个主范畴。根据已有的理论将得到的主范畴进行提炼和归纳，得到集群知识管理、集群关系管理和集群创新绩效提升3个核心范畴，结果如表4-15所示。

表4-15　　　　　　　　　　　资料的范畴化结果

概念	主范畴	核心范畴
丰田主动分享创新成果	核心企业知识溢出	集群知识管理
丰田建立知识共享平台		
丰田工程师抵触分享知识	集群内知识溢出	
集群内实现知识共享		
提前制定收益分配方案	收益分配前置	
创新绩效决定丰田与供应商合作的宽度与深度		
信任是集群内知识分享的前提	关系资本提升	集群关系管理
丰田与供应商建立信任关系		
集群内通过合作产生联系		
丰田加强集群内企业间的紧密关系		
丰田与供应商建立平等合作关系		
丰田培养供应商形成与自己一致的价值观		
丰田以高标准的创新要求供应商	非市场机制	
丰田主动为供应商提供帮助		
丰田为供应商提供业务保障		
丰田谨慎选择合作供应商		
丰田要求供应商主动学习		
丰田和供应商的生产工艺得到极大的改善	集群创新绩效提升	集群创新绩效提升
集群学习效果吸引其他企业进入		

（2）选择性编码

选择性编码通过"构建性解释"来理顺各核心范畴之间的逻辑关系，并以概念化的形式自然呈现出来，最终形成一个完整的理论（李文博，2012）。通过对核心概念和范畴的不断比较，寻找概念之间的逻辑联系。核心范畴要能够与其他范畴尽可能多地关联，对其他的范畴有一定的解释力。经过选择性编码之后，本书中范畴之间的关系如图4-5所示。

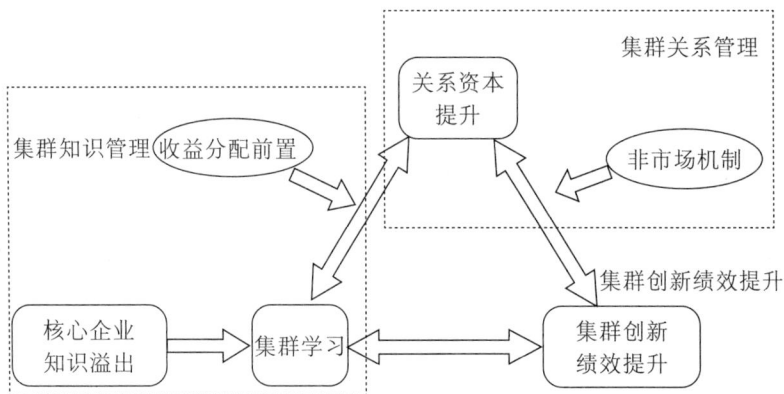

图4-5 范畴之间的关系

通过对原始资料和编码过程的不断分析比较，结合对现有文献的回顾，本书发现在编码提取的3个核心范畴中，集群知识管理、集群关系管理和集群创新绩效提升相互影响。在各主范畴关系中，集群内知识溢出、关系资本提升和集群创新绩效形成闭环式循环促进的关系。核心企业知识溢出是引发这个闭环式循环促进的动力源，收益分配前置和非市场机制分别作为集群知识管理和集群关系管理的动力机制，为集群内知识溢出、关系资本提升和集群创新绩效的闭环式循环促进提供动力。

（3）理论性编码

理论性编码阶段是进行理论构建的工作，结合现有文献，将案例编码过程中形成的概念或范畴组织起来以构建理论。理论是在编码、做研究笔记过程中"自然涌现"出来的（Strauss & Corbin，1997），通过不断地整理和提炼，最终归纳出较为清晰的理论模型。

①集群知识管理、集群关系管理和集群创新绩效。

创新是一个积累的过程，需要通过解决一系列问题来提高知识前沿和创新应用。如果通过集群创新重用（Reuse）先前贡献者的知识和技术，将极大地提高集群的创新效率（Chesbrough，2003；Von Hippel，2005）。然而，由于创新的不确定性，很难通过契约的方式确保企业进行足够的创新投入，企业在利益最大化的原则下会倾向于选择仅仅利用其他企业的创新成果，造成创新动力的匮乏。同时集群内企业交流的过程中可能会造成企业计划之外的知识泄露，降低技术领先企业参与集群创新的意愿（Engel & Kleine，2015）。为了鼓励企业积极参与集群创新，建立在企业间的信任、承诺和共同理解基础上的关系资本显得尤为重要（Gjerding & Kringelum，2018）。利用集群内企业建立的关系资本实现相互信任，互惠承诺和互惠信息交换，能够有效降低合作伙伴之间的协调成本（Genefke，2001），提升企业参与集群创新的意愿。同时，一定程度的关系资本能够减少集群内企业的机会主义行为（Kale，et al.，2000），进行足够的创新投入。因此，将集群知识管理与集群关系结合起来能够更有效提高集群创新绩效。

在丰田供应商集群的知识管理中，丰田首先利用自己的核心企业地位在集群内建立供应商协会、自主研修组（Jishuken）、驻场工程师制度、工程师拜访制度等知识共享平台，通过知识共享平台主动向供应商溢出丰田生产方式的知识，触发供应商企业在集群中的学习。由于建立了多层次、多方位的知识共享平台，供应商企业在学习的同时能够通过知识共享平台进行企业间的学习交流。由此，丰田企业主动溢出知识的行为触发了初步的集群学习行为。

由于集群学习行为的产生，企业间的互动使不同企业的成员间产生了个人层面的关系，企业间得以建立起联系。同时，在丰田的要求下，集群内的企业通过相互投资、合资建厂的方式加强了彼此之间的联系，丰田供应商集群内建立起一定程度的关系资本。在一定关系资本的基础上，供应商在集群学习过程中开始主动地向其他企业溢出本企业的一部分知识，集群学习的内容由丰田主动溢出的知识转变为集群内溢出的知识，集群内的其他企业也开始参与集群内的知识溢出，集群学习开始升级。随着集群学习的发展，集群内逐渐形成稳定的信息沟通渠道，企业间的密切交流也逐渐使得集群内的企业建立起信任关系。基于以上分析，本书提出：

命题1a：集群学习和关系资本之间能够形成循环促进的效果。

丰田供应商集群内建立的关系资本使得集群内的企业开始相互信任，逐渐减少了对其他企业机会主义行为的担忧，促进了集群内企业创新的意愿。同时建立关系资本过程中形成的信息沟通渠道降低了企业获得外部知识的协调成本，集群内的企业能够方便、快捷、准确地从集群中搜寻知识，有效地增加了集群内的知识重用。因此，集群内建立关系资本有助于提升集群创新绩效。集群创新绩效提升能够增强集群内企业对集群创新的认可，反过来加强集群内的关系资本建立。基于以上分析，本书提出：

命题1b：关系资本和集群创新绩效之间能够形成循环促进的效果。

丰田供应商集群内的集群学习行为能够让集群整合不同企业在知识储备、学习能力等方面的优势资源，在创新过程中形成优势互补，加快集群创新的速度，提升集群创新绩效。同时，集群创新绩效提升的过程中产生的新知识增加了集群内企业的知识储备，提高了企业对同类知识的吸收能力，能够促进集群学习。基于以上分析，本书提出：

命题1c：集群学习和集群创新绩效之间能够形成循环促进的效果。

命题1：集群学习、关系资本和集群创新绩效之间能形成循环促进的效果。

②收益分配前置和非市场机制的动力促进作用。

第一，收益分配前置的动力作用。

集群创新最终关注的是创新成功后创新收益的分配问题。由于知识的外部性，核心企业为了防范合作伙伴窃取其创新知识带来的收益，试图通过减少外部合作的方式降低知识外泄的风险。这种做法显然会削弱集群创新的效果，同时互动的减少也降低了企业间关系资本的积累速度，阻碍集群学习过程与关系资本之间的良性循环。通过事前激励企业进行高成本和高风险的创新投资和创新努力，同时通过鼓励企业间的知识分享行为促进集群内知识溢出，能够提高创新知识的重用

（Scotchmer，2004）。

丰田供应商集群通过"收益分配前置"的方式推动了集群学习过程与关系资本之间的良性循环。首先，丰田和供应商认可了生产经验的积累和生产流程的创新都会使得企业的生产成本不断降低的事实，丰田的供应商都接受了在某一整车零部件生产过程中不断降低零部件价格的要求；其次，丰田会与供应商确立一个共同降低生产成本的目标，这个目标的作用一方面是通过降低各供应商产品的价格从而降低丰田生产整车的成本，另一方面则是在丰田整车生产成本降低的压力下，供应商能在降低零部件销售价格的同时不断地降低生产成本，获得合理的收益；最后，如果供应商努力创新，超额完成了降低成本的目标，丰田依然会按照原来约定的收购价格对零部件进行收购，也就是说，供应商通过创新获得的额外收益完全归供应商所有。

在收益分配前置的设定下，供应商不必再通过独占某一关键知识或技术的方式增加企业自身的讨价还价能力，相反，独占知识的策略反而会影响供应商与丰田供应商集群内其他企业的集群学习过程，从而不利于企业不断降低成本获得持续的收益。丰田企业为了与供应商之间进行长期稳定的合作，会主动地通过向供应商溢出知识的方式帮助供应商完成创新目标，获得足够的创新收益。同时，丰田企业通过建立供应商协会、专题委员会、问题解决团队和自愿学习小组的方式为供应商之间提供知识交流的渠道。供应商为了完成创新任务获得相应的收益，首先会主动吸收丰田企业溢出的知识，然后与其他企业交流学习成果，建立一定程度的关系资本。而企业间关系资本的建立又会促进企业间学习过程的进一步改善，形成集群学习过程与关系资本相互促进的良性循环。由于收益分配前置的动力作用，集群互动的频率加快，集群学习过程与关系资本的良性循环加速，形成了高关系资本基础下的集群学习过程。在此状态下，集群学习的内容也不再局限于丰田主动溢出的知识，企业间开始相互分享知识。同时，在高关系资本下，企业在集群学习的过程中的机会主义行为也会逐渐减少。基于以上分析，本书提出：

命题2：收益分配前置的动力作用有利于集群学习与提高关系资本的循环促进效果。

第二，非市场机制的动力作用。

在市场机制下，集群创新的企业间是一种逐利的短期合作关系。集群创新绩效的提高会促进企业间关系资本的建立，关系资本的发展反过来对集群创新也有促进作用，进而推动集群创新绩效的提升。然而，企业为了追求更高的创新效率，倾向于与创新绩效更高的企业进行合作，获得更高的集群创新绩效。集群创新中的核心企业在集群创新初期拥有较强的话语权（Katila，et al.，2008；Diestre & Rajagopalan，2012），随着非核心企业创新绩效的提高，企业在进行企业间集群创新时拥有更强的议价能力，集群创新的企业为了保护自身的利益，会依靠自己增强的议价能力对创新价值进行争夺。双方对创新价值的争夺会使得非核心企业逐渐脱离原有的集群创新体系，同时既有的创新绩效能够帮助企业与创新能力更强的企业进行合作，使得原有的集群创新体系瓦解，形成新的集群创新体系（王伟光等，2015）。因此，在市场机制下，企业进行集群创新的合作伙伴具有高不确定性，极大地影响了集群创新绩效与关系资本之间的良性循环。

丰田供应商集群内通过建立非市场机制的集群创新关系，在企业间形成长期稳定的创新合作关系，使得企业的自我利益保护行为成为集群创新绩效与关系资本之间良性循环的动力。为了建立非市场机制的长期合作关系，丰田在集群创新的整个过程中，都不会依赖自身强大的能力欺压供应商获取更多的创新价值，而是将供应商企业当成企业的延伸，充分考虑供应商的创新价值的获取空间，合理分配创新价值，与供应商建立"荣辱与共"的伙伴关系。

由于丰田供应商集群的集群创新关系建立在非市场机制下，企业间合作的基础除了追求自身利益外，还包括追求整个集群创新体系的发展。在这种合作关系中，企业追求创新价值的方式不是依靠自身的创新绩效与创新合作伙伴进行讨价还价，而是通过集群创新提升集群的创新绩效，让整个集群创新体系在全球市场的竞争中占据成本、技术方面等优势，通过争取更大的市场让集群创新体系内各企业都能获得更多的创新价值。因此，企业间的集群创新得到了跨企业创新成果后，企业不会再通过与集群创新企业争夺创新价值的方式进行自我保护，而是利用集群创新绩效培养进一步集群创新的信心和期望，促进集群创新绩效对集群创新企业间的关系资本的发展作用。同时，企业的自我保护行为引导企业追求与其他企业的进一步集群创新，追求更多的集群创新绩效。基于以上分析，本书提出：

命题3：非市场机制的动力作用有利于集群创新绩效与关系资本的循环促进作用。

第三，收益分配前置与非市场机制的动力作用。

当企业间进行跨企业集群创新时，收益分配前置能够有效避免企业间对创新收益的争夺，从而有助于企业间关系资本的建立。当企业间建立起高度信任的关系资本时，企业间可以更多地依赖企业间集群创新获得更高的创新绩效。同时，在非市场机制下，企业间要通过追求整个集群创新体系创新绩效的提高来获取更多利益，于是企业的自我保护行为成为企业依赖关系资本追求跨企业创新成果的动力。基于以上分析，本书提出：

命题4：收益分配前置与非市场机制的动力作用有利于集群学习过程对集群创新绩效的促进作用。

第四，非市场机制与收益分配前置的动力作用。

企业间集群创新产生集群创新绩效后，保持与集群创新伙伴的合作关系进行集群学习更有利于企业的创新（Cannavacciuolo，et al.，2017）。当企业间集群创新产生成效之后，企业对集群创新体系的信任会有所增强。企业间建立的非市场机制能有效避免集群创新体系由于企业对创新价值的争夺而失败，使得集群创新绩效顺利促进企业间关系资本的建立。同时，由于收益分配前置的设定，企业在集群创新过程中能减少对未来创新收益分配的关注，更加注重学习的有效性，从而有效推动企业间关系资本集群学习过程的改善作用。基于以上分析，本书提出：

命题5：非市场机制与收益分配前置的动力作用有利于集群创新绩效对集群学习过程的促进作用。

此时，研究的理论框架基本完成。

（4）研究发现

本书根据理论编码得到的理论框架，得到本书的理论模型图，如图4-6所示。

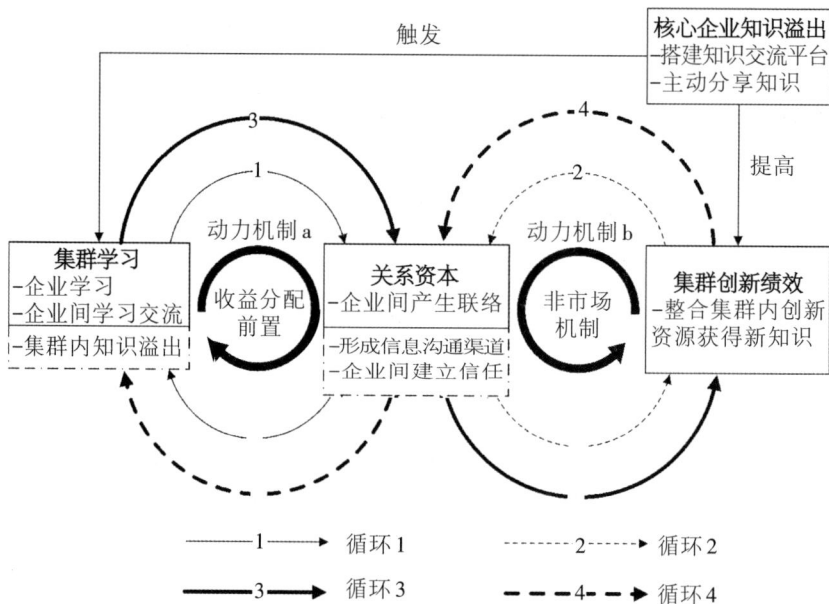

图 4-6 丰田供应商集群创新的大小循环动力机制

图 4-6 描述了丰田供应商集群中核心企业从知识溢出中的获益过程。

首先是核心企业知识溢出。丰田企业通过在集群内搭建知识交流平台、主动分享知识等行为促进自身知识向集群中溢出。如通过开发自主研修组、成立供应商协会、建立驻场工程师制度、将供应商分组等方式在丰田供应商集群内搭建起知识溢出平台，通过专家拜访、技术援助、指导其供应商学习精益方法等方式主动分享知识。丰田企业通过主动向集群内溢出知识，增加了集群内其他企业的知识储备，有助于提高集群创新绩效。更重要的是，丰田企业通过知识溢出触发了初级形态的集群学习：集群内其他企业借助丰田溢出知识的机会进行学习，并能够通过丰田搭建的知识交流平台便捷地分享学习心得。

紧接着，初级形态的集群学习和集群创新绩效的提高分别引发了集群学习与关系资本的促进作用和集群创新绩效与关系资本的循环促进作用，即图 4-6 中的循环 1 和循环 2。在循环 1 中，初级形态的集群学习使企业间产生联系，参与集群学习的企业得以建立关系资本，关系资本建立后又会促进集群学习。如丰田的各供应商在活动中建立彼此的联系，一级供应商会让一群设计工程师到丰田的工程办公室工作约 3 年的时间。久而久之，他们会对丰田的整个流程及工作语言有深入的了解，促进了集群学习。在循环 2 中，集群创新绩效的提高会增强集群内合作的意愿，从而推动企业间关系资本的发展。如许多美国供应商了解到成为丰田的供应商将获得许多学习和改进的机会，获得丰田的业务时都会很高兴，甚至有供应商将增加丰田业务定位为公司最重要的战略目标之一，即丰田供应商集群提高创新绩效后甚至能吸引外部企业与集群内部企业建立联系。企业间关系资本稳固后，会降低企业间合作的成本，更有利于整合集群内的创新资源，提高集群创新绩效。在 1965—1992 年间，丰田和其供应商的劳动生产率增长了 700%。同期，美国汽车制造商及其供应商的劳动生产率只分别增长了 250% 和 50%。在这里，循环 1 和循环 2 成为构成丰田供应商集群创新的小循环。

随着循环 1 和循环 2 的运转，初级形态的集群学习逐渐转为集群学习，集群学习的内容在丰田知识溢出的基础上增加其他企业溢出的知识，如兰草汽车制造协会（BAMA）的成员每年定期参加会议，分享实践经验、最新信息和重要事务等；关系资本不再仅仅是在企业间产生联系，而是逐步在集群内形成信息沟通渠道，企业间开始建立起信任关系。如在基于互相信任的氛围中，在产品开发的初期，每个公司都会将最敏感的私有信息拿出来公开讨论，实现信息共享；集群创新绩效也随着集群内创新资源整合能力的提升而不断提高。此时，在循环 1 和循环 2 的作用下，集群学习也能通过影响关系资本而影响集群创新绩效，在图 4-6 中表示为循环 3，同时集群创新绩效也能通过影响关系资本而影响集群学习，在图 4-6 中表示为循环 4。循环 3 和循环 4 成为构成丰田供应商集群创新的大循环。

在丰田供应商集群创新的大小循环中，收益分配前置和非市场机制成为大小循环的动力机制。在集群创新中，收益分配前置有利于集群学习以提高关系资本的循环促进效果，成为循环 1 的动力机制。如丰田集群中不要求供应商将具体改善活动节省下来的成本同丰田共享，而是通过提前为供应商确立目标价格将创新收益的分配过程"前置"。由于事先约定了创新收益的分配方案，避免了集群创新后企业间的利益冲突，企业会更加倾向于加强与其他企业间的学习交流和密切关系，从而追求更高的创新绩效。同时，非市场机制的动力作用有利于集群创新绩效与关系资本的循环促进作用，成为循环2的动力机制。如丰田集群通过主动为其他企业提供帮助、为供应商提供业务保障、股权投资、合资建厂等方式在企业间建立起紧密合作关系，企业间由原来的纯市场交易关系转变为非市场合作关系，企业获取更高价值的途径是与其他企业追求共同发展。除此之外，还可以将收益分配前置与非市场机制进行组合，得出收益分配前置与非市场机制的动力作用有利于集群学习过程对集群创新绩效的促进作用，非市场机制与收益分配前置的动力作用有利于集群创新绩效对集群学习过程的促进作用。

根据以上论述，核心企业通过知识溢出，引发出丰田供应商集群创新的大小循环，并通过收益分配前置和非市场机制两个动力机制，推动集群创新的大小循环，使整个集群获得更高的创新绩效，达到从知识溢出中获益的目的。

4.2.5 研究讨论

通过扎根理论分析法对丰田供应商集群案例进行分析，得到了核心企业从知识溢出中的获益机制。与现有知识溢出的相关研究比较，本书引入了关系资本的视角考察知识溢出对集群创新绩效的关系，得出了核心企业可以通过知识溢出触发集群创新的大小循环，并通过收益分配前置和非市场机制来推动集群创新的大小循环，不断提升整个集群的创新绩效，实现从知识溢出中获益。在该机制中，收益分配前置和非市场机制作为集群创新大小循环的动力机制，是核心企业成功获益的关键，因此该理论框架的适用条件限定在能够有效建立起这两个动力机制的集群中。在本书的研究情境中，丰田企业既是丰田供应商集群的核心企业，又是集群中其他企业的下游客户，能够通过提前制定降价目标、根据创新绩效调整与供应商后续合作的方式将收益分配"前置"，也能通过为供应商提供业务保障的方式建立非市场机制。当创新集群中的核心企业不是其他企业的下游客户时，核心企业能否通过其他方式成功建立起收益分配前置和非市场机制，有待进一步考量。

在本书的研究情境中，丰田企业既充当了主动溢出知识的主体，又担任了在集群中建立收益分配前置和非市场机制的角色。然而，本书得出的理论框架并不要求核心企业同时承担两项功能。在创新集群中，如果核心企业拥有大量领先知识，同时对集群中的其他企业具有较强的控制力，可以参考本书的理论成果在集群中通过知识溢出获益；如果核心企业拥有大量领先知识，而政府部门或中介等第三方机构在集群中拥有较强的控制力，也可以参考本书的理论成果，由核心企业进行知识溢出，第三方机构在集群中建立收益分配前置和非市场机制，提升整个集群的创新绩效；如果核心企业未拥有足够的领先知识，即使成功建立了动力机制，也难以保证少量的知识溢出能触发集群创新的大小循环。因此，本书研究理论的适用情境是具有如下特点的集群：核心企业拥有大量领先知识，同时核心企业或第三方机构在集群中拥有较强的控制力，能够在集群中成功建立起收益分配前置和非市场机制。

4.3 本章小结

4.3.1 结论与理论贡献

（1）集群中的企业要重视有意识的知识溢出，吸引其他创新主体参与到知识溢出和学习活动中来，政府可以尝试以创新补贴的形式降低企业创新风险，提高企业进行知识创新活动的积极性。同时，通过引导和监督企业的知识溢出行为，逐步培育信任合作观念强、知识共享气氛浓厚的良好集群文化。

（2）要重视将隐性知识转化为别人容易理解的形式。当前的一些智能技术，如知识挖掘系统、专家系统等，为实现隐性知识的显性化提供了手段。利用互联网技术所创建的虚拟交流平台，如线上讨论群、论坛等，将经验和诀窍采用聊天或日志的方式呈现，加强了隐性知识交流与转化。

（3）集群企业在配套完备的生态圈中更易于产生有意识的知识溢

出，彼此之间不仅通过核心企业间接联系，还会通过相互参观、相互学习而直接联系，这其中便会产生直接项目溢出和间接项目溢出。处于生态圈中的技术领先企业要有意识地在共同协作研发过程中，将工艺创新成果向拣选的合作伙伴开放，通过现场参观学习等方式加快学习相关创新经验。

（4）集群学习、关系资本和集群创新绩效有循环促进的效果。本书通过扎根理论研究发现，在丰田供应商集群中，关系资本在集群创新学习和提升集群创新绩效方面有着非常明显的作用。结合相关文献梳理，本书认为集群学习、关系资本和集群创新绩效三者之间存在两两相互促进的作用，三者结合起来能够形成一个循环促进的闭环。

（5）收益分配前置和非市场机制的动力作用有利于集群学习、关系资本和集群创新绩效的循环促进作用。在丰田供应商集群中，丰田企业通过"提前制订创新收益分配方案"和"创新绩效决定丰田与供应商合作的宽度与深度"的机制保障了企业提升创新绩效后的回报，本书将两种机制归结为"收益分配前置"。同时，丰田集群通过主动为其他企业提供帮助、为供应商提供业务保障、股权投资、合资建厂等方式在企业间建立起紧密合作关系，将企业间的市场交易关系转变为具有强联系的非市场合作关系，本书将其称为"非市场机制"。收益分配前置解决了集群创新过程中的收益分配问题，有效避免了因争夺创新成果价值而产生的矛盾。由于创新成果的价值得到了保障，企业能够通过提升创新绩效获取更多价值，因而会更加倾向于加强与其他企业间的学习交流和密切关系。非市场机制加强了企业之间的联系，能够有效规避集群内的机会主义行为，防止企业私自挪用或泄露其他企业的创新成果，加强了集群创新绩效与关系资本之间的循环促进作用。收益分配前置和非市场机制的作用组合起来，能够有效促进集群学习和集群创新绩效的循环促进作用。因此，收益分配前置和非市场机制加强了集群学习、关系资本和集群创新绩效的循环促进作用。

（6）核心企业能够通过知识溢出触发集群创新的大小循环，并通过收益分配前置和非市场机制的动力作用推动集群创新的大小循环，不断提升整个集群的创新绩效，从而实现从知识溢出中获益。在丰田供应集群的案例中，企业通过主动溢出知识触发集群学习，提升集群创新绩效，开启了集群创新的大小循环。随后，丰田企业通过收益分配前置和非市场机制强化集群创新的大小循环，推动了整个集群创新绩效的提升，最终实现从知识溢出中获益。

4.3.2 研究启示

本书通过对丰田供应商集群的单案例研究，得出核心企业从知识溢出中的获益机制。现阶段我国强调要实施创新驱动发展战略，企业通过参与集群创新的方式提高创新绩效成为保证企业生存和发展的有效途径。本书结论对于核心企业参与集群创新具有一定的参考意义。

（1）核心企业拥有大量的领先技术，参与集群创新可能会面临知识和技术的意外泄露，核心企业应当利用自身控制力在集群中进行集群知识管理和集群关系管理，主动促进集群内知识溢出的同时发展集群内企业间的密切关系，减少集群内企业进行机会主义行为的可能，从而激励集群内企业积极参与集群创新。

（2）本书所识别出的"收益分配前置""非市场机制"为核心企业进行集群关系管理提供了有效的思路和方法，核心企业能通过这两种机制提升集群内关系资本的建设速度，加快集群学习、关系资本和集群创新绩效的循环促进作用。

（3）政府、中介等第三方机构在推动地方产业集群发展时，也能适当借鉴本书提供的思路，依据自身在集群中的控制力，在产业集群内进行集群知识管理和集群关系管理，促进地方产业集群的快速发展。

5 核心企业的知识权力运用与"有核"集群的知识创造

在集群知识创造的过程中，核心企业因有能力进行高水平的研发投入和构建广泛的知识网络，不仅成为集群知识溢出的源头，而且通过调节集群内外网络关系主导非核心企业行为活动（Ireland & Webb，2007；周泯非、魏江，2010；高映红，2010）。在美国西雅图航空产业集群、日本丰田汽车城等以核心企业为治理中心的层级制集群中，核心企业在集群知识创造中扮演的关键角色尤为典型。核心企业利用自身的关键技术、知识优势，通过倡导信任与合作共享促进集群内部企业间的研发合作，从而提高整个集群的知识创造水平。然而，无论是理论研究还是在实践中，基于核心大企业的产业集群又并非总是成功的，如在以帝森公司、鲁尔煤矿公司为核心企业的德国鲁尔工业区的衰落案例中，很多对衰落原因进行研究的文献指出，在核心企业主导的经济秩序中，可能存在核心企业只关注"肌肉"不关注"大脑"的情况，即在核心企业维持的相对固定的产供销关系束缚下，基于研发新技术的企业间的合作并不被倡导，日益僵化和单一的企业关系侵蚀了企业的创新能力，从而导致整个集群未能在第三次科技革命中实现转型升级（Boschma & Lambooy，1999）。

无论是成功还是失败的例子，相似性在于，对产业集群的创新能力而言，核心企业的作用都是十分关键的。所不同的是，核心企业通过自身拥有的关键知识对其他在网企业的控制和影响的方向存在差异性。现有研究将核心企业通过占有关键性知识资源而使其拥有影响其他企业行为的能力称为知识权力（Latiff，2008），即指通过对稀缺资源的占有和控制使其他企业对其产生依赖关系，从而控制和影响其他企业行为、驱动网络组织演化的支配力（Wasserman & Faust，1994）。因此，知识权力对于核心企业带动并影响集群企业交互共享行为具有独特的解释力。在知识网络背景下，准确地廓清核心企业知识权力与集群知识创造水平之间的关系，对于指导核心企业促进集群知识创造，带动集群企业成长发展尤为重要。

然而，现有关于核心企业知识权力的研究中，大部分学者往往仅关注核心企业的正向作用，认为核心企业通过合理地运用知识权力，能够有效协调网络成员行为，促进网络成员间的相互信任和知识共享，进而增加集群整体的知识创造能力（Lipparini，et al.，2014），而鲜有文献关注核心企业对集群知识创造的负向作用。事实上，Dhanasai 和 Parkhe（2006），Hofman 等（2016）一些学者在研究中都证实，核心企业更了解高效的合作创新运行机制，能够为创新网络设计明晰的企业间交互规则，但所设计的规则与网络合作创新绩效并不是一直具有正向关系，后续研究应关注核心企业对创新网络的消极作用，如企业间的"消极联结"等方面的研究。项后军等（2015）的研究也进一步证实，具有核心企业的异质性产业集群虽然具有更高的分工水平，却抑制了集群企业，尤其是新创企业的企业家精神。关于核心企业与集群知识创造之间关系的研究还有很大的研究空间。

在集群知识创造过程中，知识形成于成员之间的共同作用，企业间的交流与互动是集群知识创造最为关键的环节（Weidenfeld，et al.，2010）。同时，现有文献也表明，网络组织中适应、协调、合作和保证交易等问题的解决不仅依靠权威规则、标准或法律力量，其更加依靠具有默会属性的非正式机制（周泯非、魏江，2010），在这些非正式机制中，网络惯例被认为是维持并协调网络稳定、促进创新网络高效运行的核心要素（孙永磊、党兴华，2013）。核心企业可以通过对知识移动性、创新可挪用性以及网络稳定性的管理，协调创新网络，形成网络合作共识和合作范式，促进网络规则的建立（Dhanasai & Parkhe，2006），并在这一过程中通过影响企业间的知识交互活动影响集群知识创造水平。由此可见，网络惯例可以作为提升集群知识创造水平的重要研究视角，在核心企业知识权力与集群知识创造水平之间发挥重要作用。

不同的文化环境能够孕育出差异化的思维模式，进而指导企业的合作创新方式（孙永磊等，2015；于晓宇等，2013）。核心企业的知识权力在推动网络惯例的形成进而在对集群知识创造的影响过程中，突出地受到集群文化价值观的影响，而权力距离则是集群文化价值观的重要特征。权力距离反映了个体对合作依赖不对称关系的认知，低权力距离文化能够加深企业对网络运行规则的理解与把握，促进网络惯例的形成（Chassang，2010）。基于以上观点，本书将建立并检验网络惯例在核心企业知识权力与集群知识创造能力关系中的中介作用假设以及产业集群权力距离的调节作用假设，从而揭示核心企业知识权力对集群知识创造能力关系的作用及其内在机制。

5.1 核心企业知识权力与产业集群知识创造能力

（1）核心企业知识权力

知识作为企业生存发展的核心资源，是集群中企业间关系形成的基础，集群中企业间知识资源的相互依赖形成了企业间的权力依赖关系（张巍、党兴华，2011）。依赖程度高的个体为了得到自身所需的知识资源而服从于依赖程度低的个体，依赖程度低的个体因此拥有对依赖程度高的个体产生影响的能力，即知识权力（孙国强等，2014；Latiff，2008）。由此可见，知识权力来源于企业对关键核心知识资源的控制和支配，能够通过自身知识资源使关联企业对其产生依赖关系，从而影响关联企业的行为。

高映红（2010）等学者将集群中拥有关键技术和知识，处于产业链核心环节，且具有一定的集群根植性，能够对集群中的其他企业及整个集群产生重要影响的企业定义为核心企业。核心企业由于对关键资源的占有和控制，能够创造对于整个创新网络至关重要的新技术、新工艺或新制度，为知识存量相对匮乏、R&D能力相对薄弱的中小企业提供支持，由此产生对联结企业的决策和行为进行主导与影响的权力，即核心企业知识权力（Ireland & Webb，2007；Ahituv & Carmi，2007；Nambisan & Sawhney，2011；王伟光等，2015）。

（2）集群知识创造能力

从现有文献来看，对于知识创造的概念都体现了转移与组合两方面关键特征。其中，知识转移强调组织内个体间、个体与群体间以及群体间进行频繁的知识交流活动，由此涌现出大量非冗余和异质性程度高的知识，为知识创造形成了一个良好的基础（Nonaka，1995）。此外，知识组合是指将以前未联结的知识进行组合或是用新方法对以前联结过的知识进行组合，并由此创造出了新知识，如Smith（2005）的研究指出：一个小组的知识可能在另一小组中产生新的产品或服务。

Andaç（2009）提出产业集群的知识创造就是集群内全体企业在公司层面上促进知识创造，即集群内的企业作为一个整体在集群层面强化知识创造的能力，是集群所有企业在公司层面的知识创造能力的集合。在拥有高知识创造能力的集群中，个体企业能够通过企业间知识交换来有效分享知识，使新知识进入到本企业的知识螺旋中，与企业内部知识进行组合，来促进个体企业的知识创造。此外，新知识又通过企业间的知识交换进入到其他企业的知识螺旋中，参与了其他企业的知识创造。最后，由于知识的交换与组合，产业集群创造知识的总量不断增加（Smith, et al.，2005；Andaç & Arikan，2009）。据此，本书给出产业集群知识创造能力更为精炼的定义：以集群中企业网络为共享场地，以集群内企业所拥有的知识为资产，全体企业在公司层面上的知识交换与知识组合的能力。

（3）核心企业知识权力与产业集群知识创造间的关系

核心企业由于具有关键的知识资源，能够通过企业间相互依赖的关系，使用知识权力有效协调网络成员行为，促进网络成员间的相互信任和知识共享，减少冲突并降低网络内部消耗，提高企业间知识的转移效率，进而提升集群知识创造能力（谢永平等，2012）。此外，核心企业的知识权力越大，越易于影响网络组织间的生产、创新合作行为，加强多重、多层次嵌套网络关系的集中化和结构化程度，加深企业间创新合作交流的深度和广度，促进内隐于企业间关系中的知识、信息的流动与创造（王伟光等，2015）。

然而，当核心企业知识权力超过一定水平后，由于核心企业利用其知识权力对集群企业进行约束的程度增大，核心企业对集群组织具有很强的影响力，当网络组织中的核心企业掌握绝对的权力时，虽然能够产生类似于科层组织的高效协调关系，但是科层组织这种固化的结构使集群组织中知识传播产生了路径依赖，对知识的流动总量以及新知识的进入产生阻碍，并且重复性、模式化对知识创造能力产生了抑制（孙国强等，2016；孙永磊等，2014）。同时，Kahkonen（2014）的研究指出，占据网络主导地位的行动者可能为了维护其权力带来的优势，采取有限合作模式，从而对知识的转移与整合产生负面影响，阻碍集群的知识创造。

假设1：核心企业知识权力对集群知识创造能力的影响呈倒U形。

5.2　网络惯例及其中介效应

（1）网络惯例

关于网络惯例的研究始于Zollo（2002）等学者，他们认为组织间的惯例是多个公司在重复合作过程中逐步形成、发展和提炼产生的一种稳定的交互模式。随着网络惯例研究的深入，许多学者在此基础上给出对网络惯例更为准确的界定。陈学光（2006）将网络惯例定义为一种稳定的"联合行动"方式，能够促进网络的形成并维持其运作，保持成员间关系的稳定性。Lavie（2012）的研究指出网络惯例能够促进包括信任、承诺、沟通等在内的关系机制的建立，并认为网络惯例能够增加合作伙伴间的交流互动的频率和知识共享的深度。孙永磊（2013）等学者综合了前人的研究，认为网络惯例是一种能够维持网络存在与有序运行的"游戏规则"，形成于网络成员间的交互合作，在合作中被大部分网络成员共同接受并达成规范共识，能够协调网络成员关系、促进网络中知识的传递与共享。本书对于网络惯例的定义引用孙永磊（2013）的界定方式。

（2）核心企业知识权力与网络惯例间的关系

资源依赖理论认为，没有组织是自给的，所有组织都在与环境进行交换，并由此获得生存。核心企业所拥有的关键知识资源能够满足集群中企业对知识资源的差异化需求，知识价值性越高，对其他企业的吸引力就越强（徐可等，2014）。集群内其他成员会乐于建立并保持同核心企业的联系，并产生试图与其维持交换关系的诉求，这种交换关系会促进集群中知识的交流共享。在这一过程中，知识资源优势增强了核心企业对于网络发展的主导权，核心企业一般会将其自身的惯例作为伙伴选择和网络治理的准则，可以掌控或干预其他网络成员的战略选择和行为规范（Clercq & Dimo Dimov，2008），一方面，吸引拥有较多数量和较高质量知识资源且懂得"游戏规则"的企业加入网络；另一方面，淘汰不遵守网络规范和"搭便车"的寄生企业（Pierce，2009）。

与此同时，核心企业除掌握其他企业所必需的稀有资源外，在技术、专业能力等方面有其不可取代的地位，能够迫使其他企业产生信任与依赖，使网络组织成员感受自身价值，从而更好地履行在网络中所承担的责任，营造良好的网络秩序，并倾向于对核心企业做出关系承诺，进一步培育基于情感信任的长期稳定的合作关系，最终促进网络惯例发展（霍宝锋等，2013；Reinholt & Foss，2011）。

假设2：核心企业知识权力与产业集群网络惯例存在正向相关关系。

（3）网络惯例与产业集群知识创造间的关系

首先，网络惯例的形成伴随着网络中信任、承诺、沟通等关系机制的建立，稳定的外部环境使企业无须花费过多精力用于创新知识的搜寻和筛选，提高成员间交流互动的频率、加强知识共享的深度（Lavie & Khanna，2012）。其次，随着网络惯例程度的增加，企业间的行动更加默契，对规范准则的理解也更趋向于一致，从而企业间的思想交流、经验分享更加顺畅，彼此知识的识别与认知水平提高，有利于更为核心的技术、知识等网络资源的转移（Andaç & Arikan，2009）。此外，现有研究指出惯例是知识载体，能够形成记忆与知识整合机制，惯例的行使就是成员不断进行知识交换与整合的过程，在这个过程中不断推动知识的流动，提升学习效率，辅助网络的有效运行。因此，网络惯例程度的提高会促进成员企业间的知识交换与整合（Feldman，2003）。

学习理论认为组织学习的一个重要任务在于从经验积累中增进对环境的理解并获取新知，在这一过程中企业倾向于依赖既有经验，从而在处理环境中的特殊问题时，无法灵活变通（汝毅、吕萍，2014）。现有研究指出如果企业长期与有限范围内的主体联系，获取的资源将较为重复冗余，将不利于新知识的扩展（徐蕾等，2013）。当网络惯例程度过高时，企业自我增强以往成功经验，从而建立起一种特定的行为路径，这种行为路径会使企业现在和未来行动的选择范围缩小，由此导致网络中成员的行为被锁定，并排斥其余的任何行动选择。此时，知识的传播多以复制、利用为主，难以产生具有创造力的新知识，即惯例固化为惯性，排斥企业对其他可能的选择，阻碍了集群企业的知识创造行为（Inkpen & Tsang，2016）。

假设3：网络惯例对集群知识创造绩效的影响呈倒U形。

（4）网络惯例对核心企业知识权力与产业集群知识创造关系的中介效应

社会网络理论指出网络关系能够促进知识和信息的交换，上下游企业、同行企业以及相关组织在交互作用与协同的创新过程中，通过彼此的交流与沟通，建立起能够促进创新的网络关系，以此促进知识和其他资源的共享，因此，以社会网络为载体的知识活动是集群知识创造最为关键的环节（Maskell & Malmberg，1999；项后军等，2015）。

核心企业拥有集群中关键的知识资源及较强的技术创新能力，而且自身也处于网络关系中的信息和知识交汇的中心位置，能够凭借其知识权力为其他企业提供技术建议与支持，以此吸引其他企业与其形成依赖关系，从而通过对与其形成依赖关系的个体进行指导、奖赏与强制来塑造集群网络的分工与协作体系，促进网络惯例的形成，维持整个集群网络的稳定运行（王伟光等，2015；Ranganathan & Rosenkopf，2014）。

网络惯例是维持企业间交流互动有效的非正式机制，促进企业间知识在稳定的合作关系中进行转移与整合，是核心企业对于整个集群知识治理的有效途径。当企业间有较高的默契程度时，常规化的企业间交流更为顺畅，能够协调和激发企业间知识的互动，使企业间知识的转移更为流畅与有序（Witt，2009；Bloodgood，2012）。当企业间具有较高的合作共识时，沟通与交流得到强化，企业之间可以更加畅通地交流思想、分享经验，相互之间的行为及所转移的知识就更易于被认同、理解与吸收，有助于在网企业对各自知识资源的整合与改进，同时也促进达成知识转移、共享的意愿（Peng，et al.，2008）。

综上所述，核心企业在产业集群中担负着创新与推动集群发展的领头羊作用，有能力去设计和管理集群网络，通过企业间的互动来促进知识的交换与整合（项后军、江飞涛，2010；Grigorian & Ramazanov，2004）。随着核心企业知识权力的增大，其对集群网络的影响力与控制力随之增大，更能通过网络惯例协调企业间互动关系，从而影响整个集群的知识创造能力。因此，网络惯例是核心企业知识权力与集群知识创造能力之间的桥梁，高程度的核心企业知识权力会促进网络惯例的形成，并进一步影响产业集群的知识创造，有助于核心企业更好地带动产业集群知识创造能力的提高。

假设 4：网络惯例在核心企业知识权力与集群知识创造能力之间起到中介作用。

5.3 产业集群权力距离及其调节作用

5.3.1 产业集群权力距离

权力距离这一概念源于 Hofstede（1980）对文化价值观的研究，它是文化价值观的一个维度，指个体对国家层面或组织层面不平等的权力分配的接受程度。权力距离并不是在测量或表述一个人是否拥有权力或拥有权力的大小，高权力距离和低权力距离的差异实际上不在于一个人的权力分配不平等，而是在于人们对权力分配不平等的态度（Oyserman，2006）。

产业集群是在一定区域范围内各企业之间相互有规律地结合在一起所形成的经济组织，是一种介于等级制的企业组织和完全竞争的市场组织之间的中间性网络组织（Williamson，1975）。产业集群首先具有企业网络的性质，但其还不是一般的企业网络，而是一个稠密的地方企业网络（吴德进，2004；魏江，2003）。每个集群都有其独特的集群文化，集群文化是指集群各行为主体在长期互动成长过程中形成的独特的认知模式、价值观念、经营哲学、竞争理念、行为规范、道德准则、共同信念以及由此表现出来的企业共同的风范和精神等（朱华友、吕飞，2010）。权力距离是文化的重要维度，指在一种文化下个体对国家层面或组织层面不平等的权力分配的接受程度，这种接受程度因不同的文化而异（Zhang & Li，2010）。而产业集群作为一种组织，集群权力距离则是反映在集群组织特定的文化氛围下，个体对于集群组织中不平等的权力分配的接受程度。

在高权力距离的集群中，首先，集群组织中存在严格的等级制度，核心企业较少进行权力分享并利用自身的权力维护权威地位（Morrison & Vancouver，2005）。其次，高权力距离集群中的企业相信一致是组织健康的表现，所有的不一致都应被消除。与此同时，核心企业在进行集群组织的治理中采取家长式的方式对待其他企业，并注重集群组织成员在企业文化方面的契合，对其他企业的文化价值观起到模范与辐射作用（Kirkbride，et al.，1991；周建涛、廖建桥，2013）。

5.3.2　对核心企业知识权力与网络惯例之间的调节作用

如前文所述，随着核心企业知识权力的增加，产业集群网络惯例化程度提高。此时，随着产业集群权力距离的增大，集群中产生严格的等级制度，核心企业也为了维持自身的权威地位，不愿意与其他企业进行权力分享，往往采取有限的合作模式，自身所拥有的关键知识资源不愿意与下属企业进行交互与共享（Kahkonen，2014）。此外，在权力距离大的集群中，由于具有严格的等级制度，信息、知识的流动方式为由上而下纵向传递，而其他企业更倾向于隐藏自己的观点而倾听权力大的企业的指导和安排，会更多地拥护权威而不是提出质疑和挑战（Yang，et al.，2007；徐笑君，2010；Bhagat，et al.，2002；Botero & Dyne，2009）。因此，随着集群权力距离的增大，核心企业越来越难以与其他企业建立稳定的交互关系，难以规划集群企业间的交互规则。

假设5：产业集群权力距离负向调节核心企业知识权力与网络惯例之间的关系。

5.3.3 对核心企业知识权力与产业集群知识创造之间的调节作用

如前所述，核心企业知识权力与集群知识创造能力之间可能呈现倒U形曲线关系。在核心企业知识权力由小变大的初期，核心企业对集群组织具有适度的影响力，随着核心企业知识权力由低升高，核心企业有能力对其他企业进行相关培训、建议与指导，并对其行为进行奖惩以约束其行为，整个产业集群的知识创造能力增强。此时，随着产业集群权力距离的增大，集群组织中存在一定程度的等级制度，并且核心企业不愿与其他企业进行合作交流，不利于核心企业向中小企业进行知识溢出，其关键的知识资源难以得到转移与整合，不能得到高效的利用与再创造（Tomlinson & Fai，2013）。另外，其他企业也具有高权力距离观念，维护上级企业的权威，隐藏自己的观点（Botero & Dyne，2009），不与具有不同权力等级的企业进行创新合作，企业间互相学习的动机大为减弱，企业创新合作交流的广度、深度受到抑制，内隐于企业间关系中的知识、信息难以流动与创造，因此，整个产业集群的知识创造能力增加得更为缓慢（王伟光，2015）。

然而，当核心企业知识权力超过一定水平后，由于核心企业利用其知识权力对集群企业进行约束的程度增大，核心企业对集群组织具有很强的影响力，集群组织中知识传播产生了路径依赖，对知识的流动总量以及新知识的进入产生阻碍，并且重复性、模式化对知识创造能力产生了抑制（孙永磊等，2014）。因此，核心企业知识权力对企业集群知识创造绩效有负向影响。此时，相对于权力距离低的集群，权力距离高的集群中由于核心企业为维护自身权力带来的优势，不愿与其他企业进行合作交流，与其他企业的联结少（Tomlinson & Fai，2013）。其他企业的等级观念使得集群合作网络中的合作关系受到限制，不能形成更广泛的合作研发关系。因此，在面对关系固化、路径依赖的同时，被锁定的联结较少，重复性、模式化的合作关系较少，由于这种"路径依赖"而带来的新知识创造困境程度相对较轻，因此，产业集群知识创造能力下降得较为缓慢（孙永磊等，2014）。

假设6：核心企业知识权力与集群知识创造能力之间的倒U形曲线受到产业集群权力距离的负向调节作用，随着产业集群权力距离的增强，集群知识创造能力随着核心企业知识权力变化的趋势减缓，二者之间曲线关系的曲率不断变小。

罕有研究考察集群权力距离调节核心企业知识权力与集群知识创造之间关系的作用机制。事实上，集群知识创造能力很大程度上是受企业间网络惯例的影响，网络关系促进了企业间知识、信息的交换与共享，从而提高了集群知识创造能力（Maskell & Malmberg，2002）。同时，核心企业知识权力作用的发挥会受到集群权力距离的影响，在集群权力距离低的情况下，核心企业知识权力更促进网络惯例的形成。根据前述假设，我们推导了集群权力距离反向作用核心企业知识权力对网络惯例以及集群知识创造能力的影响，同时网络惯例在核心企业知识权力与集群知识创造能力之间具有中介作用，那么集群权力距离与核心企业知识权力的交互作用不仅会直接作用于网络惯例，也可能会通过网络惯例间接影响集群知识创造能力。

假设7：集群权力距离在核心企业知识权力与集群知识创造能力关系中的调节作用也通过网络惯例这一中介变量间接地影响集群知识创造能力。

产业集群权力距离的调节作用理论模型如图5-1所示。

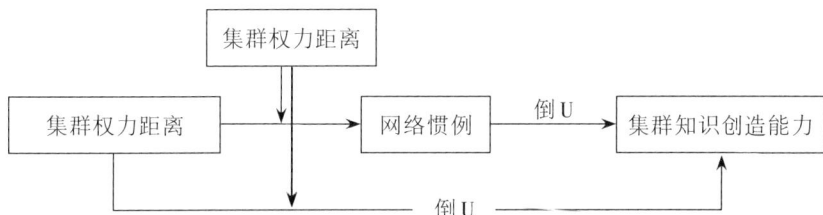

图 5-1　理论模型图

5.4　样本选取与变量测量

5.4.1　样本选取

总结现有集群层面的实证研究发现，数据收集方式有三种：（1）集群中的多个企业的管理层共同填写一份反映集群情况的问卷；（2）向集群中的任意企业发放问卷，同一集群收取 8～10 份问卷聚合成一份反映集群情况的问卷；（3）选择集群的一个关键特殊人代表集群填写一份反映集群情况的问卷。考虑到自身能力及数据的可获得性，本书选择第三种问卷收集方式。样本对象为各个集群的关键特殊人，以下三种组织为集群的关键特殊人：最重要的为各集群核心企业高层管理人员，他们作为集群的领导者，是集群的各种关系网络的中心点，更能够直接感受到企业间的知识交互过程。其次是管委会领导，他们是集群的管理者，全面掌握着集群的情况。力量强大的中介组织（政府、银行等）也是集群的关键特殊人，在集群中企业的交往中起着中间作用，对集群的各个方面都有接触。

本书的样本选择参照李宇、郭庆磊、林菁菁（2014）的样本选择方式，将样本范围锁定为科技部 2008—2012 年颁布的五批次"创新型企业"名录①，这些企业技术创新比较频繁，新颖程度也较高，能够发挥

---

① 自 2008 年起，科学技术部、国务院国资委和中华全国总工会根据制定的创新型企业评价指标体系，并联合组织专家开展了评价工作，评选出 5 批国家级创新型企业，并对评选出的创新型企业给予支持，帮助这些企业掌握核心技术，拥有自主知识产权和知名品牌，扎实走上创新驱动、科学发展的道路。确定创新型企业的原因之一，就是依据产业聚集和技术扩散规律，基于创新型企业的产业旗舰地位，使其在调整产业结构、加快转变经济发展方式中主动发挥核心和引领作用。

骨干和引领作用，能够对集群创新产生影响，与本书主题相匹配。我们对企业总部及分公司所在集群的地址及联系方式进行查询，并借助团队前期曾与部分企业及管委会、行业协会等建立的良好的合作关系展开调查，其中剔除了特殊行业、保密行业等，与剩余企业进行电话沟通①。

　　本次问卷的发放主要采用直接走访与电话、电子邮件相结合的方式。由于便捷性的原因，辽宁省内的鞍钢股份有限公司、沈阳新松机器人自动化股份有限公司、三一重装国际控股有限公司、奇瑞汽车股份有限公司大连分公司、沈阳机床（集团）有限责任公司、大连三科科技发展有限公司等16家企业采用了调研与走访的形式收集资料，其他企业采用电话访谈及邮件填答问卷的形式。以沈阳新松机器人自动化股份有限公司为例，其下设沈阳分公司、上海分公司、青岛分公司、杭州分公司、宁波分公司，我们认为每一家公司都是一个独立的样本。

　　调研集中在2016年11月至2017年6月，历经8个月。调研进行匿名处理，以保证问卷的回收率。本次问卷调查向辽宁省内16家创新型企业发放纸质问卷50份，回收问卷50份，部分问卷因缺失值太多被判为无效，有效问卷总计41份，回收率为82%。通过电子邮件方式发放问卷800份，回收问卷436份，其中有效问卷397份，回收率为50%。为保证数据来源的一致性以及每一个关键特殊人代表一个集群，本书对来自同一集群中的多个问卷按关键特殊人的重要程度进行了剔除，最终得到有效样本246份。

　　本次问卷调查成功收回的246家有效样本，来自国家创新型企业的75家总部和171家子公司，其中。企业集团样本分布于辽宁、北京、天津、山东、江苏、武汉、浙江等16个省市，涉及华中、华北、东北、长三角、珠三角等区域。调查有效样本具体的行业分布和统计信息如表5-1所示：

---

① 我们在对样本选择的处理过程中，以数据的可获得性和可靠性为原则，以每个创新型企业总部或子公司及其相联系的企业为一个整体样本单位。如有些集群或产业园区内包含两家创新型企业，则算作两个样本，因为每个创新型企业及其相联系的企业相互之间形成一套独特的竞争合作体系，拥有自身独特的知识流动方式。

表 5-1	调查有效样本的行业分布和统计信息		
项目		样本数	占比（%）
行业分布	机械制造业	63	26
	化工和新材料业	42	17
	电子和通讯业	33	13
	生物医药业	37	15
	软件开发业	36	15
	其他行业	35	14
问卷形式	纸质问卷	16	7
	电子问卷	230	93
受访者单位	集团总部	75	30
	子公司	171	70

5.4.2 变量度量

（1）核心企业知识权力

衡量核心企业的知识权力可以从核心企业对自身知识资源的控制能力和自身所拥有的关键知识资源产生的对网络中其他企业的影响力这两方面进行测度（孙永磊、党兴华，2013）。核心企业对知识资源的控制力这一维度借鉴党兴华等（2012）学者的三个测量题项：核心企业所拥有知识的难以替代性、难以模仿性；核心企业的知识资源是我们迫切需要的或那些知识资源能够改善我们的发展前景；核心企业的知识资源具有很强的专业性。核心企业产生的影响力的测量借鉴并修改谢永平等（2012）学者的量表，包含三个测量题项：知识交流过程中，核心企业能够约束其他企业的行为；核心企业退出网络会给其他企业带来影响；核心企业知道其他企业目前在做什么，并且能够为其他企业提供技能培训、建议与指导。

（2）产业集群知识创造能力

衡量产业集群的知识创造能力应该从公司层面的知识交换与知识

组合出发，其中，借鉴 Nonaka（1994）、Smith（2005）、Andaç（2009）等学者的研究成果，用与集群中的企业建立知识交换关系、与客户及供应商交流，与集群中的企业进行交流信息、知识和想法来衡量公司层面的知识交换；用公司能够通过与其他企业的交流来完善工作方式、能够通过与其他企业的交流来改善相关技术、解决问题/创造机会、组合创造出新的想法、产品或服务来衡量公司层面的知识整合能力。

（3）网络惯例

在网络惯例的维度划分方面，大部分学者将其分为行为默契与规范共识两个维度。行为默契即个体层面的关系协调程度，指在合作过程中处理类似问题时重复且固定的行为、步骤、流程、程序等，强调个体能够按照常规秩序完成既定任务，并在合作双方发生意见分歧时能够顺利解决。规范共识是指在网络成员合作过程中逐渐形成的对约定俗成的规范或文化氛围以及非正式规则的认同程度（孙永磊、党兴华，2013）。关于网络惯例的测量，现有研究已经拥有比较成熟的量表，本书与现有研究一致，选用党兴华、孙永磊（2013）编制的成熟量表。

（4）产业集群权力距离

Earley 和 Erez（1997）的权力距离导向量表是目前应用最广泛的权力距离量表之一，Farh 等（2007）的研究也表明该量表在中国情境下有良好的信效度。因此，本书对产业集群权力距离的测量采用该量表的八个题项。

（5）控制变量

本书主要选取企业成立年限和企业规模（核心企业）来控制其他因素对变量之间关系的影响。企业成立年限是企业最显著的特征，也是企业合作创新活动的最主要的影响因素，企业成立时间越长，越有利于建立相对稳定的行为规范；企业规模用员工人数来衡量，人力资源的富裕程度往往会直接影响企业的创新方式以及合作形式的选择。均采用七级量表对变量进行测度，1=非常不同意，7=完全同意。

5.5 对假设关系的实证检验

5.5.1 信度分析

本书问卷总量表的 Cronbach's α 为 0.832，表明具有高度的一致性，核心企业知识权力、集群知识创造、网络惯例、集群权力距离变量的 Cronbach's α 依次为 0.841、0.840、0.903、0.922，即这些变量在样本数据中表现出很好的内部一致性特征，则可进行下一步的研究。

5.5.2 探索性因子分析

本书采取探索性因子分析来检验问卷的结构效度，通过 Bartlett 球形检验和 KMO 检验来验证是否可以进行因子分析，然后进一步通过因子载荷来衡量其效度。一般情况下，当 KMO 值大于 0.7，同时 Bartlett 球度检验的相伴概率小于 0.05 时，认为量表适合进行因子分析。本书问卷总量表的 KMO 检验值是 0.906，核心企业知识权力、集群知识创造、网络惯例、集群权力距离变量的 KMO 检验值依次为 0.791、0.842、0.900、0.932。因此，该量表符合因子分析的条件，能够进行因子分析。

本书的探索性因子分析如表 5-2 所示，可以看出变量中各个因素的总解释能力均大于 50%，表明筛选出来的因素具有良好的代表性，各个测量题项的因素负荷量均大于 0.5，且交叉载荷均小于 0.4，每个题项均落到对应的因素中，因此保留所有的测量题项进行后续分析。

5.5.3 验证性因子分析

本书利用 AMOS22.0 软件，对核心企业知识权力量表、集群知识创造量表、网络惯例量表与集群权力距离量表进行验证性因子分析，选取卡方与自由度的比值 c^2/df、近似误差均方根 RMSEA、拟合优度指标

表 5-2 各变量探索性因子分析

变量	维度	度量指标	因子载荷	解释的方差
核心企业知识权力	对知识资源的控制力	A1核心企业所拥有知识的难以替代性、难以模仿性	0.873	76.68%
		A2核心企业的知识资源是我们迫切需要的或那些知识资源能够改善我们的发展前景	0.866	
		A3核心企业的知识资源具有很强的专业性	0.846	
	对其他企业的影响力	A4知识交流过程中，核心企业能够约束其他企业的行为	0.873	
		A5核心企业退出网络会给其他企业带来影响	0.844	
		A6核心企业知道其他企业目前在做什么，并且能够为其他企业提供技能培训、建议与指导	0.793	
产业集群知识创造能力	知识交换	B1公司愿意与集群中的企业建立知识交换关系	0.777	70.84%
		B2公司经常与客户及供应商交流，获得信息、知识和想法	0.832	
		B3公司经常与集群中的企业进行交流，获得信息、知识和想法	0.822	
	知识转移	B4公司能够通过与其他企业的交流来完善工作方式	0.793	
		B5公司能够通过与其他企业的交流来改善相关技术	0.838	
		B6公司能够通过与其他企业的交流来解决问题/创造机会	0.809	
		B7公司能够通过与其他企业的交流将新的知识与原有知识进行组合创出新的想法、产品或服务	0.85	
网络惯例	行为默契	C1我们承担的工作可以依靠合作过程中已经形成的程序和实践	0.85	75.06%
		C2在合作过程中，有很多行为能够与合作伙伴达成默契	0.832	
		C3在与合作伙伴合作过程中有可理解的步骤、顺序或经验可以遵循	0.853	
		C4做决策的时候会考虑到以往合作过程中相似问题的处理	0.795	
	规范共识	C5合作过程中的工作任务不都是完全说明的，而是由一些"游戏规则"决定的	0.852	
		C6对"游戏规则"的理解和掌握是在与合作伙伴的交往与合作中逐渐变得深刻起来的	0.787	
		C7我们与合作伙伴之间存在很多被大家都接受的隐性且固定的合作规范	0.84	
		C8由于和合作伙伴已经合作了很久，所以能很好很快理解彼此的意图	0.858	
		C9我们与合作伙伴会相互学习借鉴彼此的工作方式、方法和原则	0.837	

变量	维度	度量指标	因子载荷	解释的方差
产业集群权力距离		D1 在大多数情况下，核心企业应该不咨询其他企业而做出决定	0.815	64.77%
		D2 在与工作相关的事情上，核心企业常期望其他企业无条件顺从	0.761	
		D3 其他企业如果质疑权威，会使核心企业的权力有所减弱	0.723	
		D4 当核心企业做出决策，其他企业不能对此发表质疑	0.804	
		D5 核心企业要求其他企业与其时刻保持一致，不能产生异议	0.862	
		D6 核心企业不通过咨询他人，也能做出正确决策	0.799	
		D7 因害怕丧失权力，核心企业不让其他企业参与决策	0.863	
		D8 集群规划不能被打破，即使其他企业认为改变有利于公司利益	0.801	

GFI、调整的拟合优度指标 AGFI、规范拟合指数 NFI、增量拟合优度指标 IFI、非标准拟合指标 TLI 和比较拟合指标 CFI 来评价模型的拟合度。评价指标为 c^2/df 在 1~3 之间；RMSEA 小于 0.08；GFI、AGFI、NFI、IFI、TLI、CFI 拟合指标大于 0.90。

由表 5-3 可以看出，所有变量的 c^2/df 值大于 1 小于 3，RMSEA 基本小于或接近 0.08，GFI、NFI、IFI、CFI 等多项拟合指标都在 0.90 以上。因此，各变量间具有较好的收敛效度。

表 5-3　　　　各变量二阶验证性因子分析

项目	χ^2/df	RMSEA	GFI	AGFI	NFI	IFI	TLI	CFI
核心企业知识权力	2.423	0.076	0.974	0.932	0.973	0.984	0.969	0.984
产业集群知识创造能力	1.289	0.034	0.982	0.960	0.977	0.995	0.991	0.995
网络惯例	1.768	0.056	0.962	0.934	0.969	0.986	0.981	0.986
产业集群权力距离	2.463	0.077	0.952	0.914	0.96	0.976	0.966	0.976

5.5.4　区别效度

区别效度分析是验证不同的两个构面相关在统计上是否有差异，在不同构面的题项应该不具有高度相关性，如有 0.85 以上的相关性，就表示这些题项是测量同一件事，通常会发生在构面的定义有过度重叠时。

本书采用较严谨的 AVE 法对区别效度进行评估，每个因素 AVE 开根号须大于各成对变数的相关系数，表示因素之间具有区别效度。各因素 AVE 开根号均大于对角线外的标准化相关系数，因此本书仍具有区别效度，见表 5-4。

表 5-4　　　　　　　　　　各变量区别效度

	核心企业知识权力	产业集群知识创造能力	网络惯例	产业集群权力距离
核心企业知识权力	0.731			
产业集群知识创造能力	0.636**	0.74		
网络惯例	0.429**	0.506**	0.764	
产业集群权力距离	−0.33	−0.38	−0.34	0.773

注：加粗黑体字为 AVE 开根号值，下三角为相关系数。

5.5.5　回归模型与假设检验

在表 5-5 中，模型 1 中只加入了控制变量，模型 2 和模型 3 中分别加入了核心企业知识权力与核心企业知识权力平方项，实证结果表明核心企业知识权力平方项与集群知识创造能力显著负相关。该结果说明核心企业知识权力与集群知识创造能力之间呈倒 U 形曲线关系，因此假设 1 获得支持，即相对于集群中核心企业拥有适度的知识权力，核心企业拥有过大和过小的知识权力时整个集群的知识创造能力没有处于一个更高的水平（见图 5-2）。

表5-5 多元回归分析

	因变量：集群知识创造能力			中介变量：网络惯例		因变量：集群知识创造能力
	模型1	模型2	模型3	模型4	模型5	模型6
控制变量1（企业人数）	0.410***	0.314***	0.320***	0.376***	0.320***	0.264***
控制变量2（企业成立年限）	0.309***	0.081	0.089	0.214***	0.081	0.074
核心企业知识权力		0.502***	1.301***		0.293***	1.158**
核心企业知识权力平方项			−0.813**			−0.720*
网络惯例						0.174***
网络惯例平方项						
集群权力距离						
核心企业知识权力平方项×集群权力距离						
核心企业知识权力×集群权力距离						
总体模型F	57.991	81.853	64.643	35.319	32.456	56.118
R-square	0.323	0.504	0.518	0.225	0.287	0.539
调整R-square	0.318	0.497	0.510	0.219	0.78	0.529

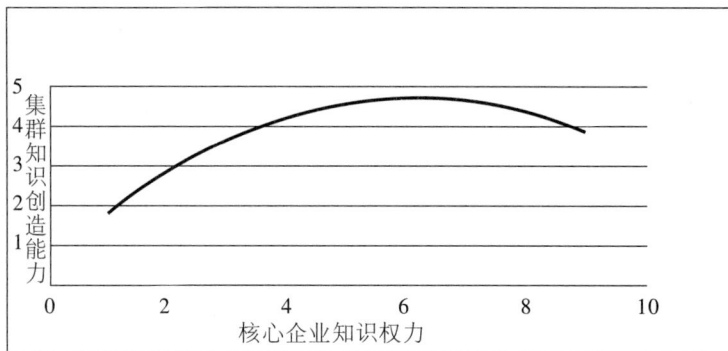

图 5-2　核心企业知识权力与集群知识创造能力倒 U 形曲线关系图

为了检验中介效应，对控制变量及核心企业知识权力和网络惯例的关系进行回归（模型 4、模型 5），呈显著正相关，因此，假设 2 获得支持，即核心企业知识权力越大，集群中的网络惯例程度越高。接下来将控制变量、核心企业知识权力、核心企业知识权力平方项、网络惯例同时放入模型中，对集群知识创造能力进行回归，即模型 6，发现核心企业知识权力平方项与集群知识创造能力显著负相关，网络惯例与集群知识创造能力显著正相关，其中核心企业知识权力平方项与集群知识创造能力的系数相较于模型 3 而言，绝对值有所下降。说明在核心企业知识权力影响集群知识创造过程中，网络惯例起部分中介作用。因此，假设 4 获得支持。

模型 7、模型 8、模型 9 中分别加入控制变量、网络惯例与网络惯例平方项，实证结果表明网络惯例平方项与创新企业绩效显著负相关。该结果说明网络惯例与集群知识创造能力之间呈倒 U 形曲线关系，因此假设 3 获得支持，即相对于拥有适度网络惯例的集群，网络惯例程度高和低的集群知识创造能力更弱（见表 5-6、图 5-3）。

验调节效应时，对自变量和调节变量进行中心化或者标准化处理后得到其交叉项。将控制变量、核心企业知识权力、核心企业知识权力平方项、集群知识创造能力、集群权力距离，以及核心企业知识权力平方项与集群权力距离的交互项放入模型（模型 10—模型 13），发现核心企业知识权力平方项、集群权力距离交互项与集群知识创造能力显著正检相关，因此假设 6 获得支持，即在较低权力距离的集群，核心企业知

表 5-6　　　　　　　　　　　　　　多元回归分析

	因变量：集群知识创造能力		
	模型 7	模型 8	模型 9
控制变量 1（企业人数）	0.410***	0.294***	0.265***
控制变量 2（企业成立年限）	0.309***	0.243***	0.211***
核心企业知识权力			
核心企业知识权力平方项			
网络惯例		0.307***	1.629***
网络惯例平方项			−1.319***
集群权力距离			
核心企业知识权力平方项×集群权力距离			
核心企业知识权力×集群权力距离			
总体模型 F	57.991	52.892	48.166
R-square	0.323	0.396	0.444
调整 R-square	0.318	0.389	0.435

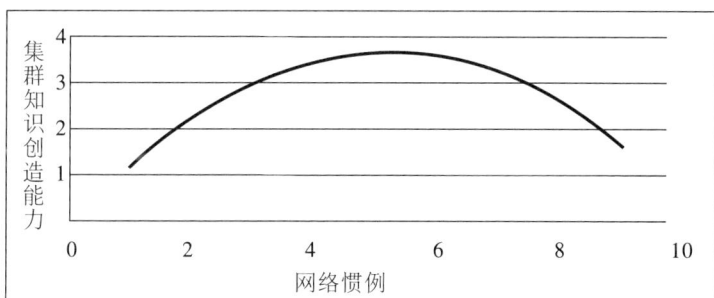

图 5-3　网络惯例与集群知识创造能力倒 U 形曲线关系图

识权力与集群知识创造能力之间的关系更为强烈（如表 5-7 和图 5-4 所示）。然后，将控制变量、核心企业知识权力、网络惯例、集群权力距离，以及核心企业知识权力与集群权力距离的交互项放入模型（模型

14—模型17），发现核心企业知识权力、集群权力距离交互项与网络惯例显著负相关，因此假设5获得支持，即在较低权力距离的集群，核心企业知识权力与网络惯例之间的关系更为强烈（如表5-7和图5-5所示）。

表5-7　　　　　　　　　　　　　　多元回归分析

	因变量：集群知识创造能力				中介变量：网络惯例			
	模型10	模型11	模型12	模型13	模型14	模型15	模型16	模型17
控制变量1（企业人数）	0.410***	0.320***	0.295***	0.306***	0.376***	0.320***	0.292***	0.321***
控制变量2（企业成立年限）	0.309***	0.089	0.090	0.086	0.214***	0.081	0.080	0.066
核心企业知识权力		1.301***	1.379***	1.488***		0.293***	0.245***	0.284***
核心企业知识权力平方项		−0.813**	−0.939**	−1.026***				
网络惯例								
网络惯例平方项								
集群权力距离			−0.160***	−0.172**			−0.173**	−0.162**
核心企业知识权力平方项×集群权力距离				0.114*				
核心企业知识权力×集群权力距离								−0.157*
总体模型F	57.991	64.643	56.222	48.964	35.319	32.456	27.438	24.211
R-square	0.323	0.518	0.539	0.551	0.225	0.287	0.313	0.335
调整 R-square	0.318	0.510	0.530	0.540	0.219	0.78	0.302	0.321

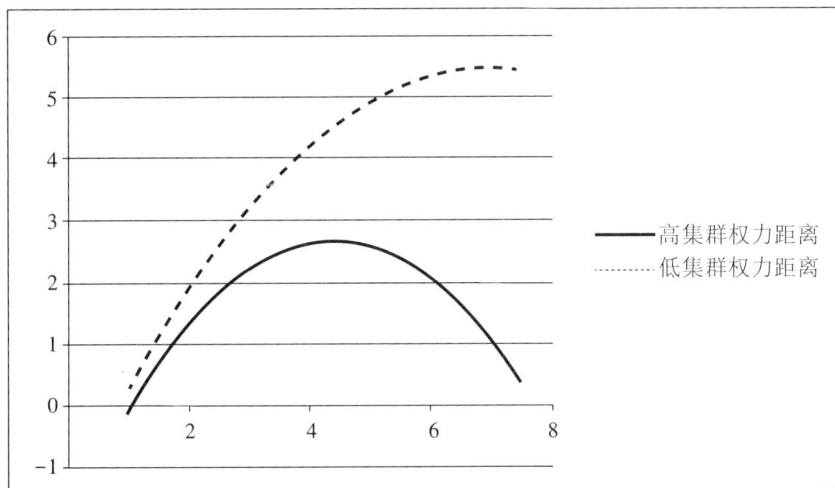

图5-4 集群权力距离对"核心企业知识权力—集群知识创造"关系调节作用示意图

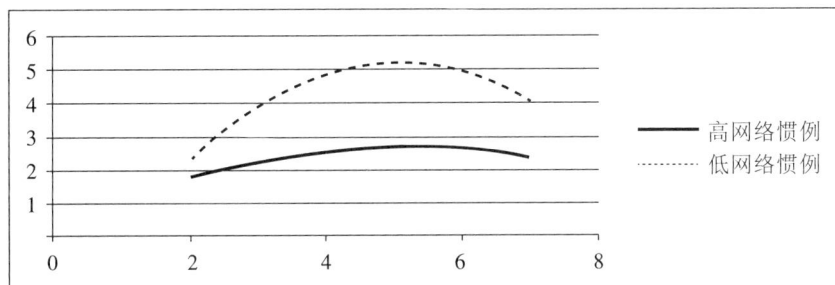

图5-5 集群权力距离对"网络惯例—集群知识创造"关系调节作用示意图

本书采用Mplus编程软件进行被中介的调节效应（假设7）。将自变量、因变量、中介变量、调节变量定义为X、Y、M、W，Bootstraping分析采用2 000次重复取样，构造置信区间（见表5-8）。

表5-8 区间估计结果

			Lower .5%	Lower 2.5%	Lower 5%	Estimate	Upper 5%	Upper 2.5%	Upper .5%
M		ON							
	X		-0.814	-0.731	-0.682	-0.518	-0.365	-0.341	-0.297
	W		-6.941	-6.194	-5.897	-3.959	-2.266	-1.930	-1.588
	XW		-0.331	-0.293	-0.277	-0.181	-0.099	-0.088	-0.069

续表

		Lower .5%	Lower 2.5%	Lower 5%	Estimate	Upper 5%	Upper 2.5%	Upper .5%
Y	ON							
	X	1.595	2.185	2.490	4.126	5.577	5.824	6.467
	W	−34.017	−25.940	−22.040	−4.740	12.709	15.713	20.894
	XW	−1.643	−1.294	−1.101	−0.272	0.573	0.713	1.022
	M	−2.598	−2.149	−1.981	−1.002	−0.082	0.103	0.363
Intercepts								
	M	5.815	6.002	6.126	6.910	7.843	7.984	8.373
	Y	15.201	18.829	21.513	33.138	44.397	46.782	51.683
Residual	Variances							
	M	0.897	0.980	1.021	1.228	1.504	1.560	1.648
	Y	48.260	52.403	55.002	64.556	79.605	81.585	87.476
New/ Additional	Parameters							
	IND	−0.065	−0.003	0.031	0.182	0.405	0.453	0.547

运行结果表明置信区间为 [−0.065，0.547]，置信区间包含零。因此被中介的调节效应不显著，假设7不能得到支持。

5.6 本章小结

5.6.1 基本结论与贡献

在核心企业网络治理方面的研究中，核心企业与集群创新间的关系至今模糊不清。本书通过文献回顾、概念梳理等过程，整合资源依赖理论与惯例研究，提出核心企业知识权力与产业集群知识创造能力间的倒U形曲线关系模式，并引入了网络惯例这一研究视角，为核心企业网络治理的内在机制提供了理论阐释。考虑到主效应关系发生的具体情境，本书进一步将权力距离这一文化价值观维度引入到集群层面，更完整地解释了在不同集群文化价值观嵌入下的核心企业网络治理状况，提出了核心企业网络治理与集群文化相结合的新思路。实证结果表明，核心企业知识权力与集群的知识创造能力之间存在倒 U 形曲线关系，网络惯例与集群知识创造能力之间存在倒 U 形曲线关系，而且，网络惯例在核心企业知识权力与集群知识创造绩效之间起到了部分中介作用，核心企业知识权力通过影响网络惯例进而对集群知识创造能力产生影响。此外，集群权力距离对于核心企业知识权力与集群知识创造能力、核心企业知识权力与网络惯例之间的关系都具有负向调节作用。

首先，在核心企业网络治理方面的研究中，大部分学者在资源依赖理论的基础上证实了核心企业掌握集群中关键资源，由于集群中企业对其资源上的依赖进而形成控制整个集群的权力，从而对这些企业的行为进行规范与约束，实现集群整体的互动与协同机制，提升了产业集群的创新绩效（谢永平，2012）。但是这种观点却忽视了集群企业在这种长期导向的互动协同、联合求解、联合规划的活动中，企业间的关系逐渐被锁定、制度化、规则化。而这种规则化的交互方式与集群创新绩效并不是一直具有正向关系（Dhanasai & Parkhe，2006）。这种缺乏对规则化互动机制进行关注的核心企业网络治理研究框架不能理清核心企业与集群创新二者间的关系，更无法解释存在核心企业的集群不一定具有高水平的知识创造能力这一现实现象。本书将惯例研究纳入了核心企业网络治理的研究框架，整合了资源依赖理论与惯例研究，以网络惯例为视角探讨核心企业与集群创新间的关系，完善了核心企业网络治理机制的理论框架，充分考虑了在核心企业领导下，企业间互动关系的规则化对集群创新带来的影响。同时，也体现出了惯例研究在核心企业网络治理研究中的理论适应度。

其次，文化是创新行为的重要影响因素，集群文化能够塑造集群企业间的分工、合作与网络学习及资源整合等经济行为，对集群创新网络的发展能够起到不可替代的诱导和促进作用，核心企业进行集群治理的过程中不可避免地会受到集群文化价值观的影响。但是学术界却鲜有这方面的研究，已有关于区域文化与企业间合作创新绩效的文献也没有给出具体哪些文化特征能够对集群创新产生影响。本书首次将权力距离这一文化价值观维度引入集群层面，并应用于核心企业网络治理框架中，这一集群文化价值观维度能够反映集群成员企业对待核心企业权力治理的态度及行为，集群权力距离的高低能够对核心企业对其他企业行使权力的效果产生影响，从而导致了集群创新效率的高低。由此看来，集群权力距离是研究核心企业网络治理方面很好的情境因素。本书提出了核心企业网络治理与集群文化相结合的新思路，扩展了核心企业网络治理研究的理论边界。

5.6.2　研究启示

首先，在适度的网络惯例能够促进产业集群的知识创造能力的提升、带动整个集群创新升级这一研究发现的基础上，本书建议核心企业应该关注集群企业间的互动关系，搭建适度的良性的网络惯例，以此加深集群企业间合作的广度与深度，并实现路径依赖效应的有效规避。一方面，核心企业可以以双赢为基础，以网络整体创新水平为衡量标准，订立合理适度的合作规则，明晰群内企业的分工与定位，使得网络成员始终在共同目标的框架下行动，维护整个网络的正常高效运作与协同创新，通过制定规则来提升网络整体创新实力。另一方面，核心企业可以充分发挥其知识权力作用，通过主动的知识溢出，营造组织间学习氛围，来加快网络中整体知识积累和扩散速度，如丰田公司凭借其知识能力，极力倡导生产技术知识的共享，摒除"专有知识"这一概念，与供应商之间相互学习、给经销商提供培训，并分享其管理和经营知识，提倡知识在网络内部传递。此外，核心企业可以打造开放性的技术共享平台，为企业间的交流互动提供场所和资源，如中关村移动互联网等产业集群，核心企业组织集群企业联合举办技术专题会议、市场分析与预测以及围绕着特定技术或管理问题进行研讨等，以此加强企业间交流并了解最新的技术发展动向。

其次，集群权力距离对于集群企业间互动关系具有诱导和促进作用，对于权力治理具有很好的解释力，唤起了集群创新管理中文化塑造的重要性，并为促进集群知识创造提供了文化价值观方面的新思路。就是说，要提升整个集群的创新能力，实现知识的有效利用与创造，应关注集群企业权力距离观念的塑造，摈弃等级观念，促进集群中企业网络的知识共享与研发合作，以此增加集群知识创造水平的阈值，发挥核心企业网络治理最大效用。对于高权力距离集群而言，核心企业可以主动与其他企业进行接触交流，向其征询意见，给予其绩效及能力方面的反馈与指导，使其不断降低权力距离观念。对于低权力距离集群而言，核心企业需要适当地转变集权领导风格，适当地授权，给予其他企业适当的自主性，使其参与到集群管理决策中，并通过创造畅所欲言的组织氛围来促进企业间的交互行为。

6　基于竞合关系转化的双向技术溢出创新效果：双案例研究

　　对于高技术产业集群整体创新绩效而言，核心企业对技术溢出的态度和在技术溢出活动中扮演的角色至关重要（Lorenzoni & Baden-Fuller，1995；钱堃，2016），由核心企业技术溢出引起的知识扩散和知识依赖关系的调整都对集群创新活动有重要的影响（吴尤可，2013；孟凡锐，2013）。然而这种影响并不总是正面的，一种观点认为，核心企业可以通过技术溢出不断将最新的知识扩散到集群中的其他企业中，增加集群的知识存量，有利于产业集群整体创新能力的提高（Nijdam & Langen，2003；Munari & Sobrero，2005；杨菊萍，2008）；对立的观点则认为，核心企业的技术溢出可能将企业局限在特定的知识体系框架内，带来路径依赖与模仿盛行（Zahra，2002；Cohen & Levinthal，2013）。只要人们一直以单向和静态的视角简化对技术溢出的认识，上述争议便难以化解（张杰，2007；Chyi & Lai，2012），而对核心企业如何影响产业集群创新的问题也未有足够深入的认识和充分的解释。

　　事实上，波特以产业集群理论解释关联企业有规律的聚集对区域经济竞争力的影响时，就将产业集群创新活动用"拉拢效应"和"追赶效应"两个动态过程加以描述（Porter，1990），一方面强调核心企业凭借其研发实力和价值链控制能力制约集群中其他企业的科研、生产、经营活动，使得中小企业不断为获得合作机会向核心企业靠拢；另一方面也深刻地指出，中小企业通过消化吸收溢出知识，以及对新兴市场的敏感性，逐渐拥有自己的创新成果和优势网络，由此在集群网络中形成了威胁核心企业的"追赶效应"。这两种效应刻画了集群创新网络中企业间独特的共同成长过程，体现了一种双向和动态的竞合过程（Coopetition Process）（项后军，2010；Egbetokun & Savin，2014）：首先，位于生产链控制环节的核心企业将那些缺乏创新能力的中小企业融入到本企业的外围协作配套体系中进行多层外包、分包协作（Federico Munari & Maurizio Sobrero，2012；王伟光，2015），核心企业与中小企业形成了环环相扣、紧密无间的合作关系；其次，中小企业通过依托核心大企业研发平台，加快创新速度，减少创新风险，进一步提升企业创新能力，不断追赶核心企业甚至与之展开竞争，"逆向"转移和溢出其专有知识（Bucka & Maria，2014；张聪群，2014；陈蓉等，2016）。溢出的知识与技术在核心企业与非核心企业之间反复流动，这一过程中竞合关系的不同组合模式及其与技术溢出阶段的匹配性，体现了产业集群创新网络的独特性和基本功能。

基于此，本书拟构建一个基于核心企业技术溢出、竞合模式与高技术产业集群创新绩效之间交互影响的分析框架，通过对辽宁沈本新城高新区与东莞松山湖高新区的跨案例研究，考察高技术产业集群如何通过核心企业技术溢出来促进创新绩效，通过"拉拢效应"与"追赶效应"全面看待集群中核心企业技术溢出与创新绩效之间的关系，并进一步将核心企业技术溢出视为一种竞合关系，与技术溢出各阶段不同表现形式的"拉拢效应"与"追赶效应"相匹配。由此，本书试图做出以下三方面贡献：一是从"拉拢效应"与"追赶效应"两个方面来分析核心企业技术溢出效应，丰富了核心企业技术溢出的相关理论研究；二是从竞合关系模式视角出发，解析竞合关系双方的交互作用在影响集群企业创新过程中依次呈现的规律，建立与竞合关系理论最新研究进展的对话。三是解析不同的竞合关系模式与技术溢出阶段的匹配性，试图打开核心企业技术溢出与集群创新绩效提升之间的黑箱，从全新视角探索和诠释产业创新升级的路径。

6.1　双向技术溢出效应

现有研究认为技术溢出双方具有不同意愿，技术溢出方往往是非自愿地将自身的技术提供给溢出技术接受方的，在没有任何回报的情况下，技术溢出会降低技术开发投入的回报率，客观上培养了潜在竞争对手（Behera，2012），而技术溢出的接受方则依赖于合作伙伴的技术溢出，通过吸收消化转换成自己的知识，降低了学习与生产的成本，双方知识存量的差异性对合作企业的创新能力有显著提升（李志宏，2013；Wang，2012）。产业集群中技术溢出方和接受方组成了复杂的系统，基于二者的互动关系，技术溢出活动可以分为单向溢出模式与双向溢出模式，前者是指跟随企业仅仅模仿或复制领先者的技术，而后者是指跟随企业作为领先企业的合作者或协作者，技术创新信息不仅从领先企业流向跟随企业，而且从跟随企业流向领先企业。当领先企业和跟随企业处于产业链、生产链的垂直整合或纵向关联的状态，便形成了领先企业与跟随企业的双向溢出效应（张杰，2007）。集群中的核心企业由于具备较强研发实力，并在利用外部创新资源、消化吸收和创造性应用等方面具有优势，往往是产业集群中的技术领先者，也因此占据了产业链的高端，对于产业链上的非核心企业具有较大的影响和主导权。

6.2　核心企业技术溢出与集群创新

现有研究对核心企业在产业集群中的角色和作用投入了越来越多的关注，核心企业技术溢出在产业集群中先后导致"拉拢效应"与"追赶效应"的发生。所谓"拉拢效应"指的是核心企业依靠其拥有的资金、技术、设备、信息等关键资源，占据较多结构洞（Zaheer & Bell，2005），将中小企业牢牢吸附在周围并成为核心企业的配套生产商从而使二者之间形成"创新孵化器"与"实验加工厂"互动关系。现有研究对这种效应对创新带来的影响有不同的观点：一些学者认为核心企业通过"拉拢效应"可以促进集群内部信息共享与资源聚集，提高"弱势"企业的创新行为（杨菊萍，2008；Shaver & Flyer，2000；Tomlinson & Fai，2013），集群企业间通过捆绑式的合作，获取共同的市场信息，可以提高生产工艺水平，共同推动集群创新水平的提高（Branstetter & Sakabibara，1998）；另一种观点则认为过度的"拉拢效应"会导致核心企业对中小企业控制力的强化，核心企业在一定程度上控制了配套企业竞争方式与发展方向（王伟光，2015；项后军，2010；Cho，et al.，2012），中小企业由于模仿成本的降低与容易陷入路径依赖与竞争力低下的境况，导致创新能力的缺失。

所谓核心企业技术溢出的"追赶效应"，是指在动态演进的产业创新网络中，中小企业通过吸收核心企业溢出的技术与知识，借助于生产学习与技术累积的交互作用，可能逐渐摆脱核心企业的影响范围，甚至试图通过创新能力的提升争夺创新集群中的核心位置。一些研究认为，"追赶效应"会促使已占据集群网络中心位置的核心企业为了保持竞争优势而加快创新速度，特别是当中小企业成长为新的、强有力的竞争者时，通过溢出，创新将会沿着该节点通过网络传递、反馈、交互循环、反复流动到整个网络中，配合着"拉拢效应"，集群创新网络最终将共同成长和提升竞争力（王胜，2012；Poter，1990）。而秉持着相反观点的学者则认为，技术溢出所产生的"追赶效应"会导致中小企业进行模仿与复制的动机越强，核心企业所面对的市场竞争也越强，其进行创新投入所面临的风险就越大，集群同质化日益严重并诱发企业间的过度竞争，在未形成集群创新利益共同体的情况下，这种效应会削弱核心企业的创新动机（张杰、张少军，2007）。

可见，由于集群内企业间的异质性和角色差异，核心企业作为知识扩散源、中小企业作为知识接收者的模式已经得到了大多数研究的证实，并且对于核心企业技术溢出在集群中的正负效应进行了更细化的研究，核心企业的技术溢出一方面为中小企业创新提供了更多机会，另一方面可能会带来路径依赖与低模仿壁垒，对企业创新动力产生负向激励。事实上，技术溢出的正负效应都具有普遍性，但因为溢出方式和有效利用的条件不同导致了不同的发展取向（李宇、王俊倩，2015）。就提升集群创新能力来看，如何将"拉拢效应"与"追赶效应"的正效应最大发挥需要进一步的深入研究。

6.3 集群企业竞合关系模式

集群企业间的价值创造与价值分配过程中，竞争与合作行为同时存在且相互影响，企业可以在竞争环境中寻求合作，也可以基于合作开展进一步的竞争（Brandenburger，1996；Bengtsson & Kock，2014）。一些研究深入地考察了竞合关系在集群中发挥的不同角色，一种观点认为竞合关系的主体仍然是合作，企业间的合作创新有利于集群规避风险与共享资源，凸显了"合作"重于"竞争"的作用（赵运平，2016；魏江，2008）；另一种观点认为竞争对企业成长的作用很难完全被忽视，竞争会使集群企业加快生产速度、加速创新和知识转化，通过对竞争对手的持续监控和标杆学习，企业可以对产品和流程进行相关的改进（项后军，2010；姚凯等，2009；杨皎平，2015）。这两类观点也体现在对竞合关系模式的分类上，Bengtsson 和 Kock（2013）根据合作和竞争强弱的不同，将竞合区分为三种不同的类型："合作占优关系"、"竞争占优关系"和"均等关系"。万幼清（2014）则认为根据企业性质的不同可以将竞合关系分为同质企业竞合关系（短期合作，长期竞争）与异质企业竞合关系（合作为主，竞争为辅），根据企业规模的差异可以将竞合关系分为依附性竞合关系（以大型企业为核心，其他企业进行辅助性合作）与共生型竞合关系（企业间合作与竞争关系并无强弱之分，保持稳定的合作与竞争关系）。针对上述的整合性观点认为，竞争合作协同是产业集群的演化动力，集群企业可以通过共享集群资源、优势互补，实现集群整体效益的溢出，横向溢出会导致企业间的竞争关系更加明显，而在纵向溢出的情况下，会呈现出企业合作创新的趋势（刘小铁，2012；卢福财、胡平波，2007）。

6.4 集群企业竞合关系对创新的促进

集群企业的地理邻近性增加了技术学习和交流的机会，同时也导致了激烈的创新竞争，企业之间一方面通过彼此合作促进信息快速流通以创造发展机遇，另一方面又通过相互竞争合理配置有限资源推动优胜劣汰（Albino，2006；魏江等，2008）。在集群层面，协同创新是战略性新兴产业集群提高自主创新能力和创新效率的重要途径（李煜华等，2013）。企业间的竞合关系是产业集群协同创新系统运转的核心，根据万幼清（2014）对竞合关系的划分，依附型竞合关系表现为产业集群协同创新过程以大型企业为核心，其他企业进行辅助性合作，大型企业在合作与竞争中均占据主导地位。而共生型竞合关系与依附型竞合关系相对，产业集群中企业间合作与竞争关系并无强弱之分，而是同时保持稳定的合作与竞争。有多种竞合关系模式推动的协同创新，能够使产业集群的资源配置更加合理，形成集群规模经济，集群企业通过竞争获得更多的市场份额，并整合创新资源谋求向产业链上游的发展（Hugo Pinto，2015）。虽然大量研究都注意到了竞合机制对集群创新的推动作用，但大部分研究是在静态下将竞合关系做平行和对等处理的，并未注意到竞合机制对集群企业创新发展的动态阶段影响是否有所差异。此外，很多文献将竞合关系区别开来研究各自对集群内企业创新的支持作用，而针对竞合关系双方的交互作用如何影响集群企业创新等问题仍缺乏研究。

6.5 案例选择与数据收集

本书选择辽宁沈本新城生物医药产业集群（以下简称辽宁沈本新城高新区）与东莞松山湖高新技术产业集群（以下简称东莞松山湖高新区）为案例。它们均属于国家高新技术产业开发区。

辽宁沈本新城高新区于2010年设立，是以本溪经济技术开发区为基础建立的，是辽宁"举全省之力支持本溪做强做大医药产业"的建设项目。其目的是打造超千亿的生物医药产业集群，集中优势生产要素向上药集团北方生产基地、华润集团北方生产基地、修正集团辽宁公司、上海绿谷北方生产基地、恒康制药、开普医疗、药联制药等重点企业倾斜，支持企业扩建生产基地、开发新产品，加速产能释放，培育一批具有拉动作用的大企业、大项目。辽宁沈本新城高新区2012年成功升级为国家级高新区，现已成为国内同类园区中唯一同时拥有国家级生物医药科技产业基地、国家创新药物孵化基地、国家重大新药创制综合型大平台、国家创新型产业集群、国家高新区5个国家级高端品牌的医药产业聚集区。

东莞松山湖高新区于2001年11月设立，2010年9月经国务院批准为国家高新技术产业开发区，作为东莞"四位一体"主城区的重要组成部分，东莞松山湖高新区要建设成为科技进步和自主创新的重要载体，成为东莞科学发展示范区、产业升级引领区，成为珠三角乃至全中国产业转型的科技中心，为广东探索科学发展新模式提供示范。东莞松山湖高新区引进华为机器、华为终端总部、中集集团、新能源、宇龙通信、生益科技、易事特、普联、东阳光药业总部、大连机床等一批国内外行业核心企业，以及多家发展潜力大、后劲足的中小型科技企业，先后被授予"中国最具发展潜力的高新技术产业开发区""跨国公司最佳投资开发区""信息产业国家高技术产业基地""国家火炬创新创业园""省部共建中国东莞留学人员创业园""粤港澳文化创意产业实验园区"等荣誉称号。

选择辽宁沈本新城高新区和东莞松山湖高新区为研究对象，主要有以下3个原因：第一，案例研究差别复制原则。辽宁沈本新城高新区位于东北地区，由于地理区位和历史因素，集群内没有明显的价值链分工，高新企业大多基于共同的平台衍生。开发区利用其资源优势和政策优势，为高技术产业集群的发展提供良好的发展平台，吸引高技术企业和科研部门进入开发区，集群创新动力主要依赖于政府的推动。东莞松山湖高新区以优越的经济条件和软硬件环境吸引高技术人才集聚，集群运行的核心为若干大企业，创新、辅助性企业的衍生都是以这些大企业为核心产生。核心企业间的竞争可以有效地推动企业的多元化经营，防止产品单一所带来的周期性风险。竞争推动了核心企业创新能力的提高，从而也增加了集群整体创新能力。辽宁沈本新城高新区和东莞松山湖高新区发展的产业均有生物技术产业，但是集群发展的模式各异，集群创新的水平也参差不齐。因此选择这两个样本有利于充分地对比案例，探索案例集群在核心企业溢出效应下的不同发展走向，进而增加研究结果的严谨性和一般性（Eisenhardt & Graebaner，2007）。第二，集群发展的时间较长。东莞松山湖高新区成立于2001年，现已进入了一个由产业主导向创新突破的重要转折时期；辽宁沈本新城高新区虽然2010年才建立，但前身为1993年建立的本溪经济技术开发区，积累了较为深厚的发展资本，并且政府大力引导支持高新区的建设，因此也具有较大的创新突破空间。这些因素都利于搜集数据与观察集群的发展过程。第三，选择的案例具有较强的典型代表性。辽宁沈本新城高新区以"中国药都"为发展定位，但是在总体的创新能力和竞争力上远远弱于东莞松山湖高新区。究其原因，虽然辽宁沈本新城高新区通过优惠的产业政策吸引了多家医药制造企业，但具有实力的大企业如华润三九、吉林修正、爱尔创等企业入驻在园区的是生产工厂而不是研发机构。核心企业缺少"创新孵化器"的支撑功能，中小企业无法通过充足的知识溢出获取创新资源，导致集群内部缺乏分工与协作。另外集群内的企业很多都是通过当地政策吸引聚集在园区内，高新区内的企业的关联性不强，集聚存在脆弱性，同时也缺乏根植性。相比于东莞松山湖高新区产业链上的企业充分利用核心企业的技术溢出促进本企业的知识创新，提高企业自身竞争力的发展优势，辽宁沈本新城高新区存在的问题更能突出如何利用核心企业的技术溢出效应提高集群创新绩效的研究主题，使研究的过程更加清晰可见。因此这两个样本都具备一定的代表性。

在案例研究的过程中，可以使用多样化的数据来源以使案例研究基础更加坚实有效（Glaser & Holton，1967）。因此，本书在跨案例分析中搜集了多样化的数据，用多数据来源保证研究能相互补充和交叉验证。具体体现在以下3个方面：第一，对辽宁沈本新城高新区和东莞松山湖高新区进行了全面的实地调研；第二，对集群内不同企业和管委会中高层访谈并取得了一手的数据，同时收集了大量集群内企业的内刊、资料；第三，关注高新区的公开报道和其他公开发表的二手资料，具体包括媒体对辽宁沈本新城高新区和东莞松山湖高新区的报道以及对高新区管委会的采访等。

其中访谈法主要通过与案例企业相关领导进行座谈，采用半结构式的访谈形式，依据访谈大纲，收集信息。每次访谈时间从半小时至2个小时不等。我们采用访谈资料与纸质、网络资料相互比对的"三角验证"，以确保最终信息的可靠性。此外，本书采用多种来源收集数据，具体包括企业的官方网站、企业年报、社会责任报告书、相关研究报告、对企业高管的访谈资料、企业相关新闻报道等，保证研究的信度和效度。案例访谈对象的描述性统计见表6-1，数据来源分类整理见表6-2。

表6-1   案例访谈对象的描述性统计

访谈集群	访谈组织	访谈对象	访谈时长（小时）	形成文稿（万字）
沈本新城	高新区管委会	王主任	1.5	1.2
	辽宁药联制药有限公司	赵经理	1	6.3
		王经理	1	
		一线员工	5	
	辽宁迈迪生物科技股份有限公司	张总	2	5
		研究员	3.5	
	辽宁爱尔创生物材料有限公司	陈经理	1	7.5
		研究员	3	
		一线员工	4	
	本溪第六制药厂	赵厂长	1	2.7
		车间负责人	2	
	沈阳药科大学	管理学院老师	4	2.8
东莞松山湖	广东瀚森生物药业有限公司	王总	1	3.7
		一线员工	3.5	
	广东东阳光药业有限公司	赵总	1.5	9.5
		李经理	1	
		研究员	2.5	
		一线员工	4.5	
	广东安尔发智能科技股份有限公司	朱总	1.5	6
		魏经理	1	
		研究员	4	
	博士后科研工作站	周博士	1	2.2
		侯博士	0.5	

资料来源：作者根据相关资料整理。

表6-2　　　　　　　　　　　数据来源分类整理

数据来源	数据分类
一手资料	通过深度访谈获得的资料
	通过非正式访谈获得的资料
	通过现场观察获得的资料
二手资料	通过企业网站获得的资料
	通过社会媒体报道、网站获得的资料
	通过企业内部文件获得的档案、宣传册、PPT等资料
	通过相关文献、学术会议获得的资料

资料来源：作者根据相关资料整理。

　　为了保证研究的可行性，本书采取嵌套案例研究方式来分析——在探讨特定集群创新绩效时，加入对集群内关键企业的考察。数据分析采用案例内与案例间分析的范式（Eisenhardt，1989；Eisenhardt & Graebner，2007）。首先，分析从梳理单个关键案例企业的发展历程开始，对不同来源数据进行相互补充与交叉验证，然后进行单案例分析，刻画出每个关键案例核心企业技术溢出、竞合关系模式演化等过程。然后，我们将两个案例进行对比分析，在这个过程中，不断与现有文献进行对比，并且借助大量图表（Glaser & Holton，1967），试图发掘潜在的理论涌现。最后根据涌现的理论与文献比较，进一步补充数据，直至理论得以饱和。这里值得注意的是，以上分析过程是一个反复交叠的过程，而本书呈现的结果展示部分则遵循案例论文一般范式（Bingham & Davis，2012），着重于叙述故事与展示涌现出的最终理论。

6.6　基于"拉拢效应""追赶效应"的竞合关系转化分析

　　为了使比较更具意义及清晰展示结论，本书的案例分析采取嵌套式案例的分析思路，遵循一般纵向对比重点案例的处理方式（刘洋等，

2013)，即确认关键时间发生的次序，找出关键的指标，划分合适的时间段（Yin，2009），从而有利于识别因果关系，提高内部效度。基于此，本书将集群发展历程分为三个阶段，分别为政府引导、核心企业拉拢与中小企业追赶，三个阶段划分依据分别为升级为国家高新技术产业开发区的时间点以及新三板上市时间点。其中政府引导阶段从土地、资金、税收、人才四方面的政策进行分析；核心企业拉拢阶段，辽宁沈本新城高新区选取的关键企业为辽宁药联制药有限公司，东莞松山湖高新区选择的是广东东阳光药业有限公司，均为所在集群的核心企业；中小企业追赶阶段，辽宁沈本新城高新区选取的关键企业是辽宁迈迪生物科技股份有限公司，东莞松山湖高新区选取的是广东安尔发智能科技股份有限公司，二者均为所在集群中发展强劲的中小企业，并且均已挂牌新三板。接下来本部分将首先展示两个集群各自在所处不同阶段中核心企业技术溢出通过竞合关系模式影响创新绩效的过程；其次，我们将展示对比两个集群在创新能力提升的不同阶段核心企业技术溢出、竞合关系所表现出的规律；最后，我们将展示和对比两个集群的全过程图景。本书的研究思路和试图验证的理论关系如图6-1所示。

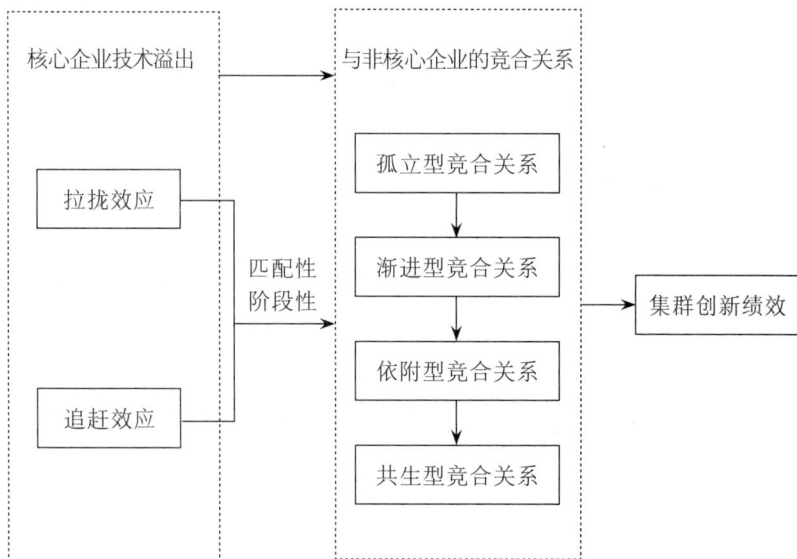

图6-1 集群创新绩效提升的理论框架

资料来源：作者根据相关资料整理。

6.6.1　第一阶段：政府引导

（1）辽宁沈本新城生物医药产业集群（2008—2012年）

表6-3、表6-4展示了辽宁沈本新城生物医药产业集群在发展初期政府引导的典型证据。这一阶段，政府在土地政策、资金政策、税收政策和人才政策四个方面进行了努力。

表6-3　　　　　　本溪政府引导的"拉拢效应"典型证据表

拉拢手段	拉拢对象	具体内容	支持证据	成果
土地政策	企业	①入驻企业提供配套齐全的工业用地并根据项目规模、科技含量等给予较大的地价优惠 ②高新技术企业按收费标准的50%交纳土地使用税，适当减收土地使用权出让金	①"我们为入驻的企业规划范围用地176平方千米，近期建设用地有57平方千米，总体规划了'一心、两带、三区'，就是为了企业能够在我们高新区安心扎根落户……"（管委会王主任） ②"2008年我们公司入驻'中国药都'，一方面看中了这片区域的发展前景，响应国家号召，另一方面在与管委会商谈的过程中，政府给出的土地价格也比较优惠，减收了20%的幅度……"（辽宁药联制药有限公司赵经理） ③"高新技术企业和高新技术项目用地，根据其技术水平、投资规模和投资强度，减收15%～30%的土地使用权出让金……"（1）	实现了华润三九、上药集团、四环药业、天津天士力、吉林修正等96家医药制造企业成功入驻，拥有在研新药品种146个，专利技术57项

续表

拉拢手段	拉拢对象	具体内容	支持证据	成果
资金政策	企业	①高新区管委会每年拨款200万元设立专项基金用于奖励资助 ②针对企业银行贷款所发生的利息给予补贴 ③对于进入孵化器的新创软件企业，政府在科技专项经费中安排资金补贴	①"凡入驻园区企业中经国家、省、市批准认定的科技项目除可享受国家、省、市相关优惠政策外，高新区管委会设立专项基金奖励资助……"（2） ②"一、抓紧办理贴息资金拨付手续……二、加强对贴息资金和项目实施的管理……（3）	已签约入驻项目160个，项目投资总额170亿元，已签约入驻项目达产后预计可实现销售收入580亿元
	研究院所	①设置科技三项经费，鼓励研究院所来园区创办产学研基地等 ②无偿为各入园科研机构提供办公设施、网络通信设备等	"对市级、国家级重点实验室，市区两级分别提供共计45万元、300万元的资助，对于一些国家级企业技术中心、工程技术研究中心，市区两级给予共计150万元的科技经费资助……"（管委会王主任）	
税收政策	企业	①高新企业享受15%的优惠所得税税率 ②高新企业符合条件的技术转让所得免征、减征企业所得税 ③研发费用加计扣除	"（一）高新区内经认定的内资高新技术企业，减按15%的税率征收企业所得税。新办的高新技术企业，从投产年度起免征所得税二年……（四）一个纳税年度内，居民企业技术转让所得不超过500万元的部分，免征企业所得税；超过500万元的部分，减半征收企业所得税……"（4）	
	科研机构	①技术转让所得暂免征收所得税 ②研发费用加计扣除	"对科研单位和大专院校服务于各行各业的技术成果转让、技术培训、技术咨询、技术服务、技术承包所取得的技术性服务收入暂免征收所得税"（5）	

续表

拉拢手段	拉拢对象	具体内容	支持证据	成果
人才政策	企业	①建设专家委员会，从专业角度对园区产业发展进行支撑 ②免费为外地进入高新园区的本科及中级职称以上人员办理落户手续 ③对引入的人才给予住房补贴以及其他特殊津贴	①"为发挥专业人才的带头引领作用，经市政府同意，成立中国药都建设专家委员会，专家委员会首批专家内设主任委员1人、副主任委员16人、委员14人……"（6） ②"我在本溪高新区工作了两年，管委会给我办理落户手续时免收了各种相关费用，并为我的孩子择校入学提供了便利，这给我提供了非常大的帮助……"（辽宁爱尔创生物材料有限公司李研究员） ③"当初我随着学校的整体搬迁来到'中国药都'，虽然目前园区还在建设中，但是基础设施还是完善的，每个月还会给我们发住房补贴，学校里搞科研的还会有一次性奖励，对我们的生活也有一定的改善……"（沈阳药科大学陈教授）	高新区已引进创新型人才1 080人，其中高级职称以上289人，博士172人，硕士336人，研发团队13个，国内外著名科技领军人才14人
	研究院所			
	高校			

注：（1）《本溪高新区关于争创国家创新型科技园的实施意见》第七条；（2）《本溪高新区促进企业发展壮大的优惠政策——标准化战略专项资金实施细则》第十二条；（3）《沈阳经济区城际连接带新城新市镇主导产业园区产业项目财政贴息资金管理办法》；（4）《关于企业所得税若干优惠政策的通知》；（5）《关于企业所得税若干优惠政策的通知》；（6）《本溪市人民政府办公厅关于成立中国药都建设专家委员会的通知》。

资料来源：作者根据相关资料整理。

表6-4　　沈本新城高新区政府引导阶段竞合关系模式典型证据表

竞合关系模式	支持证据
孤立型竞合关系	①"在药都发展的前期，企业之间的互动是比较少的，这种状态非常不利于集群的健康有序发展，因此我们在后期为了加强企业间的友好交流与合作，开展了一些交流会以及牵线了一些企业的合作……"（管委会王主任） ②"刚开始的时候并没有与其他企业合作的想法，首先考虑的是在集群内先站稳脚跟。"（辽宁药联制药有限公司） ③"我们希望能与一些大企业进行交流与合作，通过这种机会也能弥补一下自身科技创新能力不足的缺陷，但是在药都成立初期企业都忙于自己的生产，集群还没有形成足够的产业网络。"（本溪第六制药厂车间负责人）

资料来源：作者根据相关资料整理。

辽宁沈本新城高新区作为本溪市打造"中国药都·沈本新城"目标的产业园区，具有明显的政府主导的集群拉拢效应表现特征。在政策上，一方面，辽宁省委、省政府明确以本溪高新区为核心，打造产业规模超千亿的生物医药产业集群，出台了包括土地、财税等方面的优惠和鼓励政策，辽宁省科技厅几年来为入驻项目提供了300万～500万元的科技经费支持，通过政策扶持让集群可持续发展得到有效保障。另一方面，集中力量培育优势企业，集中优势生产要素向重点企业倾斜，将其作为高新园区的产业支柱，提高集群的整体效益，促进集群的不断演进与发展。此外，沈本新城引入医药大学生物医药研发和服务机构入驻，围绕大学的基础研究进行产业扩散，为医药基地提供科技支撑，从而实现产学研相互促进、共同发展；协调项目、资金、技术、信息、人才等要素向创新型企业集聚，提升企业自主创新能力。在这一阶段，沈本新城引进沈阳药科大学、辽宁中医药大学本溪校区、辽宁科技学院等6所大学，其中沈阳药科大学已经完成整体搬迁；园区引入德国拜耳、华大基因等高层次科研机构39家，拥有在研项目62个，其中1类创新药物9个，获得国内外专利57项，承担国家"863""973"以及国家新药创制重大专项71项，建成创新药物研究、实验动物及医药检测等8个公共技术服务平台。

（2）东莞松山湖高新技术产业集群（2001—2010年）

表6-5、表6-6为东莞松山湖高新技术产业集群政府引导的"拉拢效应"的典型证据。这一阶段，政府进行了四方面的努力。

表6-5　　　　　　　东莞政府引导的"拉拢效应"证据表

拉拢手段	拉拢对象	具体内容	证据出处	成果
土地政策	企业	①降低高新园区内的平整土地的基准价②对于一些投资项目可按征地成本价优惠一定幅度③符合园区发展总体规划的优先安排用地指标④科技人员来高新园区创办科技型企业可办理国有土地使用权证书以抵押贷款	①"……4.高新园区内的平整土地的基准价为10万/亩……5.……高新技术产业化项目用地，可按征地成本价优惠10%……"（1）②"松山湖的规划包括着重推进生物技术产业，我们公司立足生物药妆品的研发、生产及销售，与松山湖的发展方向不谋而合，在与管委会洽谈落户的过程中，负责人就保证绝对会优先为我们安排用地……"（广东瀚森生物药业有限公司王总）③"科技人员来高新园区创办科技型企业的，在首期缴纳50%的项目用地土地出让金后，可先办理国有土地使用权证书以抵押贷款，用于交清其余土地出让金。"（2）	已有广东易事特电源股份有限公司、东莞泛亚太生物科技有限公司、广东东阳光药业有限公司等96家企业入驻园区，拥有在研新药品种146个，专利技术269项

续表

拉拢手段	拉拢对象	具体内容	证据出处	成果
资金政策	企业	①设立松山湖高新区"扬帆启航计划"专项资金 ②对正在运行的孵化器、加速器给予财政补贴 ③设立松山湖高新区科技发展专项资金 ④设置专项风险补偿金用于小微担保代偿的风险补偿，向获得担保贷款企业提供贷款贴息	①"结合松山湖高新区实际，每年从高新区税收分成资金中按不低于10%的比例提取资金，设立松山湖高新区'扬帆启航计划'专项资金……对通过国家、省级认定的孵化器、加速器，给予最高不超过500万元的奖励……"(3) ②"设立松山湖高新区科技发展专项资金，每年从高新区税收分成中按不低于10%的比例提取资金……"(4) ③"松山湖管委会安排500万元的专项风险补偿金用于担保代偿的风险补偿，管委会赔付上限为其风险补偿金的存量总额……"(5)	园区共投入约5.33亿元科技发展专项资金
	中介机构	设立松山湖科技金融专项资金，鼓励金融机构加大科技型中小企业信贷支持补偿	"……在科技金融专项资金中，设立首期规模5 000万元的风险补偿资金池，用于补偿开展科技金融业务可能产生的风险……"(6)	
	研究机构	①设置科技三项经费，鼓励研究院所来园区创办产学研基地等 ②无偿为各入园科研机构提供办公设施、网络通信设备等	"对市级、国家级重点实验室，市区两级分别提供共计45万元、300万元的资助，对于一些国家级企业技术中心、工程技术研究中心，市区两级给予共计150万元的科技经费资助……"（《东莞日报》2010第4期，管委会刘主任）	

拉拢手段	拉拢对象	具体内容	证据出处	成果
税收政策	企业	①高新企业享受15%的优惠所得税率 ②高新企业符合条件的技术转让所得免征、减征企业所得税 ③研发费用加计扣除	①"（一）高新区内经认定的内资高新技术企业，减按15%的税率征收企业所得税。新办的高新技术企业，从投产年度起免征所得税二年……（四）一个纳税年度内，居民企业技术转让所得不超过500万元的部分，免征企业所得税；超过500万元的部分，减半征收企业所得税……"（7） ②"国家为我们企业发展高新技术提供了很大的优惠幅度，税率从原来的25%降到了15%，交的税减少了，我们也有动力和资金发展尖端技术"（《中国高新技术产业导报》2010第10期，广东东阳光药业有限公司赵总）	
人才政策	企业	①建立东莞松山湖科技产业园区博士后科研工作站 ②设立松山湖人才发展专项资金，用于高新区人才引进和培养工作 ③加强对重大人才专项的配套资助，鼓励高层次人才创新创业	"……松山湖工作站可通过松山湖人才服务站解决进站博士后配偶的工作问题……博士后研究人员在站期间，住房由设站企业负责解决……"（8） ②"……对获得国家、广东省和我市重大人才专项资助的创新团队、	引进国家"千人计划"入选者4人，市创新创业领军人才7人，博士219人，硕士619人
	研究院所			
	高校			

续表

拉拢手段	拉拢对象	具体内容	证据出处	成果
人才政策	企业		领军人才，根据项目情况，经高新区组织评估，原则上按不超过1∶1比例予以配套⋯⋯高新区从事创新研发并进行科技成果转化的，经评审，给予最高不超过200万元的资助⋯⋯"(9) ③"我在2010年申请加入工作站，其中最吸引我的就是提供了足够的研究项目经费，工资福利和相关待遇都让我很满意"（松山湖博士后科研工作站周博士）	引进国家"千人计划"入选者4人，市创新创业领军人才7人，博士219人，硕士619人
	研究院所			
	高校			

注：（1）《松山湖高新区管委会关于进一步加快高新技术企业认定及聚集的意见》；（2）《东莞松山湖科技产业园区引进项目优惠暂行办法》；（3）《松山湖高新区鼓励科技创业 推进"扬帆启航计划"的实施办法（试行）》第二条、第七条；（4）《东莞市人民政府关于把松山湖高新区建设成为国家创新型科技园区的若干意见》第二条；（5）《东莞松山湖小微企业集合担保信贷项目操作规程（试行）》第十四条；（6）《松山湖高新区关于建设金融改革创新服务区的实施办法（试行）》；（7）《关于企业所得税若干优惠政策的通知》；（8）《东莞松山湖科技产业园区博士后科研工作站管理暂行办法》第九条、第十条；（9）《松山湖高新区引进和培育高层次人才 推进"梧桐计划"的实施办法（试行）》第五条、第六条。

资料来源：作者根据相关资料整理。

东莞松山湖高新技术产业开发区2001年11月经广东省人民政府批准设立，2010年9月经国务院批准为国家高新技术产业开发区。在园区的初创发展阶段，东莞市政府为将松山湖高新区打造成东莞的科技中心与创新中心，从各个方面给予了支持，先后出台高水平建设松山湖高新区的若干意见与实施细则。在资金上园区共投入约2.33亿元科技发展专项资金扶持企业核心技术开发，为加快推动重大项目建设，12个市重

表6-6　东莞松山湖高新区政府引导阶段竞合关系模式关键证据表

竞合关系模式	支持证据
孤立型竞合 关系模式	① "集群发展的初期政府发挥着关键的作用，主导招商引资，引进一批企业在一个地方聚集，同时也要注意到为企业之间的合作穿针引线，不能以为把企业引进集群任务就结束了，松散的集群不利于整体的发展。"（《东莞日报》2010第4期，管委会刘主任） ② "刚进入集群的前几年曾经有考虑过与其他企业合作，但是刚进来对彼此的情况也不太熟悉，不能一蹴而就，因此合作方案搁置了挺久。"（广东东阳光药业李经理） ③ "集群刚建立的几年，我们与其他企业联系挺少，大家都是因为政策上的优惠而被引进来的，没有特意要去建立合作关系。"（广东瀚森生物药业有限公司王总） ④ "企业之间的合作较少，我们与企业之间的合作也不多，整个集群还是比较松散的，产学研网络也没有建立起来。"（松山湖博士后科研工作站侯博士）

资料来源：作者根据相关资料整理。

大建设项目累计实现投资25.07亿元。园区现共有规模以上工业企业68家，规模以上服务企业33家，限额以上批发零售企业13家。已引进华为机器、生益科技、易事特、普联、广东东阳光药业总部、大连机床、光启、普门科技、合泰半导体等一批国内外行业龙头企业，以及350家发展潜力大、后劲足的中小型科技企业。截至2010年，园区拥有上市、挂牌企业20家，上市后备企业14家。在人才引进方面，推进"大孵化器"合作计划，与华中科技大学、省物联网中心等合作，建立留学生创业园分园、博士创业园分园。设立海外人才工作站，与清华大学深圳研究院的欧洲中心和北美创新创业中心合作建设松山湖海外人才工作站，初步建立以硅谷和伦敦为中心的海外人才引进网络。推进政产学研联合人才培训，利用园区高校、研究院的教育资源和创新资源，开展各类人才培训、企业辅导服务，坚持以企业为主体，以人才为核心，着力集聚各类创新要素。在这一阶段，东莞松山湖高新区通过政策的大力扶持，为之后建立起以人才、高新企业、孵化器、加速器为一体的创新生态体系奠定了扎实的创新基础。

（3）第一阶段的比较

图6-2展示了在第一阶段政府发挥的作用。产业集群形成初期，产业基础比较单薄，也没有产生集群的优势。想要得到更多有利的发展条件，唯有通过政府的参与建设和引导，制定合理的制度和高效的政策措施等适当的组织行为来促进集群的快速形成，获得吸引力与竞争力，将企业聚集在区域内，初步形成拉拢效应。政府在产业集群的形成与演进过程中处于主导地位，能够通过政策扶持吸引核心企业以及相应的企业参与进来，让产业集群的可持续发展得到有效保障，同时还能够弥补产业集群的市场失灵和制度失效，使产业集群在优化的生态环境中动态演进。此外，政府在创新活动中不仅只是完成参与者的任务，更是技术创新的促进者和推动者。政府可以运用政策引导、资金支持以及行政保护等手段来推动产学研协同创新的顺利进行，积极推动企业与其他机构（包括大学、科研院所、中介机构、金融机构、上级政府相关部门等）之间的互动和交流，建立产学研合作基地，以此为核心吸引更多与技术创新相关的研究机构、研发型企业的集聚，以此推动技术创新。

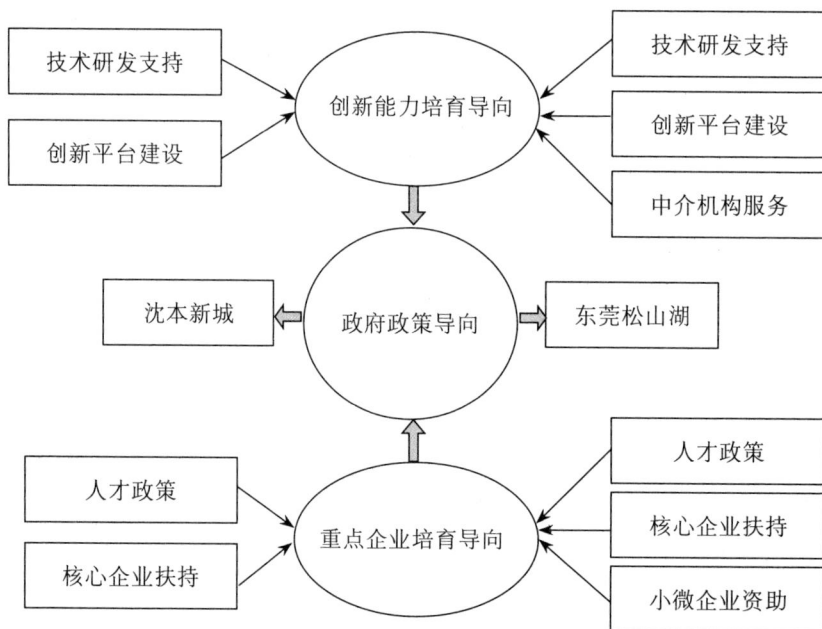

图6-2 第一阶段沈本新城与东莞松山湖政府引导示意图

资料来源：作者根据相关资料整理。

在这一阶段，沈本新城生物医药产业集群与东莞松山湖高新技术产业集群的发展均得益于政府在创新资源、产业政策、市场拓展、金融服务等方面给予的支持。政府通过政策引入具备规模与实力的龙头企业入驻园区，使其成为园区的产业支柱，以提高集群的整体效益，为集群的初期发展集聚了动力。这些核心企业通过优先联结机制建立外部联系，外部知识被"推"进高新技术产业集群，并且核心企业承担集群内外部知识的整合任务。相较之下，由于受资金所限，本溪市政府更加倾向对给具有竞争力的大型企业进行政策上的支持，而忽略众多中小型企业的发展需要，而在发展初期引入的大型医药企业更多将不具备创新功能的工厂设置在园区内，这削弱了集群创新的能力。而东莞市政府推导的政策覆盖的范围十分之广，从大企业到小微企业都有相对应的政策支持，在人才引进、服务平台的搭建、与研究院的合作上均投入了充足的资金来建设，为集群的创新能力的发展奠定了良好的基础。

由此可见，在产业集群发展的第一阶段，政府发挥着关键的作用，形成或促进集聚，产业集群自上而下按照"推动性产业—集聚—经济增长"的模式，通过一定的政策主导招商引资，引进一批企业在一个地方聚集，发挥规模效应和经济优势。另外在产业增长惯性和资源禀赋的限制下，企业倾向于和政府之间的纵向的、传统的和封闭的联系，而忽视了跨企业、跨产业之间的联系与互动，难以形成良好的分工与协作的关系基础，无法共享社会关系网络所带来的创新聚合效应，企业与企业之间保持着低的竞争和低的合作的竞合状态，本书将其称为孤立型竞合关系模式。

6.6.2 第二阶段：核心企业拉拢

（1）辽宁沈本新城生物医药产业集群（2013—2015年）

表6-7、表6-8展示了辽宁沈本新城在第二阶段关键企业技术溢出、竞合关系模式与创新绩效方面的典型证据。在这一阶段，本溪政府的大力扶持与政策优惠吸引了一些核心企业入驻高新技术产业集群，这些企业由于具备较大的规模与较强的技术能力，一般处于生产

链的核心或高端环节，相应地也处于价值链的高端环节和创新收益分配的控制地位，自然而然地吸引着一些不具备创新能力的中小企业形成分包协作体系。辽宁药联制药有限公司成立于2008年，建立初期主要负责小容量注射剂、片剂、颗粒剂的生产与销售，在研发方面还不具备相应的实力。经过5年的努力，在2013年申请到第一项专利——格隆溴铵手性对映体的制备方法和应用。经过多年的发展，辽宁药联制药有限公司先后有15个项目列入国家级、省部级科技计划，获得科技专项资金支持，共拥有专利26项，成为辽宁沈本新城重点企业之一。由于企业间的外包关系、集群内人才流动、非正式交流等都加强了核心企业与中小企业之间的联系，促进了企业间的技术学习和创新活动的开展。在核心企业的带动下，产业集群中价值链各个环节之间的交流与合作日趋频繁。首先，辽宁药联制药有限公司（下文简称药联）作为辽宁沈本新城中的核心大企业，相应地也处于价值链的高端环节和创新收益分配的控制地位。药联通过外包、下包供应商的方式尽可能要求供应商持续地降低生产成本，从而占有其多层外包上的部分生产利润，最大限度地为可持续创新活动的高投入进行补偿，因此在这种状态下既会激发核心企业的研发动力，又能加快技术创新在整体生产链中扩散与转移的内在动力。其次，除了外包关系，药联还采取交流会等间接拉拢的方式，这种集群的非正式交流网络能够营造一种开放的氛围，促进知识的有效流通，加速不同类型知识的相互融合与转化。

表6-7　　**沈本新城核心企业"拉拢效应"典型证据表**

核心企业	时间	拉拢证据	创新绩效
辽宁药联制药有限公司	2013	本溪第六制药厂承接药联公司颗粒剂等药品加工业务 "我们药厂主要负责生产颗粒剂与小容量注射剂，当初努力争取到药联的订单，除了业务的需求外，同时希望通过这种机会能与知名药企有交流学习的机会。"（本溪第六制药厂赵厂长）	①15个项目列入国家级、省部级科技计划 ②专利26项

续表

核心企业	时间	拉拢证据	创新绩效
辽宁药联制药有限公司	2014	本溪荣盛包装有限公司承接药联公司葡萄糖酸钠、门冬氨酸钾、门冬氨酸镁、吲哚菁绿等原料药外包装业务 "当初我们可选择的药盒生产厂家很多，最后选择位于药都内的荣盛公司，一方面是荣盛能够充分满足我们业务的需要，另一方面大家都在药都，合作起来更加方便，有这个机会互相帮助。"（辽宁药联制药有限公司王经理）	
	2015	与华润本溪三药、辽宁好护士药业、辽宁成大生物等企业在内的共10家药都医药企业开展医药产业发展座谈会，对医药产业的影响及相应对策、医药企业在招标采购过程中存在的问题及需要改进的方向、药价放开后医药企业如何更好地利用政策等方面的内容进行了系统探讨	

资料来源：作者根据相关资料整理。

表6-8 沈本新城核心企业引导阶段竞合关系模式关键证据表

竞合关系模式	支持证据
依附型竞合关系模式	①"实话说，我们药厂的科研能力并不是很强大，我们也意识到了这个短板。通过这次的合作期待能学习到一些先进的管理经验与技术，因此我们对这次合作很看重。同时希望能寻找与其他大型企业合作的机会，以此来提高本身的实力。"（本溪第六制药厂赵厂长） ②"我们在发展的过程中的确比较依赖其他大型药企的订单，这种合作方式为知识的累积与更新奠定了基础，是我们企业积攒实力不可或缺的一种途径。"（辽宁爱尔创生物材料有限公司陈经理） ③"我们将一些药品加工业务外包给其他企业，一方面可以集中精力从事研发方面的工作，降低生产的成本；另一方面也可以满足将它们融入外围协作配套体系之中。我们需要这些企业来为我们进行加工生产，同时它们也需要我们提供的资源与生产技术。"（辽宁药联制药有限公司赵经理）

资料来源：作者根据相关资料整理。

（2）东莞松山湖高新技术产业集群（2010—2013年）

经过10年的发展，东莞松山湖高新技术产业集群已经具备一定的规模，集群中逐渐成长出了许多大型的具有行业领先特征的核心企业，且部分核心企业已经开始有能力采取各种超越本地集聚的战略性行动从而对行业产生较大的影响。广东东阳光药业有限公司成立于2003年，13支新药拥有完全的专利保护，具有全球领先的科研水平，在松山湖高新技术产业集群四大产业之一的生物技术产业中占据着龙头的地位。表6-9是广东东阳光药业有限公司作为核心企业拉拢中小企业的典型证据表。首先，技术溢出效应大的核心主导企业一般处于生产链的核心或高端环节，因此周围存在着一些或紧密或松散的协作配套关联型中小企业，共同形成了分包协作体系。广东东阳光药业有限公司作为具有相当规模的核心企业，将主要精力集中在最擅长的业务上，而将不太重要的业务通过分解，以外包方式交给中小企业去完成，利用周围中小企业灵活的生产体系与快速的工程化能力，将核心企业的"设计思想"和图纸转化为现实产品，以满足其协作配套需求。与辽宁药联制药有限公司不同的是，广东东阳光药业有限公司与中小企业的合作并不仅限于低层次的协作等，价值链逐渐向上延伸，开始技术层面的合作，这可以在一定程度上提升中小企业的创新能力，进而促进其技术创新；其次，除了外包关系，广东东阳光药业有限公司积极进行园区内的交流活动。与广州中医药大学中医药数理工程研究院合作，建立高校产学研合作机制，引进高校科研机构和高端人才，打造东阳光药业的科技创新平台和创新团队，引进高校创新科研成果和自主知识专利，促进科研成果转化。

表6-9　东莞松山湖高新技术产业集群核心企业"拉拢效应"典型证据表

核心企业	时间	拉拢证据	创新绩效
广东东阳光药业有限公司	2010	东莞爱生雅包装有限公司承接药盒等业务 "将药品盒外包给其他企业，可以让我们将更多的精力放在药品研发上，同时也能给其他企业提供订单，一举两得"（广东东阳光药业有限公司李经理）	①专利共12项 ②成为中国最早向欧美市场出口药物制剂产品的医药企业之一

续表

核心企业	时间	拉拢证据	创新绩效
广东东阳光药业有限公司	2011	与东莞泛亚太生物科技有限公司、广东圣淼水微生物科技有限公司合作研发链霉素、庆大霉素等生物药 "东阳光是中国最早向欧美市场出口药物制剂产品的医药企业之一，在医药技术上处于领先的水平，通过合作，能够获取共同的市场信息，发现共同的市场机会，以提高生产工艺和水平，共同推动生物医药创新水平的提高。"（广东东阳光药业有限公司李经理）	
	2012	与广州中医药大学中医药数理工程研究院合作，建立高校产学研合作机制，引进高校科研机构和高端人才，打造东阳光药业的科技创新平台和创新团队，引进高校创新科研成果和自主知识专利，促进科研成果转化	
	2013	参与"创新自在松山湖"第五期活动——走进东莞市质量监督检测中心和东莞华中科技大学制造工程研究院。此次活动共邀请园区40家企业共70余人"抱团"参与，涉及机械制造、新材料、生物医药、LED、物联网等多个领域，进一步探讨了与创新平台的合作模式，力争开创多赢模式	
		携专利产品与成果参加东莞国际科技合作周暨第三届中国（东莞）专利周活动，其中与广东医科大学、东莞泛亚太生物科技有限公司的签约项目，为园区其他企业发展提供了平台	

资料来源：作者根据相关资料整理。

松山湖高新技术产业集群竞合关系模式典型证据表如表6-10所示。

表6-10　东莞松山湖高新技术产业集群竞合关系模式典型证据表

竞合关系模式	支持证据
依附型-渐进型竞合关系	①"在企业发展的初期，为了快速地在集群立足，我们比较依赖于与集群行业龙头企业的多层外包合作模式。但是我们心里也清楚这不是长久之计，这样太过被动，创新能力也无法得到根本性的提高，我们可能永远都在追赶别人的步伐。为了摆脱这种困境，我们也在积极寻求解决方法，加强与龙头企业在技术上的交流，学习经验与技术，在研发上多投入，努力提高研发实力。"（广东瀚森生物药业有限公司王总） ②"集群里企业之间逐渐形成了以核心企业为主的产业创新网络，相较于'小而全'的单打独斗式创新活动，我们更注重分工合作网络式创新，从前期中小企业模仿式创新及单纯的加工生产逐步过渡到独立创新，我们做了很多努力，同时也取得了一定成效。"（《东莞日报》2010第4期，管委会刘主任） ③"我们不仅与其他企业开展外包加工业务，同时也积极与具备一定创新能力但是缺乏高效创新流程管理和整合能力的企业开展合作创新，互利互赢。"（《中国高新技术产业导报》2010第10期，广东东阳光药业有限公司赵总） ④"我们不仅与一些规模大的企业开展产学研合作，同时也与一些具备非常大潜力的中小企业签订了一些科研项目，同时也为企业之间牵线，帮助中小企业获取技术知识，从而减轻其对大企业的依赖，能够独立创新。"（松山湖博士后科研站侯博士）

资料来源：作者根据相关资料整理。

（3）第二阶段的比较

在这个阶段，中小企业资源的匮乏与创新能力的缺失导致其无法独立地进行技术创造与升级，而核心企业的技术溢出效应，可以使资源有限的中小企业通过网络关系实现信息共享和资源聚集，并获得更多的技术机会与合作空间。

对于东莞松山湖高新技术产业集群而言，集群中的核心企业掌握关键技术，倾向于将临床试验、软件开发等产业价值链前端业务外包给中小高科技企业，帮助中小企业从合作伙伴那里获取异质性的资源和核心技术知识，为中小企业创新提供了动力。集群内的中小企业更多集中在产业价值链的上游，集群内的许多公共服务平台、研发测评中心同时为这些中小企业提供服务。在这种情况下，东莞松山湖高新技术产业集群中的核心企业通过将研发环节外包、频繁进行员工流动和交流、开展集群内的俱乐部服务等促进交流和学习，加强了隐性知识的有效传递。增强集群内核心企业向中小企业知识溢出的扩散效应，为知识存量相对匮乏、研发能力相对薄弱的中小企业提供了获取重要知识的渠道，促进了中小企业技术的成熟。核心企业技术溢出带来的"拉拢效应"使得合作的中小企业获得关键技术后逐步突破核心企业的分包协作关系，涌现出依附型-渐进型竞合关系模式。

对于沈本新城而言，核心企业为中小企业提供技术支持和资金支持的同时，对中小企业的技术水平和加工能力提出严格的要求，要提升配套企业的技术与管理能力。在核心企业技术溢出的"拉拢效应"下，核心企业和中小企业之间会建立起合作伙伴关系，核心企业专注于研发设计、核心零配件的生产、销售等环节，而将产业价值链的零配件生产制造环节外包给集群中的中小企业，这种外包特点使得大量中小企业向产业链下游聚集，尤其是向零配件生产制造环节聚集。而沈本新城位于产业价值链上游的企业主体较少，大部分企业都分布在产业价值链的下游环节，而价值链末端的销售环节则又被少数几个核心企业所把持。核心企业将零配件生产外包给中小企业，企业之间有着长期稳定的交易关系，核心企业对中小企业有着较强的控制力，这种过度的本地溢出带来的"拉拢效应"可能会带来本地套牢问题，为中小企业摆脱网络层级制"锁定"增加了障碍，中小企业创新能力明显不足，缺乏创新所需的资金和人才，在创新过程中始终由核心企业带着走，以中小企业吸取核心企业溢出知识的单向技术学习为主，体现出核心企业主导的依附型竞合关系模式。

图6-3展示了第二阶段辽宁沈本新城高技术产业集群与东莞松山湖高新技术产业集群不同的网络结构图。

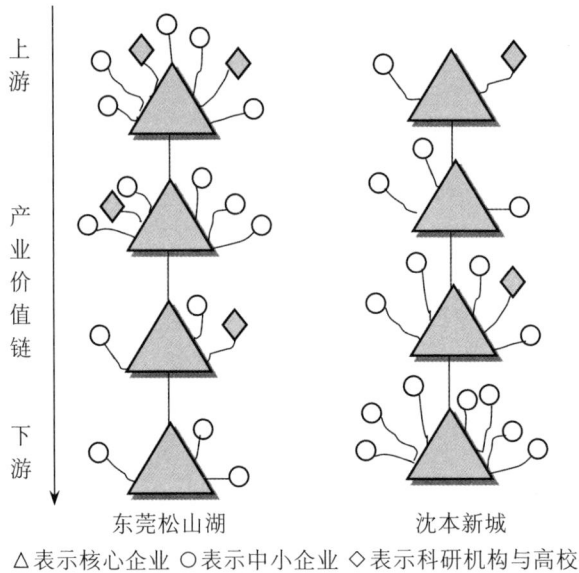

图6-3　东莞松山湖高新技术产业集群与辽宁沈本新城

高技术产业集群网络结构图

6.6.3　第三阶段：中小企业追赶

（1）辽宁沈本新城生物医药产业集群（2016年至今）

随着政策的扶持与核心企业的拉拢，一些中小企业也逐渐成长，初步具备与核心企业相竞争的实力。在这一阶段，沈本新城高新区实现了在新三板市场零的突破，意味着部分中小企业主营业务突出，通过推动公司上市来开发多元化融资渠道，以进一步提高企业市场化水平。自2016年以来，沈本新城高新区一直在推动新三板上市的工作，其中辽宁迈迪生物科技股份有限公司于2017年2月成功挂牌新三板。辽宁迈迪生物科技股份有限公司是一家体外诊断试剂研发、生产、销售的国家级高新技术企业，在建立初期，资源相对匮乏，企业规模相对较小。现任迈迪总经理张剑侠回忆：创办初期由于条件有限，在技术投入、创新产出和总体技术水平方面与核心企业相比均存在很大差距，只能依靠政策的引导与支持，同时依托本地集群的核心大企业，在与大企业合作的基础上，通过不断的积累学习挤入集群重点企业的行列。在这个过程中，迈迪注重科研创新并在此方面做出了一系列努力（见表6-11），一方面，为本溪恒康制药有限公司与双鹭药业有限公司提供生产工艺，依附于上海绿谷（本溪）的资金与技术，合作生产和经营体外临床免疫诊断试剂、体外临床化学诊断试剂等，不断提高组织学习能力和创新吸收能力，加速企业技术积累速度，后期公司自主开发和产学研合作开发的体外诊断试剂产品达 15 个，销往全国医疗市场，填补了国内空白；另一方面，迈迪结合产业发展规划并考虑自身创新能力的不足，与沈阳药科大学建立长期合作关系，建立实践教育基地，双方在体外诊断试剂方面开展更为深入的教学科研合作，制定符合企业长期发展的创新战略。通过两方面的努力，迈迪逐渐成长为具备自主创新能力的国家级高新技术企业，走出了一条与核心企业的合作始终贯穿企业成长过程，但日渐独立自主的发展路径，本书称之为渐进型竞合关系模式，见表 6-12。

表 6-11 迈迪部分研发创新展示

时间	事件
2010 年	与本溪恒康制药有限公司合作生产核酸诊断试剂
2012 年	与双鹭药业有限公司合作生产全程 C 反应蛋白（hs-CRP+CRP）定量检测试剂
2013 年	组建"辽宁省生物试剂工程研究中心"，从事体外诊断试剂新品种的研究开发
2014 年	被国家科技部火炬中心评选为 2014 年国家火炬计划重点高新技术企业
2015 年	沈阳药科大学在辽宁迈迪建立实践教育基地，双方在体外诊断试剂方面开展更为深入的教学科研合作
2016 年	辽宁迈迪凭借自主研发的国内首创产品——凝血酶激活纤溶抑制物获第五届中国创新创业大赛生物医药行业优秀奖
	"一种用于评价肿瘤免疫细胞疗法的检测标记物及其检测方法和应用"获得专利
	"一种检测 SSAT 含量的体外检测试剂盒及其检测方法"获得专利
	"一种用于检测乙酰多胺的体外检测试剂盒及其检测方法"获得专利
	"大肠杆菌高效表达凝血酶激活的纤溶抑制物（TAFI）重组抗原及其构建方法和应用"获得专利
2017 年	接到全国中小企业股份转让系统有限责任公司出具的《关于同意辽宁迈迪生物科技股份有限公司股票在全国中小企业股份转让系统挂牌的函》，同意在新三板挂牌
	与上海绿谷（本溪）制药有限公司合作研发 Pab 多克隆抗体并投入生产

资料来源：作者根据相关资料整理。

表6-12 沈本新城中小企业追赶阶段竞合关系模式典型证据表

竞合关系模式	支持证据
渐进型竞合关系模式	① "创办初期由于条件有限，在技术投入、创新产出和总体技术水平方面与核心企业相比均存在很大差距，只能依靠政策的引导与支持，同时依托本地集群的核心大企业，在与大企业合作的基础上，通过不断的积累学习挤入集群重点企业的行列。在这个过程中，迈迪注重科研创新并在此方面做出一系列努力……"（辽宁迈迪生物科技股份有限公司张总） ② "目前药都内的中小企业的科研实力也有了明显的提升，成为集群发展不可或缺的力量。我们积极促成集群内企业的合作，在这个过程中一些企业逐渐拥有了自主研发的实力，我们在政策上也有一定程度的帮扶。"（管委会王主任） ③ "集群目前的情况是一些实力欠缺的企业已经初步具备独立研发的能力，但是要解除对大企业的依赖还需要时间。"（沈阳药科大学管理学院罗老师）

资料来源：作者根据相关资料整理。

（2）东莞松山湖高新技术产业集群（2014年至今）

相较于沈本新城生物医药产业集群，东莞松山湖高新技术产业集群在争创新三板试点工作上付出了更长远的努力，通过与深交所展开战略合作、举办知识培训讲座、出台鼓励政策、引进新三板挂牌后备企业等举措，松山湖成为新三板试点园区并于2014年成功挂牌7家企业，为集群的发展提供了新动力。广东安尔发智能科技股份有限公司作为松山湖第一批新三板上市企业成立于2006年，是一家集物联网系统研发、平台运营、O2O服务为一体的高科技互联网企业。虽然规模不大，但是产业集群中，中小企业可以以较低的成本获得异质性知识，加快企业技术积累速度，同时可以通过企业间相互协作加速企业的研发速度。表6-13展示了安尔发在这个过程中做出的努力。安尔发作为高科技企业起点较高，创办初期便得到了政府的大力扶持，成立两年即被选定为东莞市重点扶持中小工业企业，这为企业的发展提供了可靠的保证。与此同时，安尔发依托产业集群优势，通过加强与集群内企业和相关机构的协同创新，进一步提升企业创新能力，促进基于创新的可持续发展。在与大型企业合作的过程中，安尔发逐渐提高外部关系学习能力和内部知识整合能力，努力将外溢知识内化为自身技术创新能力。经过了创新资源与研发能力的积累阶段后，安尔发开始寻求集群外部技术资源并与其合作以建立竞争优势和巩固市场地位，通过与中国联通、中国平安保险达成战略合作并牵头成立产业联盟，不断提高企业的核心竞争力，这为企业由非核心企业向核心企业转换提供了可靠的保证。

表6-13　东莞松山湖高新技术产业集群"追赶效应"典型证据表

中小企业	时间	创新网络合作节点	地理边界	具体事例	创新绩效
广东安尔发智能科技股份有限公司	2009年	东莞康佳电子有限公司	集群内	合作研发无线智能产品	①2008年选定为东莞市重点扶持中小工业企业②2013年被评为"国家级高新技术企业"③2014年登陆新三板上市挂牌④2016年被东莞市人民政府评为上市后备企业⑤共注册28项专利
	2010年	东莞中国科学院云计算产业技术创新与育成中心	集群内	围绕智慧城市展开合作研发，进一步推动企业转型升级，引领新的智能产业革命	
	2014年	中国联通	集群外	达成战略合作关系，推出智慧家庭捆绑套餐	
		中国平安	集群外	首创性地推出太安智能门锁防盗赔付保险	
	2015年	福锐泰克科技有限公司	集群外	达成战略合作，联合双方优势，率先在业界首推"互联网+车闸"创新商业模式	
	2016年	国家科技部	集群外	安尔发发起成立国家智慧家居产业技术创新战略联盟，整合产业链，实现智能家居的规模化发展	
		天九幸福控股集团	集群外	达成战略合作协议，安心点智慧社区平台项目、中国城市合伙人招募计划正式启动	
	2017年	广州海伦堡、惠州南山公馆、济南中央花园等13个城市社区	集群外	与物业公司合作，推动行业升级发展，全面构建智慧安全社区	

资料来源：作者根据相关资料整理。

综观这一阶段，安尔发与集群内外的企业和机构都有着紧密的合作，集群内的合作有助于安尔发学习企业的先进科研管理方式，获得包括资源流、信息流等资源的支持，增加研发的成功率，提高研发产品的有效性。当安尔发拥有了核心能力之后，开始寻觅与集群外部企业的合作机会并牵头成立产业联盟，借助联盟力量发展，提升企业在集群中的实力和地位，增加与核心企业讨价还价的实力，从而提高企业的收益并取得了显著的创新成果。表6-14展示了安尔发这一阶段的发明专利。表6-15总结了这一阶段集群所处的竞合关系模式。

表6-14　　　　　　　　　　安尔发典型发明专利一览表

专利编号	专利名称
201210349214.0	一种低频段图像传输系统及其实现方法
201210542464.6	网络互通门铃系统及其实现方法
201310345923.6	一种智慧猫眼装置
201410020646.6	一种GSM防盗功能智能锁APP操作指引的方法
201410141260.0	实现门锁扩展应用的方法和系统
201410164044.8	实现智能锁权限控制的方法和系统
201410243480.4	实现门锁远程操控的方法和系统
201510468000.9	智能锁系统及其通过WIFI实现智能开锁的方法
201510467997.6	智能锁系统及其通过蓝牙实现智能开锁的方法
201510468286.0	一种智能手机及通过晃动来启动其蓝牙功能的控制方法
201510467719.0	一种智能锁系统及其近距离通过蓝牙自动设置参数的方法
201710138535.9	一种基于APP的电动汽车代充管理系统及其实现方法
201710140369.6	一种基于手机APP的社区门闸管理系统及其实现方法
201710140367.7	一种基于手机APP的社区智能化管理系统及其实现方法

资料来源：作者根据相关资料整理。

表6-15 东莞松山湖中小企业追赶阶段竞合关系模式典型证据表

竞合关系模式	支持证据
共生型竞合关系模式	① "我们不惧怕培养一个竞争对手，毕竟在集群的大环境下，企业之间是共生的关系，对方在不停追赶，也能激发我们的研发动力，促使技术创新在整体生产链中扩散与转移，最后大家互利共赢。"（广东东阳光药业有限公司赵总） ② "集群发展离不开企业之间的融洽合作以及有序的竞争，核心企业创新水平直接影响着集群网络整体绩效，但是如果没有其他中小企业的良好互动，集群是无法长久存在的。因此我们关注的重点不仅仅在于如何培养重点企业，更多的是集群整体的协同创新。"（管委会刘主任） ③ "为了更进一步提高创新能力，我们做了很多努力。不仅积极同集群内大型企业、高校、科研院所等相关组织开展合作创新，同时与中国联通、中国平安开展合作，目前我们在集群的重点企业中占据了一席之地，研发的产品具备与其他大型企业竞争的实力，拥有的话语权自然也多了。"（广东安尔发智能科技股份有限公司魏经理）

资料来源：作者根据相关资料整理。

（3）第三阶段的比较

随着第二阶段集群"拉拢效应"的积累，中小企业与核心企业分工合作化程度不断加深，中小企业围绕专、精、特、新加大投入，为其发展提供了新动力，努力形成自身的核心能力。因此在第三阶段，核心企业的核心性和主导性以及对创新网络整体绩效的积极影响可能会面临很大挑战，网络生命力和竞争力也必将受到影响。对比辽宁沈本新城与东莞松山湖，尽管两个高新技术产业集群中的中小企业都依靠核心大企业、大学及科研机构开展合作创新，不断增加企业的市场资本和提升知识产权能力，以提高中小企业与大企业共生的机会，但是就竞合关系模式演变而言表现出明显的差异。图6-4与图6-5分别展示了第三阶段辽宁沈本新城生物医药产业集群与东莞松山湖高新技术产业集群网络协同图。

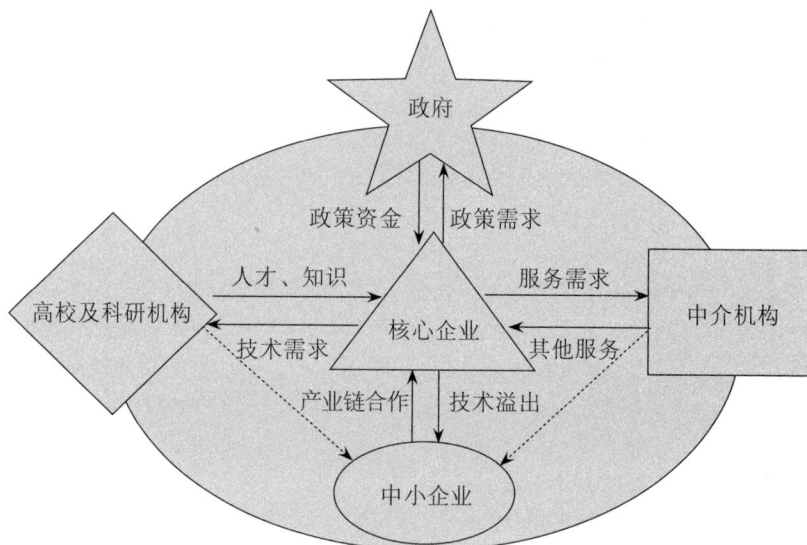

图6-4　辽宁沈本新城生物医药产业集群网络协同图

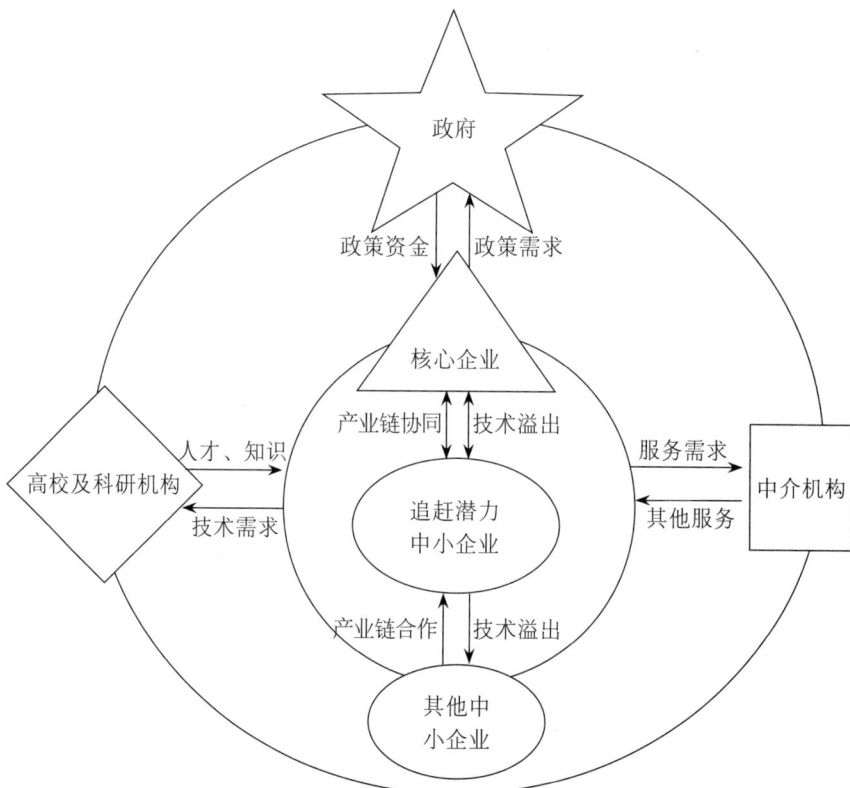

图6-5　东莞松山湖高新技术产业集群网络协同图

辽宁沈本新城中的中小企业前期与核心企业以外包配套方式进行合作生产，后期开始联合开发、合作创新，借助于生产学习与技术累积的交互作用，逐渐拥有自己的核心技术并涌现出一些创新成果，在医药市场上占据了一席之地。但是，区域资源有限性和制度体系的不完善，导致集群内的中小企业对核心企业的依赖性贯穿企业创新的全过程，尽管这种合作关系通常能够使核心企业、中小企业都获得好处，但也会导致中小企业创新动力不足、创新能力难以充分发挥的问题，其竞争力稍显薄弱。这种依赖的关系体现了以合作为主穿插着竞争的渐进型竞合关系模式。

而东莞松山湖高新技术产业集群则不同，松山湖在早期发展的时候由于区域优势与定位，集群内的部分中小企业已经具备一定的规模与实力，但其技术创新能力仍依赖于集群内部的协同创新。为了更进一步提高创新绩效，中小企业积极同集群内大型企业、高校、科研院所等相关组织开展合作创新，核心企业创新行为、特点也在不断发挥示范效果，并逐渐溢出到网络中，非核心企业与协同创新网络将外溢知识内化为自身技术创新能力，并试图通过创新能力的提升争夺集群中的核心位置，从而形成了核心企业技术溢出的"追赶效应"。在具备核心技术创新能力后，中小企业逐渐不满足于集群内部的协同创新，开始挣脱核心企业的影响范围，寻觅集群外部的合作创新机会，进行制度改革并上市新三板，这使中小企业获得了平等的竞争机会，增加与大企业讨价还价的实力，从而提高了中小企业的收益。经过一系列的努力，中小企业逐渐成为行业的领头者，不断推动产业技术升级，实现集群内大中企业共生共赢，涌现出依赖型-渐进型-共生型竞合关系模式。

6.6.4 全过程图景

综观沈本新城生物医药产业集群与东莞松山湖高新技术产业集群的发展历程，核心企业技术溢出是一个复杂的动态过程，在这个过程中涌现出不同的竞合关系模式与之相匹配，会对创新绩效产生不同的影响。图6-6和图6-7分别展示了沈本新城和东莞松山湖核心企业技术溢出、竞合关系模式、创新绩效提升全景图。

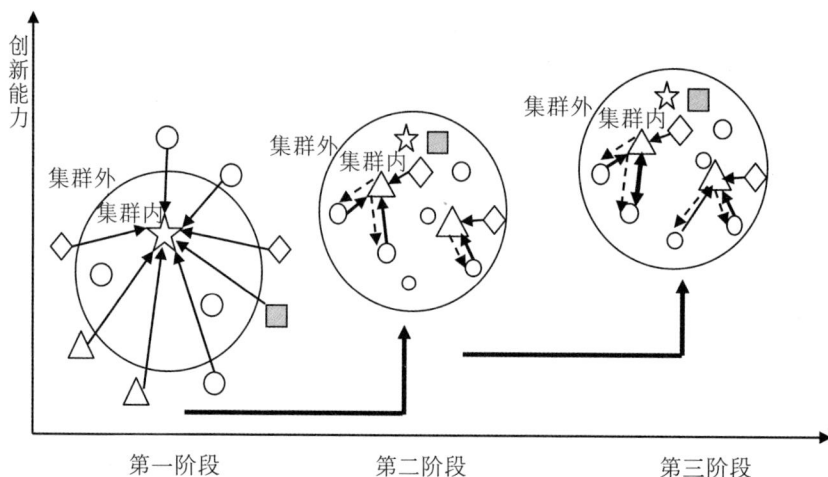

图6-6　沈本新城核心企业技术溢出、竞合关系模式、创新绩效提升全景图

注：对象说明：☆代表政府；△代表核心企业；○代表中小企业；◇代表高校或研发机构；□代表中介机构。实线箭头方向说明：由企业指向政府代表孤立型竞合关系；由中小企业指向核心企业代表依附型竞合关系；双向箭头代表渐进型竞合关系；无箭头代表共生型竞合关系。虚线箭头方向说明：由核心企业指向中小企业代表核心企业技术溢出的"拉拢效应"，双箭头代表核心企业技术溢出的"追赶效应"。箭线越粗代表对创新影响作用越大，越细代表对创新影响作用越小。

如图6-6所示，第一阶段由于产业基础比较单薄，沈本新城保持着政府拉拢集群外部企业的模式，创新绩效的提升依赖于所在地区政府在产业政策、市场环境等方面所做的努力。具体而言，在这一阶段政府参与建设和引导，将企业聚集在区域内，通过提供公共服务与制定公共政策，改善集群内企业的生产网络模式，初步产生了聚集的效应，但由于是受政策的吸引入驻的集群，因此企业之间自发合作的程度较低，同时沈本新城所在区域政府在对待集群发展与升级时习惯性采用"大企业导向"政策偏好，容易忽略众多中小型企业的发展需要，这为之后中小企业的追赶设置了障碍。第二阶段，沈本新城集群已经聚集了一些核心企业与中小企业，核心企业由于在企业规模、市场地位、研发技术等方面具有领先优势，开始以自身为中心来设计与建构各种复杂的网络关系。在这个过程中，核心企业通过隐性或者显性知识的溢出对其他中小企业

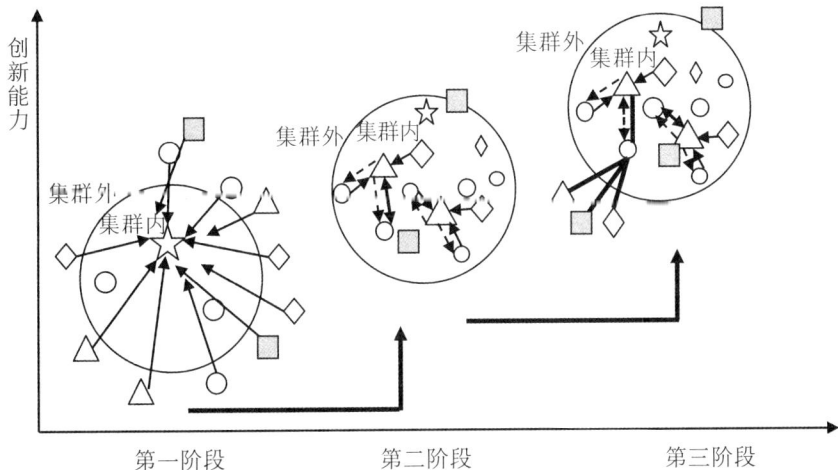

图6-7 东莞松山湖核心企业技术溢出、竞合关系模式、创新绩效提升全景

注：对象说明：☆代表政府；△代表核心企业；○代表中小企业；◇代表高校或研发机构；□代表中介机构。实线箭头方向说明：由企业指向政府代表孤立型竞合关系；由中小企业指向核心企业代表依附型竞合关系；双向箭头代表渐进型竞合关系；无箭头代表共生型竞合关系。虚线箭头方向说明：由核心企业指向中小企业代表核心企业技术溢出的"拉拢效应"，双箭头代表核心企业技术溢出的"追赶效应"。箭线越粗代表对创新影响作用越大，越细代表对创新影响作用越小。

产生了外部效应，不停拉拢中小企业围绕在其周围并形成了分包协作体系，将上下游企业凝聚在一起，形成了稳定的合作关系，涌现出核心企业主导、中小企业配套的依附型竞合关系模式。但由于沈本新城集群内核心企业与中小企业的合作节点多集中于产业链的下游，中小企业缺乏创新实力，核心竞争力没有得到提升。事实上，这种合作路径下核心企业的技术溢出所带来的"拉拢效应"虽然一方面有效地降低了中小企业创新的风险与成本，但是加剧了中小企业对核心企业的模仿动机，不利于未来集群整体创新能力的提升。第三阶段，得益于政府的支持与核心企业的拉拢，沈本新城的中小企业开始初步具备追赶的实力并在科研创新方面做出一系列的努力，自主创新能力得到了一定程度的提升。由于第一阶段政府政策的偏向性与第二阶段核心企业的合作倾向性导致中小企业成长速度较为缓慢，在这个阶段，虽有创新成果，但是对核心企业的依赖程度依旧较深，中小企业的追赶刚刚起步，无法显现出"追赶效应"对集群的推进作用。核心企业与中小企业这种渐进型竞合关系模式加速了核心企业对中小企业的技术溢出，有利于中小企业吸收有用知识创造新技术与新工艺，但同时也会强化核心企业对中小企业的控制力，企业之间缺少提高竞争力的互动，导致产业集群创新后劲不足。

如图6-7所示，东莞松山湖则呈现出更完整更连续的集群发展与演化升级的过程，在地理维度上中小企业开始摆脱集群内核心企业的控制网络，寻找与集群外部其他核心企业的合作；在技术溢出维度上，从核心企业技术溢出的"拉拢效应"逐步过渡到"追赶效应"，将核心企业外溢的知识转化为自主创新能力的中小企业开始"逆向"溢出知识与技术，创新绩效的提升从依赖政府政策与核心企业拉拢的依附型竞合关系模式，转化为集群企业良好有序竞争的共生型竞合关系模式。具体而言，在第一阶段，东莞松山湖所在地区政府作为集群建立与发展的催化剂，在政策上给予覆盖范围非常广的支持，在人才引进、服务平台的搭建、与研究院所的合作上均投入了充足的资金，虽然这一阶段处于核心企业与中小企业之间的互动程度较低的孤立型竞合关系模式，但是核心企业和中小企业的实力都得到了一定程度的积累，为之后集群整体创新能力的提高奠定了基础。在第二阶段，集群内的核心企业由于具备某些异质性特征，因而能够对集群中其他企业产生积极的外部效应，对产业集群发展具有良好的领导、示范和引导作用，因此吸引了一批中小企业围绕在其周围，从而构建了以核心企业为关键节点或中心节点的集群网络。东莞松山湖集群内的核心企业倾向于将临床试验、软件开发等产业价值链前端业务外包给中小高科技企业，除了在原料、生产环节方面的合作，也有价值链前期研发阶段的合作，这增强了集群内核心企业外溢效应，加快了技术创新在整体生产链中扩散与转移的内在动力，中小企业促进竞合关系模式由依附型向渐进型转化。第三阶段，由于前两个阶段的积累，东莞松山湖集群内中小企业的技术创新能力得到了发展，尽管还需要核心企业主导的协同创新网络提供的技术机会，合作创新行为模式占据主导地位，但是随着中小企业不断将外溢知识转化为自主创新能力，"追赶效应"不断增强，中小企业逐渐不满足于集群内部的协同创新，开始寻觅集群外部的合作创新机会。随着市场、技术和制度环境的演化，中小企业的协同创新能力得到显著增强并试图由非核心企业转化为核心企业，开始拉拢其他实力不如自己的中小企业，集群的创新能力在这种溢出效应的循环中有了质的提升，实现了共赢的共生型竞合关系模式。

6.7　本章小结

6.7.1　基本结论与贡献

本书围绕"对于高技术产业集群而言，如何在核心企业技术溢出过程中动态配置与非核心企业的竞合关系模式，实现集群整体创新绩效的提升"这个核心研究问题展开，提出有关核心企业技术溢出效应对创新绩效影响的结论，尤其是从动态视角出发，探索竞合关系模式在核心企业技术溢出过程中扮演的角色。

（1）基本结论

本书通过对辽宁沈本新城与东莞松山湖创新集群进行纵向案例解剖，发现以下三个结论：

首先，核心企业技术溢出的过程中，4种竞合关系模式顺序更迭（孤立型、依附型、渐进型、共生型）并扮演了重要角色。表6-16总结了竞合关系模式的4种类型。在已有的研究中，万幼清（2014）对依附型和共生型的竞合关系模式有所提及，本书在此基础上发现，除了这两种竞合关系模式外，孤立型与渐进型的竞合关系模式也在核心企业技术溢出的过程中扮演了重要的角色。其中孤立型竞合关系是指集群中的企业不经常接触，企业之间保持低的竞争和低的合作；渐进型关系介于依附型与共生型之间，指的是集群中核心企业主导合作的同时穿插着中小企业的竞争，但是中小企业的竞争还无法威胁到核心企业的位置。不同于孙道军（2011）针对企业战略导向对竞合关系进行的划分，这两种竞合模式主要针对集群内部规模不同企业之间的依存关系。

表6-16 竞合关系模式的4种类型

类型	特点
孤立型	企业之间保持低程度的竞争与合作
依附型	核心企业主导与中小企业的竞争与合作
渐进型	核心企业主导合作同时穿插着中小企业的竞争
共生型	企业之间保持稳定的合作与竞争

资料来源：作者根据相关资料整理。

其次，核心企业技术溢出的"拉拢效应"与"追赶效应"阶段的演化过程，与不同竞合关系模式相匹配。在技术溢出过程中，这两种效应不停影响着企业之间的依存状态与竞合动态，集群不同发展阶段企业成长程度存在差异，因此企业之间的竞合关系模式也会存在变化。当集群刚刚建立时，集群产业基础较为薄弱，企业之间的合作和竞争程度都很低，溢出效应还未发挥作用，竞合关系模式为孤立型。当企业聚集在集群内，创新网络开始形成，核心企业作为集群内创新网络的中心、主导的知识溢出源，技术创新信息单向流向中小企业，将中小企业吸附于周围从而产生"拉拢效应"时，依附型与渐进型竞合关系模式可能是最重要的竞合模式。因为此时中小企业不具备自主创新能力与较强的竞争力，需要依赖于核心企业溢出的技术与知识来降低创新的成本与风险。当中小企业的技术逐渐成熟后，开始寻找机会摆脱原有网络中核心企业的控制范围，提高自身的竞争力，其与核心企业转化为渐进型竞合关系。而中小企业通过对核心企业溢出技术的获取、整合与内部化，那些学习、吸收和再创新能力强的中小企业，开始寻求与其他核心企业的合作，或试图占据核心位置，构筑以自己为中心的新网络，核心企业溢出的"拉拢效应"逐渐转化为"追赶效应"，"追赶效应"之后又产生新的"拉拢效应"，核心企业与中小企业良好互动，共生共赢，此时共生型竞合关系模式可能是它们之间最重要的竞合关系模式。核心企业技术溢出效应与竞合关系模式如图6-8所示。

核心企业技术溢出

拉拢效应　　　　　　追赶效应

单向溢出　　　　　　　　　　　　　　　　　双向溢出

| 孤立型竞合关系 | 依附型竞合关系 | 渐进型竞合关系 | 共生型竞合关系 |

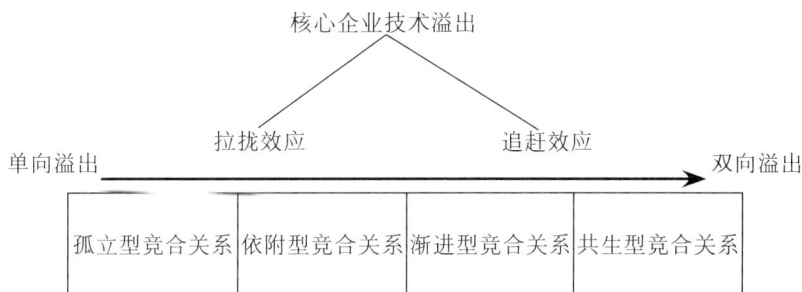

图6-8　核心企业技术溢出效应与竞合关系模式图

最后，本书发现与核心企业技术溢出过程相匹配的竞合关系模式，对创新绩效有着不同程度的影响。具体而言，第一，孤立型竞合关系模式存在于集群发展初期，企业之间的关联度很低，创新网络还有待形成。短期来看它是集群必须经历的模式，但是如果长期保持着孤立型竞合关系，企业会缺少动机去开展具有重大创造力的产品和服务活动，对政策的依赖性较强，集聚存在脆弱性同时也缺乏根植性，不利于集群创新绩效的提高。第二，依附型竞合关系是指核心企业在合作和竞争中都占主导，不停吸引中小企业围绕在其周围并形成分包协作体系，将上下游企业凝聚在一起。此时的中小企业选择与核心企业进行辅助性合作有利于中小企业利用技术溢出效应获取外部知识，提高创新能力和升级网络位势，短期来看能够有效降低中小企业创新的风险与成本，但是另一方面加剧了中小企业对核心企业的模仿动机。下游产业链内产生的"拉拢效应"导致中小企业的创新惰性技术路径锁定，使竞合关系一直停滞在依附型状态，核心企业控制着中小企业竞争与合作的方向；而上游产业链产生的"拉拢效应"能够帮助中小企业吸收关键知识与技术，促使竞合模式由依附型向渐进型的竞合关系模式转换，能够帮助中小企业逐渐突破锁定，提高创新能力。第三，共生型竞合关系模式是指企业之间维持着稳定的合作与竞争，这种竞合模式促进技术与知识在创新网络中不断地循环流动。对于集群而言，核心企业的创新水平直接影响着集群网络整体绩效，但是如果没有非核心企业与核心企业的良好互动，创新网络总体绩效水平无法保持在较高的区间。那些学习、吸收和再创新能力较强的中小企业拥有了自主创新能力之后也开始溢出自己的技术与知识，这种双向溢出会促使核心企业为了保证在集群创新网络中的中心位置而增大研发投入，中小企业也会逐步增加自己的研发投入，最终双方的技术能力向高端不停演进，对集群创新绩效有着显著的提升作用。

（2）基本贡献

从新视角揭示核心企业技术溢出对集群创新绩效的影响机制。第一，研究核心企业的学者强调了核心企业创新行为与能力直接影响着集群网络整体绩效，认为技术与知识由核心企业单向流向中小企业，中小企业处于被控制与被主导的地位，但是却忽视了非核心企业的成长规律与技术溢出的多维度和复杂性。遵循前人的研究，本书从"拉拢效应"与"追赶效应"两个方面来刻画核心企业技术溢出的效应，探索其对中小企业创新能力的影响，深化了核心企业技术溢出的相关研究。第二，打开了核心企业技术溢出对集群创新影响的过程黑箱。以往一些学者以实证的方法从协同创新（Tomlinson & Fai，2013；Bougrain & Haudevill，2002）、学习能力、吸收能力（杨菊萍，2008；梁瑞，2012；李贞、杨洪涛，2012）等角度分别考察了核心企业技术溢出效应对创新绩效的影响，得出了对立的结论。而本书用纵向案例的方法，引入竞合关系模式的视角，将技术溢出过程看作一种竞合关系演化的动态过程来分析其对创新的影响，提供了溢出效应影响创新绩效的全过程图景，为技术溢出对创新的影响提供了新视角。

对竞合关系理论研究的拓展。首先，多数学者没有注意到集群内部关联企业的依存状态和竞合关系在集群不同发展阶段的差异，由此相当程度上影响了集群创新动力的得失和产业集群的兴衰（张杰，2007）。本书将研究情境设置于动态发展的集群环境中，回应了万幼清（2014）提出的竞合关系模式的视角，并在此基础上识别出孤立型与渐进型两种新的竞合关系模式，并且围绕核心企业技术溢出效应如何影响竞合关系模式的选择，不同竞合关系模式如何对创新绩效带来影响展开了详细的探讨，深化了竞合关系的相关研究。其次，本书为竞合关系模式在集群发展的何种阶段下展开提供了更全面的视角。早期的文献探讨了不同竞合关系会对企业创新选择产生不同的结果（孙道军，2011；Bengtsson & Kock，2013），而本书将研究情境设置于核心企业技术的溢出与扩散，分析了技术溢出的"拉拢效应"与"追赶效应"会影响不同竞合关系的选择，丰富了竞合关系相关文献的研究。再次，目前竞合关系研究中关于集群内企业之间的关系是以竞争为主还是以合作为主得到越来越多的重视（于长峰，2011），但就竞争与合作相对地位的研究，在集群情境下的研究可能与已有研究完全不同，因为集群的多维邻近性提升了竞争与合作两个方面，竞争与合作不仅可以共存，而且发生在不同的范围以及不同的参与者之间。本书回应了集群内企业之间的关系是以竞争为主还是以合作为主的问题，认为这两种关系并不能简单从静态视角去理解，在企业积累知识与技术的过程中，为了更好地提升创新能力，这两类关系更可能是在顺序上的更迭出现，企业间的这种竞争与合作关系既提供激励，又避免了过度竞争，呈现出互补的效应。

6.7.2 研究启示

（1）产业集群创新发展的一般策略

我国高新技术产业集群聚集的主要动力仍然来自于各种政策优惠的吸引，在产业增长惯性和资源禀赋的限制下，企业倾向于和政府之间的纵向的、传统的和封闭的联系，忽视跨企业、跨产业之间的联系与互动，难以形成良好的分工与协作的关系基础，无法共享社会关系网络所带来的创新聚合效应，本书通过纵向案例分析在溢出效应影响下不同阶段集群的动态演进，研究核心企业技术溢出、竞合关系模式与创新绩效三者之间的关系，能更好地促进集群企业之间的紧密合作与良性竞争，进而提高整个集群的创新能力。

（2）集群企业创新力的提升路径

集群内部企业的竞合战略能够使企业在竞争中获利，激励企业不断创新获得竞争优势，也使企业在相互合作中获得信息和资源，这种动态的竞合关系能够提高企业对技术创新机会的识别率，增强企业的竞争能力和创新能力，因此竞合关系的选择对集群企业的创新十分重要。本书从竞合关系的视角研究了核心企业技术溢出与集群创新绩效之间的关系，并将"拉拢效应"和"追赶效应"与竞合关系模式进行匹配，因此企业可以根据自身的实际情况来选择竞合关系模式，以期获取更高的创新绩效。

（3）应尤其重视核心企业技术溢出的"追赶效应"

发展初期不具备创新能力的中小企业可以通过吸收核心企业的知识与技术，有效降低创新的成本与风险，但是如果一直依赖于核心企业的单向溢出，只是复制核心企业的技术创新或者处于生产链的下端，最终只会成为核心企业的配套生产工厂，不具备竞争力。因此，中小企业除了通过对核心企业技术溢出的吸收来完成技术增量，还需要增加自身研发投入，开展价值链前端的合作，加快技术创新在整体生产链中扩散与转移的内在动力，促进企业之间的关系由单纯依附与过度竞争向良好合作及有序竞争转变。

7 "有核"集群的双向技术溢出与集群创新绩效：实证检验

产业集群的技术溢出效应与集群企业创新活动的关系是创新集群研究中颇具争议的问题。相当一部分研究认为技术溢出效应有利于集群企业创新绩效的提升：技术溢出促进了知识扩散和组织间相互学习，技术知识在集群企业之间的共享、整合和应用极大地提升了集群整体的知识容量，然而，知识容量的提升效应并非技术溢出对集群企业创新活动的单一影响，尤其在一些针对集群企业创新失败案例的研究中，技术溢出效应虽然降低了中小企业应用新技术的成本，但却极易导致产品的同质化竞争，损害大企业的创造力，同时使小企业产生创新依赖性，最终陷入"集体创新动力缺失"的困境。例如林毅夫等在《吉林省经济结构转型升级研究报告（2017）》中指出，以"长春一汽"为核心构建的吉林长春汽车产业集群，虽然有实力雄厚的央企作为核心企业，但由于集群周边中小企业对核心企业溢出的技术进行简单的复制和模仿，导致集群产品整体层次较低，整个产业集群陷入发展后劲不足的困境。

分析现有文献发现，对立的观点往往来源于不同的分析视角。技术溢出的正效应主要是从技术接受方获利的角度出发，而负效应则主要强调了技术溢出方创新回报不足对创新动力的影响。然而，无论对哪种效应的阐述，都遵循着一个共同的前提，即溢出方作为创新者，接受方作为模仿者或复制者，技术创新信息只从溢出方流向接受方。这种单向技术溢出的隐含假设，将"有核"集群中核心企业与中小企业在技术溢出的问题上对立起来。

事实上，将"有核"集群中的技术溢出理解为一个双向的过程，即中小企业也能够反向技术溢出给核心企业，似乎更符合产业集群的实际情况。理论上，除了地理邻近性带来的本地技术溢出优势，社会邻近性、组织邻近性、认知（技术）邻近性等都是形成集群创新能力的重要路径，而技术溢出双方的互动机制、合作机制等是多维邻近发挥作用的主要形式；此外，产业集群企业实施开放式创新是"双向技术溢出"的提前，罗颖等以整个产业集群实施开放式创新作为研究对象，认为产业集群通过加强内外产业链网络合作、搭建政产学研的合作平台，则边界交互式学习在产业集群开放式学习过程中的重要作用将得以加强。因此，产业集群为大企业开放式创新和中小企业开放式创新的互动机制提供了观测对象。

现实例证更具说服力，例如位于美国西海岸以谷歌为核心企业的高科技产业集群，每年通过谷歌投资的"扶持创新"项目选拔出具有潜力的新创企业，为这些小型公司配备人员并提供资金和技术支持，当培养到一定程度后，再通过兼并、收购、签署技术开发协议等形式将其移植进谷歌的生态系统中。截至 2017 年 6 月，谷歌已通过这项计划与 75 家小型公司建立合作关系，获得超过 200 项专利技术。中国也不乏类似例子，素有"小商品之乡"的浙江义乌产业集群，吸管行业"隐形冠军"义乌双童的成长模式也颇为典型。以联合利华为核心企业的日化品产业集群中聚集着大量的中小企业供应商，联合利华的先进技术、经营理念、对产品质量的严格要求对包括义乌双童在内的跟随企业有着巨大影响。借助联合利华的平台，义乌双童实现了技术创新战略和国际化战略，一举成为全球吸管行业的领军者，2016 年联合利华开始与义乌双童合作研发新型吸管材料并合资建厂，实现了企业之间的双向技术溢出。

根据 Gupta & Govindarajan（2000）的研究，传统的技术溢出理论是基于"教授逻辑"（Teaching logic），即以核心企业技术位势高于中小企业为隐含前提，将技术溢出视为从核心企业到中小企业的单向运动，忽略了技术水平相对落后的中小企业在推动集群创新过程中的重要作用。而有紧密合作关系的核心企业与中小企业之间却是基于一种"说服逻辑"（Overarching Logic），即核心企业有主动识别和吸收来自合作伙伴且对自身有益的技术知识的能力，中小企业也向核心企业反向技术溢出，且中小企业与核心企业的技术相关性越高，产生的技术溢出越多。这种双向技术溢出为阐释产业集群溢出效应和创新绩效关系提供了新的研究视角，更符合具有紧密合作关系的企业间技术溢出的实际情况，尤其是中小企业向核心企业的技术溢出，往往使得核心企业以较低的研发投入获得改良或创新型技术，甚至是非主流市场上的颠覆性创新。

基于这一认识，现有关于集群技术溢出效应与创新绩效关系的研究，至少存在以下两方面的不足：第一，已有研究多以单向的视角探究核心企业技术溢出对绩效的影响，其隐含假设仍在于强调核心企业对集群整体创新绩效的带动作用，无论是立足于技术溢出方还是技术接受方，都忽略了中小企业对扩大集群知识基础做出的贡献。第二，很多从微观企业层面出发的研究，往往集中于技术知识的组织内化过程，考察微观企业的个体能力对技术溢出的影响，而对于技术溢出这种组织间双边、多边关系而言，尚缺乏将组织间关系作为变量进行的考察。即使有研究从社会资本的网络资源和网络关系进行解读，仍然主要突出核心大企业与中小企业之间的对立和博弈关系，而对集群这个复杂"集体"内部的其他关系揭示不足，这其中企业合作创新活动中的依赖关系就是尤为重要的一种。

集群内的企业，因技术资源禀赋和企业对外部资源依赖性的差异，形成了彼此依赖的权力关系。根据资源依赖理论，核心企业作为具有依赖优势的一方会倾向于攫取劣势方的权益来达到提高自身绩效的目的，即所谓的不对称依赖。但也有研究指出，企业对合作伙伴的高度依赖还可能会对这种关系产生高度承诺，为了保持关系长远、良好地发展，双方甚至愿意牺牲一部分自我利益，即所谓的联合依赖。在较高的联合依赖水平下，产生依赖关系的企业双方都格外关注对方的态度和行为，并更加愿意从正面解读和回应对方行为。基于此，本书将在技术溢出与集群创新绩效的研究中引入组织间依赖变量，探讨其在技术溢出与集群创新绩效关系中的调节作用。该研究将加深对集群企业技术溢出的认识，进一步揭示技术溢出对集群创新绩效的影响机制。

7.1 理论基础与研究假设

7.1.1 核心企业

产业集群网络中的企业根据其影响力的差异性和在产业链上的重要性，可以分为核心企业和配套企业两类。由于影响力和重要性的判断依据不断演化，核心企业的概念也在不断演化。最初对核心企业的认定就是规模大、年龄长、在集群网络中从事业务的价值增值较大的企业。然而，随着企业核心能力理论的盛行，很多研究认为核心企业一定具备核心能力，如 Gay & Dousset（2005）认为真正意义上的核心企业在于具有关键核心技术能力，越是具备难以模仿和替代的关键核心技术，企业越可称得上是核心企业。而 Escribano（2009）更加强调集群网络情境，他认为技术能力本质上要通过学习能力获得，而那些吸收能力和利用能力最强的企业，才是集群网络中的核心企业。综合以上研究，本书认为外在形态、内在能力和集群网络情境都很重要，在产业集群中，那些规模巨大、拥有核心技术和学习运用能力，并能够利用自身影响力带动和组织其他企业协同创新、共同发展的企业即可称为核心企业。

7.1.2 双向技术溢出与集群创新绩效

（1）双向技术溢出

从已有关于技术溢出的研究来看，现有文献大多以核心企业为分析单元，揭示产业集群背景下核心企业的技术溢出效应对溢出方、接受方或集群创新绩效的影响。尽管基于核心企业技术溢出效应的研究提供了关于技术溢出的内容与路径、技术溢出与集群演化过程、技术溢出对企业创新绩效或集群创新绩效的贡献与阻碍等的深入解析，但这种研究范式以核心企业技术位势高于中小企业为隐性前提，过于强调核心企业对集群发展的主导作用，而忽视了技术实力相对落后的中小企业在集群创新中的影响。Gupta & Govindarajan（2000）提出两种技术溢出逻辑分析框架，认为传统由核心企业到中小企业的技术溢出遵从教授逻辑（Teaching Logic），而中小企业向核心企业的技术溢出遵从说服逻辑（Overarching Logic）。在该框架下，中小企业与核心企业的技术相关程度代表了中小企业的技术溢出效应强度。由此可见，产业集群内存在合作关系的核心企业和中小企业间的技术溢出是双向性的，既包括核心企业对中小企业的技术溢出，也包括中小企业对核心企业的技术溢出。参考 Gupta & Govindarajan（2000）、Yang 等（2010）、刘明霞等（2015）的研究，本书称前者为"正向技术溢出"，后者为"逆向技术溢出"。

针对双向技术溢出的研究将揭示出集群内部正向、逆向技术溢出交互作用的实际效应与内在规律。大量研究表明，核心企业与中小企业的资金技术差距、分工与定位等关系决定了正向技术溢出以先进技术和管理经验为主要内容，对中小企业的技术创新有着正向激励作用。不同于传统的正向技术溢出为接受方带来直接的生产技术和管理经验，逆向技术溢出更多的是围绕核心企业提供配套设施和服务的中小企业知识活动，所涉及的溢出技术大多是与自身业务领域紧密相关的信息、资源，以及产品改良的技术调整性知识，具有一定的实践嵌入性和非系统性。核心企业获得这些技术知识的投入较低，并且可在此基础上进行工艺创新，同时能够避免低端复制产品的出现，也降低颠覆性创新的发生概率。

（2）集群创新绩效

从对创新绩效的一般分析视角出发，创新投入和创新产出同样是集群创新活动的主要内容，集群企业投入人财物等各类创新要素，最终获得体现在产品市场上的专利技术、新产品和工艺方法等创新成果。颜克益（2009）指出所谓集群创新绩效是指在特定空间内的产业集群所表现出来的创新成果。李卫国、钟书华（2010）认为集群的创新绩效主要是指集群中的多元主体在集群这一复杂系统中相互依存、相互作用，最终所取得的创新成果。基于此，对集群创新绩效的客观评价指标本质上就是限定了集群范围的企业创新绩效，包括新产品数、新产品产值占销售额的比重、专利申请数，尤其是发明专利数占比等，比较而言，专利申请数有专门的统计机构，因而被运用得最为普遍。然而，因专利的重要程度和创新转化率都是较难确定的，尤其在集群网络范畴内，模糊的集群边界使得评价创新绩效的主观指标被越来越多地采用，如新产品开发的速度、工艺或流程的改造速度、新产品是否代表产业发展方向等，都是可感知的集群创新绩效主观指标。

从现有研究来看，对集群创新绩效的考察除了集群企业个体的创新效率之外，更重要的是集群整体的创新效果。因此，本书借鉴上述学者对集群创新绩效的界定，将集群创新绩效视为集群内部企业通过自身的创新行为以及与集群内其他企业合作创新行为所产生的创新成果。

（3）双向技术溢出对集群创新绩效的影响

作为应对系统性创新的一种制度安排，产业集群内核心企业和中小企业通过正式和非正式的关系获得技术知识和互补性资产，新知识也在流动中被创造出来，在知识系统多元性的前提下贡献了多类型的合作创新机遇。首先，核心企业拥有的知识储备、技术能力、人才、信息和设备等创新要素优势在向中小企业的正向技术溢出过程中，携带的上述创新要素弥补了中小企业知识存量不足、研发能力薄弱以及接受和使用先进技术渠道有限的"短板"，进而在核心企业的带动下以补充要素基础提升中小企业技术创新能力。其次，中小企业对核心企业的逆向溢出，使核心企业以较低的投入获得创新技术，基于中小企业创新技术的专业性和多样性，核心企业能够通过"二次开发"或与现有技术、产品结合等方式，实现技术的升级与创新。此外，双向的技术溢出建立了核心企业与中小企业的知识共享界面，集群内的知识积累速度和知识容量都得到提高，"群内"企业为了实现自身战略目标，利用共享资源，往往倾向于建立长期发展的合作模式，营造信任互惠的合作氛围以维持长远的利益合作。

基于此，本书提出如下假设：

H1：正向技术溢出与集群创新绩效正相关，即集群中的正向技术溢出越多，集群创新绩效越高。

H2：逆向技术溢出与集群创新绩效正相关，即集群中的逆向技术溢出越多，集群创新绩效越高。

7.1.3　组织间依赖的调节作用

（1）组织间依赖

根据资源基础观，技术溢出对创新绩效的作用机制是：企业获得的技术溢出越多，则其所掌握的有效资源越多，创新绩效也越高。也就是说，对于企业而言，技术溢出反映了其获取资源的能力，集群中的企业相较于集群外的企业，具有邻近群内其他企业、科研机构、大学等技术溢出方的地理优势，从而拥有更强的资源获取能力，但这些优势要转化为实际的技术创新却并非易事。大量研究表明，集群内企业间的关系以及企业自身能力都可能影响集群企业的技术溢出效应。

关于企业间关系对技术溢出效应的研究主要是基于社会网络理论，认为集群企业创新网络特征的差异决定了企业从创新网络中获取知识的非均匀性，关系强度和关系质量成为集群企业获取网络知识资源的关键特征，也有学者从竞合关系的角度对技术溢出与创新的关系进行研究，但采用的方法都是建模计算，尚缺乏结合中国产业集群实际情况的实证检验。

从企业自身出发讨论企业能力对技术溢出效应的影响，认为技术溢出与创新绩效受到来自集群企业网络能力和吸收能力的正向调节作用，并形成主流观点。根据资源依赖理论，集群内企业因自身技术资源和对外依赖程度的异质性导致企业间权力的异质性以及集群企业间不同的权力依赖关系，即不同的权力依赖水平决定了企业间关系结构的属性，而已有研究对企业间关系的认识仍旧停留在关系质量、关系强度层面，未能针对引起关系属性变化的深层原因——权力依赖关系展开研究。因此，有必要利用资源依赖理论，引入组织间依赖作为调节变量，解读集群企业间的权力依赖关系对创新活动的作用，突破以往单纯从企业主体或关系结构探讨技术溢出效应的局限，有助于深刻解析技术溢出与企业间关系的交互作用对创新绩效的运行机理。

现有研究将企业间的相互依赖关系区别为联合依赖和非对称依赖两种。其中，联合依赖是指关系主体双方对于对方依赖性的加和，代表着关系主体间的内聚力水平。通常情况下，较高的联合依赖程度说明企业间资源的互补性强，企业间也更容易形成互利互惠的稳定合作关系，有关二者关系的实证研究表明合作伙伴间资源的依赖性与企业合作满意度具有较高的契合性，联合依赖有助于双方利益更加紧密地联系在一起。然而，当双方的依赖关系不对称时，企业间权力将偏向拥有更多创新资源的一方，权力失衡导致弱小成员的利益受到侵害，受到侵害一方可能采取报复或退出行为，从而加剧合作关系的不稳定性和合作双方在创新投入上的限制和猜忌，最终对集群创新绩效产生负面影响。在产业集群中，企业间关系是技术溢出效应的基础。核心企业与中小企业所掌握资源的不同导致了权力差异，由此可能形成联合依赖、不对称依赖等两种不同的依赖关系。双向技术溢出本质上是来自核心企业和中小企业异质性知识资源的分享和整合，不同类型的依赖关系中表现出的资源共享程度差异就可能成为影响双向技术溢出效应转化为集群创新动力的主要因素。

（2）联合依赖的调节作用

联合依赖代表着关系主体间的内聚力水平，如关系成员企业间的价值取向是否相同，行动目标是否趋于一致等。因此，企业间关系中较高的联合依赖水平会产生高度的协同性。在这种互惠关系相对稳定的环境下，企业会提高对外开放程度，与合作伙伴更加畅通地交流、分享经验，这就意味着核心企业与中小企业间的技术知识交流更畅通、更频繁，高度的知识共享水平、较快的知识积累速度都为集群企业突破各自的技术创新瓶颈提供了条件。

高度的联合依赖会产生关系成员企业间态度与结构的趋同性，这有助于降低核心企业与中小企业在技术合作中的冲突水平，从而降低相关交易成本，产生更高的协同效应。同时，由于机会主义行为不利于长期关系的维持，核心企业和中小企业出于对长期互惠和获利的关注，减少了技术泄露、"搭便车"等破坏关系的机会主义行为发生，增强双方合作的积极性与意愿，有利于技术知识共享，促进协同创新的实现。因此，企业间的联合依赖性越高，对核心企业和中小企业异质性技术知识的分享与整合的促进作用就越大，更多创造性想法的衍生，将促进双向技术溢出效应转化为集群创新动力。

基于此，本书提出如下假设：

H3-1：正向技术溢出与联合依赖的交互项与集群创新绩效正相关，即随着联合依赖水平的提高，正向技术溢出对集群创新绩效的促进作用增强。

H3-2：逆向技术溢出与联合依赖的交互项与集群创新绩效正相关，即随着联合依赖水平的提高，逆向技术溢出对集群创新绩效的促进作用增强。

（3）非对称依赖的调节作用

集群核心企业与中小企业的资源禀赋差异决定了依赖关系的不对称性，在较低的非对称依赖水平下，二者的生产条件和价值观的相似性更多。企业也更容易吸收与自身已有技术基础比较接近的技术知识，并通过较低的扩散成本增加集群整体的创新绩效。对正向技术溢出来说，非对称依赖水平越低，中小企业所掌握的技术知识与核心企业差距越小，对正向技术溢出带来的技术知识，能够更好地吸收、整合，进而产生更高的创新绩效。对逆向技术溢出来说，较低的非对称依赖水平，更有利于核心企业关注中小企业的新技术，并识别它们的潜在好处。非对称依赖水平较高时，对逆向技术溢出来说，知识位势和知识基础的劣势，使得中小企业被核心企业接受和利用的技术知识有限，不利用整体创新绩效。另外，即使与核心企业建立协作关系，在正向技术溢出过程中，核心企业也会利用权力地位迫使中小企业接受不利条件并试图长期锁定协作关系，这不利于集群创新氛围的营造和创新后劲的维持。

基于此，本书提出如下假设：

H4-1：正向技术溢出与非对称依赖的交互项与集群创新绩效负相关，即随着企业间非对称依赖水平的提高，正向技术溢出对集群创新绩效的促进作用减弱。

H4-2：逆向技术溢出与非对称依赖的交互项与集群创新绩效负相关，即随着企业间非对称依赖水平的提高，逆向技术溢出对集群创新绩效的促进作用减弱。

7.1.4　模型构建

双向技术溢出本质上是来自核心企业和中小企业异质性知识资源的分享和整合，企业获得的技术溢出越多，掌握的有效资源越多，创新绩效越高。然而企业间关系是技术溢出效应的基础，根据资源依赖理论，企业所掌握资源的不同导致了权力差异，由此可能形成联合依赖、不对称依赖等两种不同的依赖关系。企业在不同的依赖关系中所表现出的资源共享程度的差异可能成为影响技术溢出转化为集群创新动力的重要因素。因此，在前文理论分析的基础上，本书构建了双向技术溢出、组织间依赖与集群创新绩效的概念模型，如图7-1所示。

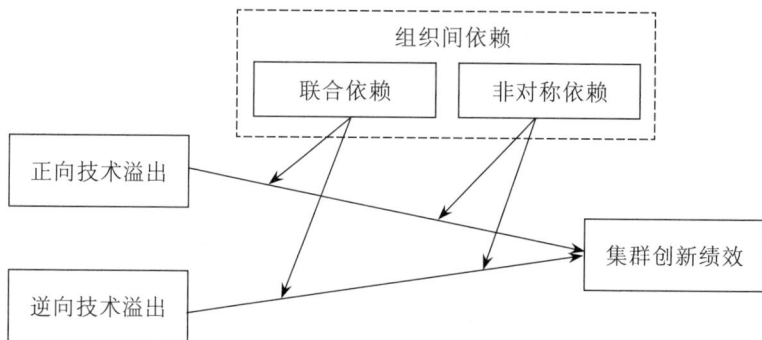

图7-1　变量间的概念模型

7.2　方法介绍与研究设计

7.2.1　样本与数据收集

本书研究对象为产业集群，在样本选择方面，主要以2014—2017年中国科学技术部公布的辽宁省国家级、省级科技特色产业集群内的企业为调研对象，辅以部分浙江、天津科技特色产业集群内的企业。原因如下：第一，辽宁拥有众多制造业大企业，作为全国最早的工业基地，拥有很多以核心企业为中心、中小企业为外围的产业集群，如沈阳机床、大连船舶等都形成了核心企业与中小配套企业较为稳定的生产和技术合作关系，符合本书研究考察对象的标准。第二，具有科技特色的企业技术创新比较频繁，新颖程度也较高，能够发挥骨干和引领作用，对集群创新产生影响，与本书研究主题相匹配。第三，通过多年研究积累，我们与很多核心大企业建立起了长期信任关系，能够保证问卷质量。

由于本书既包含规律探索又涉及理论检验，因此我们在研究中综合运用了探索性和验证性两种方法。其中，在获取研究问题的细节形成理论假设方面，采用探索性方法；在对提出的理论进行检验考察研究结果的普遍性方面，采用验证性方法。在探索性研究阶段，本书选取了来自大连保税区汽车及零部件产业集群、金州装备制造产业集群、金州电子信息产业集群中的 10 家企业作为预调研样本。我们开展了针对公司的中高层管理者的半结构化访谈，并捕捉到了逆向技术溢出的存在，该过程对文字表述和企业实践方面的认知一致性进行测试，以纸质问卷的形式向 40 位企业高管或中层技术主管发放预调研问卷，并个别进行跟踪访谈和意见征询，回收问卷后对被调研者反馈回来的问题进行修改与完善。

大规模问卷调研在 2017 年 6 月到 2018 年 4 月进行，历时 11 个月。本着调研的可行性与就近原则，对辽宁省内的聚龙股份有限公司、大连冷冻机股份有限公司、奇瑞汽车股份有限公司大连分公司、沈阳新松机器人自动化股份有限公司等 18 家企业采用了实地走访的形式收集资料，对其他的辽宁、浙江和天津集群企业采用邮件填答问卷的形式。在填写者选择方面，本书主要选取样本企业或事业部的总经理或负责运营的高层管理者开展访谈与问卷发放，该类管理者对于企业内外部关系状况了解充分，有助于提升调查所获得的信息质量。本次调研共回收问卷 694份，其中核心企业问卷 213 份，中小企业问卷 481 份。有效问卷 419 份，来自 168 家核心企业和 251 家中小企业，有效率为 60%。

7.2.2 变量测量

本量表采用的是李克特 7 级度量方法，受访者将根据自己对企业实际情况的判断对题项从 1 ~ 7 进行打分。

（1）技术溢出。本书认为技术是特殊的知识簇，因此技术具有知识属性，技术溢出也可以分为显性技术溢出和隐性技术溢出两种。其中，显性技术溢出主要是指企业通过专利、技术标准等能够明确表达并通过文本学习的技术扩散和输送过程，相关指标主要包括技术专利、独特的产品设计和制造工艺等信息和运营管理制度；隐性技术溢出主要是指经验、诀窍等不能明确表达而只能通过观察和感悟等方式学习的技术向外扩散和输送的过程，相关指标主要包括管理技能、营销技能、生产运作技能和新产品开发技能。在问卷题项的设计上，主要借鉴于旭和朱秀梅（2010）、李宇等（2015）的研究，包括显性技术溢出（3个题项）、隐性技术溢出（4个题项）两个维度，见表7-1。

表7-1   **技术溢出的测度量表**

变量		题项
正向技术溢出	显性技术溢出	集群中的核心企业经常与中小企业分享专利技术，使中小企业获得所需专利的有效信息
		集群中的核心企业经常将有关产品设计、制造和工艺等知识通过培训等方式传授给有合作关系的中小企业，以提高合作效率
		集群中的核心企业经常向中小企业宣传先进的运营管理制度，如采购标准等
	隐性技术溢出	集群中的核心企业经常通过与中小企业的合作开发共同的市场，向中小企业展示和贡献有关市场开发的技能，以提高合作效率
		集群中的核心企业经常向中小企业展示和贡献有关新产品及服务开发的技能，以提高合作效率
		集群中的核心企业经常向中小企业展示和贡献有关产品运作的技能，以提高合作效率
		集群中的核心企业通过选择配套企业、兼并收购等方式向中小企业输出先进的管理经验
逆向技术溢出	显性技术溢出	集群中的核心企业能够通过与其有合作关系的中小企业，获得新技术
		集群中的核心企业能够通过与其有合作关系的中小企业，获得专利技术等信息
		集群中的核心企业能够通过与其有合作关系的中小企业，获得先进的运营管理制度
	隐性技术溢出	集群中的核心企业能够通过与其有合作关系的中小企业，获得与管理相关的技能
		集群中的核心企业能够通过与其有合作关系的中小企业，获得与营销相关的技能
		集群中的核心企业能够通过与其有合作关系的中小企业，获得与生产运作相关的技能
		集群中的核心企业能够通过与其有合作关系的中小企业，获得与新产品开发相关的技能

（2）组织间依赖。企业所掌握资源的不同导致了权力差异，由此可能形成联合依赖、不对称依赖两种不同的依赖关系。按照 Emerson 等（1962）在研究中的建议，第一步要衡量关系主体对某种关系的依赖性，再通过对其依赖性分别求和与求差，作为联合依赖与非对称依赖的度量依据。在问卷题项设置方面，主要参考了李玲（2011）、石乘齐等（2012）的研究，从敏感性（3 个题项）和脆弱性（4 个题项）两个维度进行测量，见表 7-2。

表 7-2 组织间依赖的测度量表

变量		题项
核心/中小企业依赖性	敏感性	集群中的核心/中小企业与中小/核心企业在合作过程中，核心/中小企业常常会给中小/核心企业提一些建议
		集群中的核心/中小企业与中小/核心企业在合作过程中，核心/中小企业的建议容易得到中小/核心企业的采纳
		集群中的核心/中小企业与中小/核心企业在合作过程中，核心/中小企业的技术策略极少受到中小/核心企业的影响
	脆弱性	集群中的核心/中小企业与中小/核心企业在合作过程中，合作内容的调整不会受到中小/核心企业的影响
		集群中的核心/中小企业与中小/核心企业在合作过程中，合作方式的调整不会受到中小/核心企业的影响
		集群中的核心/中小企业与中小/核心企业在合作过程中，与中小/核心企业中断合作会给核心/中小企业带来极大的不利
		集群中的核心/中小企业与中小/核心企业在合作过程中，核心/中小企业很容易找到新的合作伙伴替代中小/核心企业

（3）集群创新绩效。本书借鉴李卫国、钟书华（2010）和张琼瑜（2012）等学者对集群创新绩效的界定，认为产业集群创新绩效是集群内部企业通过自身的创新行为以及与集群内其他行为主体合作的创新成果，并将其分为经济绩效（4 个题项）、科技绩效（6 个题项）和社会绩效（2 个题项）三个维度来测量，见表 7-3。

表 7-3 集群创新绩效的测度量表

变量		题项
集群创新绩效	经济绩效	与同行相比，企业所在集群的创新产品销售额占有率（创新产品销售收入/总销售收入）高低
		与同行相比，企业所在集群的创新产品年利润率（创新产品利润额/总销售收入）高低
		与同行相比，企业所在集群的投资回报率（年利润/投资总额）高低
		与同行相比，企业所在集群的孵化企业成活率（集群内每年新增企业数）情况
	科技绩效	与同行相比，企业所在集群的创新率（创新产品数/集群产品总数）高低
		与同行相比，企业所在集群的专利申请及授予数量水平
		与同行相比，企业所在集群的创新项目落实数情况
		与同行相比，企业所在集群的研发人员比重（研发人员/从业人员）高低
		与同行相比，企业所在集群的研发人员的流动性情况
		与同行相比，企业所在集群的研发投入经费占总销售收入的比重高低
	社会绩效	与同行相比，企业所在集群的创新产品对促进社会就业的作用高低
		与同行相比，企业所在集群的创新产品对社会相关产品的带动作用高低

（4）控制变量。为了准确评估双向技术溢出和组织间依赖对集群创新绩效的影响，本书在性别、职位、工作年限等人口统计学变量的基础上，引入了相关控制变量。首先，集群规模是需要控制的变量，规模代表可利用的存量资源，不同的企业规模对创新绩效的影响会产生差异。其次，是集群的存续时间，吕一博、苏敬勤（2010）指出，集群历史越长，集群企业的根植性和稳定性越高，企业长期合作的预期越显著，而以这种长期合作为基础的信任度、承诺度以及网络联结性等对创新的促进作用越强。再次，是对行业影响的控制，陈劲等（2011）指出，处于不同行业的企业在要素配置、创新类型和驱动力等方面的差异对创新绩效的提升影响较大，企业间竞争程度也截然不同，这些都会影响到企业间的依赖关系，最终可能导致不同的创新绩效。最后，产权性质的影响

不可忽视，池仁勇等（2004）在研究中指出，所有制的差异体现了企业在分配机制、管理模式和经营理念上的独特性，将影响企业的创新倾向、创新动力、创新决策效率以及创新资源获取能力。因此，考虑到集群内创新合作企业的实际情况与数据的可获得性，结合现有相关研究，本书选取了集群规模、集群成立年限、所属行业、产权性质作为控制变量。

7.2.3 聚合检验

本书定位为集群层面，针对每个集群，选取了一家核心企业和与之配套的 1～2 家中小企业进行调研，这种情况下需要对来自同一集群的 2～3 家企业的数据进行整合。整合之前需要检验集群内部企业回答的一致性，以便加总聚合形成集群层面的数据。常用的检验方法有两种：一是通过单因子方差进行分析判断，集群间的方差高于集群内部成员企业间的方差，则适合进行数据整合；二是通过测量组内一致性系数（rwg）进行分析判断，当 rwg 高于 0.7 时，认为一致性达到可接受的标准，能够进行数据整合。由表 7-4 可以看出，各 F 检验值在 0.05 显著水平以上的 rwg 值均在 0.7 以上，满足变量进行数据整合的要求。

表 7-4 **样本集群数据聚合检验**

变量	因子	One-way ANOVA（F值）	rwg
正向技术溢出	显性技术溢出	3.82**	0.83
	隐性技术溢出	3.24*	0.82
逆向技术溢出	显性技术溢出	3.19*	0.77
	隐性技术溢出	3.43*	0.75
核心企业依赖性	脆弱性	4.11**	0.79
	敏感性	4.29**	0.82
中小企业依赖性	脆弱性	4.03**	0.84
	敏感性	4.12**	0.84
集群创新绩效	经济绩效	4.38**	0.85
	科技绩效	6.23**	0.78
	社会绩效	3.32*	0.79

注：*表示 P<0.1，**表示 P<0.05。

7.3 数据分析与假设检验

7.3.1 描述性统计分析

本次问卷发放成功收回的问卷来自辽宁省124个科技特色产业集群、浙江省32个科技特色产业集群、天津市12个科技特色产业集群，有效问卷共419份。

样本集群的描述性统计如表7-5所示。从集群年龄来看，成立6年以上的集群比较多，占比为78%，说明群内企业已经形成了比较成熟和稳定的依赖关系。从集群规模看，包含50~100家企业的集群居多，占比为35.1%，其次是包含100家以上企业的集群，占比为27.4%。在所属行业方面，以制造业为主的产业集群居多，占比为26.8%，剩下五类行业的分布比较均衡。

表7-5　　　　样本集群的描述性统计（N=168）

属性	类别	样本数（个）	所占比重	有效问卷数
产业集群成立的年限	2年以内	14	8.3%	34
	2~5年	23	13.7%	57
	6~10年	100	59.5%	251
	10年以上	31	18.5%	77
产业集群包含的企业数量	10家以下	27	16.1%	69
	10~49家	36	21.4%	89
	50~100家	59	35.1%	147
	100家以上	46	27.4%	114
所属的行业	制造	45	26.8%	112
	电子信息	27	16.1%	67
	新能源、新材料	28	16.7%	70
	生物制药	23	13.7%	57
	软件开发	18	10.7%	45
	其他行业	27	16.1%	68

利用整合后的数据计算均值和标准差，并通过 Pearson 分析计算变量的相关系数，得到表 7-6。

表 7-6　　　　　　变量的描述性统计、相关系数（N=168）

变量	均值	标准差	1	2	3	4
1.正向技术溢出	3.78	0.55				
2.逆向技术溢出	3.45	0.53	0.241**			
3.核心企业依赖性	2.21	0.62	0.319**	0.223**		
4.中小企业依赖性	3.77	0.61	0.317**	0.269**	0.214**	
5.集群创新绩效	3.55	0.52	0.327***	0.305***	0.244**	0.108

注：①下三角为相关系数；

②*表示 $P<0.1$，**表示 $P<0.05$，***表示 $P<0.01$（双尾）。

在表 7-6 中，正向技术溢出和逆向技术溢出的均值都较高，表明所调查的产业集群存在双向技术溢出。核心企业依赖性的均值低于中小企业依赖性的均值，说明核心企业在与中小企业的合作中，处于非对称依赖中的优势地位。同时可以看出，正向技术溢出和逆向技术溢出与集群创新绩效之间存在显著的正相关关系，假设 1 和假设 2 得到初步支持。

7.3.2　信度和效度检验

首先，进行信度检验。本书采用 Cronbach's α 系数对所收集数据进行信度检验，采用 CITC 值对问卷题项进行改进。信度检验的结果显示，正向技术溢出量表、逆向技术溢出量表、核心企业依赖性量表、中小企业依赖性量表、集群创新绩效量表的 Cronbach's α 值分别为 0.837、0.816、0.794、0.753、0.897，均在 0.7 和 0.9 之间，说明各个量表具有良好的信度。从"删除该题项的 Cronbach's α 值"角度分析，小规模的题目删减不会对 Cronbach's α 值产生影响，这也验证了样本数据量表可靠性较强。

其次，进行效度检验。效度检验包括探索性因子分析和验证性因子分析两步：

第一步，通过Bartlett球形检验和KMO检验来验证是否可以进行因子分析，然后进一步通过因子载荷来衡量其效度。利用SPSS23.0对正向技术溢出量表、逆向技术溢出量表、组织间依赖量表、集群创新绩效量表进行探索性因子分析，检验问卷的结构效度。结果显示，对题项使用主成分分析法提取因子，以特征根大于1为提取原则进行因子分析，以最大变异转轴法来估计因子之负荷量，共形成5个变量的11个测量维度（提取因子）。所有变量的KMO大于0.7，其中中小企业依赖性的KMO最小，为0.793，集群创新绩效的KMO最大，为0.908。所有变量的Bartlett球形检验的相伴概率小于0.05，各个测量题项的最大因子负荷量均大于0.5，且交叉载荷均小于0.4，每个题项落到对应的因子中，因此证明本书的各个因子具有良好的结构效度，如表7-7所示。

表7-7　　　　　　各测量变量探索性因子分析结果

变量	提取因子	特征根值	方差解释量	累计方差解释量	KMO取样适切性量数	Bartlett 的球形检验		
						近似卡方	f	Sig.
正向技术溢出	显性技术溢出	3.267	39.675	39.675	0.874	1 260.640	1	0.000
	隐性技术溢出	2.546	31.371	73.046				
逆向技术溢出	显性技术溢出	2.654	37.909	37.909	0.835	1 146.937	1	0.000
	隐性技术溢出	2.202	28.677	69.372				
中小企业依赖性	敏感性	2.850	40.717	40.717	0.793	1 332.985	1	0.000
	脆弱性	2.226	31.800	72.517				
核心企业依赖性	敏感性	2.756	41.576	41.576	0.819	1 062.886	1	0.000
	脆弱性	2.313	31.989	74.564				
集群创新绩效	科技绩效	3.431	28.589	28.589	0.908	2 397.647	6	0.000
	经济绩效	2.885	24.045	52.633				
	社会绩效	1.914	15.954	68.588				

资料来源：作者根据相关资料整理。

第二步，对各变量执行验证性因子分析检验，选取CMIN/DF、RMSEA、GFI、AGFI等8个指标以检验模型拟合度，各变量验证性因子模型拟合度如表7-8所示。

表7-8 各测量变量验证性因子模型拟合度结果

变量名称	拟合指标	CMIN/DF	RMSEA	GFI	AGFI	NFI	IFI	TLI	CFI
	判断标准	<3	<0.08	>0.9	>0.9	>0.9	>0.9	>0.9	>0.9
正向技术溢出	模型结果	1.969	0.048	0.983	0.964	0.989	0.994	0.991	0.994
逆向技术溢出	模型结果	1.089	0.015	0.991	0.980	0.988	0.999	0.998	0.999
中小企业依赖性	模型结果	1.200	0.022	0.990	0.978	0.988	0.998	0.997	0.998
核心企业依赖性	模型结果	1.174	0.021	0.983	0.994	0.989	0.994	0.997	0.998
集群创新绩效	模型结果	1.177	0.021	0.978	0.966	0.975	0.996	0.995	0.996

资料来源：作者根据相关资料整理。

从表7-8中能够看出，CMIN/DF均小于3，RMSEA低于0.08，且剩余指标都在0.9以上，证明所有拟合指标都满足标准化研究要求，模型匹配度方面不存在任何问题。各测量变量的验证性因子分析结果如表7-9所示。

表7-9 各变量验证性因子分析结果

变量	指标	标准化负荷	S.E.	C.R.	P	标准化负荷	CR	AVE
正向技术溢出	显性技术溢出	1				0.799	0.716	0.559
	隐性技术溢出	1				0.693		
显性技术溢出	Q1	1				0.745	0.812	0.594
	Q2	1.027	0.045	14.593	**	0.856		
	Q3	0.904	0.041	13.975	**	0.703		
隐性技术溢出	Q4	1				0.770	0.833	0.557
	Q5	0.978	0.037	14.123	**	0.766		
	Q6	0.993	0.038	14.002	**	0.709		
	Q7	0.954	0.041	13.258	**	0.738		
逆向技术溢出	显性技术溢出	1				0.747	0.706	0.545
	隐性技术溢出	1				0.672		

续表

变量	指标	标准化负荷	S.E.	C.R.	P	标准化负荷	CR	AVE
显性技术溢出	Q8	1				0.724	0.790	0.556
	Q9	1.218	0.085	14.370	**	0.784		
	Q10	0.899	0.068	13.163	**	0.728		
隐性技术溢出	Q11	1				0.733	0.811	0.515
	Q12	0.972	0.066	14.705	**	0.729		
	Q13	0.915	0.067	13.674	**	0.703		
	Q14	0.968	0.068	14.224	**	0.708		
中小企业依赖性	脆弱性	1				0.797	0.711	0.553
	敏感性	1				0.686		
脆弱性	Q15	1				0.742	0.812	0.592
	Q16	1.187	0.081	14.238	**	0.856		
	Q17	0.878	0.071	13.781	**	0.702		
敏感性	Q18	1				0.770	0.832	0.554
	Q19	0.975	0.064	14.625	**	0.756		
	Q20	0.913	0.065	13.719	**	0.711		
	Q21	0.972	0.067	14.241	**	0.739		
核心企业依赖性	脆弱性	1				0.803	0.721	0.565
	敏感性	1				0.697		
脆弱性	Q22	1				0.751	0.818	0.605
	Q23	1.223	0.087	14.392	**	0.866		
	Q24	0.912	0.066	13.233	**	0.707		
敏感性	Q25	1				0.771	0.834	0.556
	Q26	0.971	0.065	14.698	**	0.764		
	Q27	0.909	0.068	13.655	**	0.712		
	Q28	0.971	0.069	14.231	**	0.735		

变量	指标	标准化负荷	S.E.	C.R.	P	标准化负荷	CR	AVE
集群创新绩效	经济绩效	1				0.722	0.803	0.578
	科技绩效	1.263	0.103	8.966	**	0.863		
	社会绩效	0.908	0.09	9.434	**	0.684		
经济绩效	Q29	1				0.710	0.857	0.600
	Q30	1.196	0.078	15.406	**	0.842		
	Q31	1.129	0.078	14.464	**	0.777		
	Q32	1.129	0.079	14.222	**	0.763		
科技绩效	Q33	1				0.722	0.879	0.548
	Q34	1.056	0.074	14.304	**	0.740		
	Q35	1.122	0.075	15.026	**	0.778		
	Q36	1.065	0.074	14.423	**	0.746		
	Q37	1.059	0.075	14.145	**	0.731		
	Q38	1.104	0.073	13.943	**	0.721		
社会绩效	Q39	1				0.839	0.800	0.667
	Q40	0.907	0.076	11.927	**	0.794		

资料来源：作者根据相关资料整理。

总体来看，调查问卷具有良好的信度与效度，并且可以通过因子分析将同一变量的各题项合并为一个因子进行后续分析。问卷项目全部来自已有文献，问卷具有相当的内容效度，符合构建效度的要求。

此外，由于数据来源、评分者和测量环境趋同，需要通过共同方法偏差检验排除提取因子存在的系统误差。本书先后采用 Harman's 单因子检验和不可测量潜在方法因子检验两种方法，其中 Harman's 单因子检验适合初步检验，结果显示最大的因子解释方差为 23.038%，没有任何一个因子解释的方差超过 40%，可以初步说明共同方法偏差问题在本书中并不严重。不可测量潜在方法因子检验更为灵敏，通过 AMOS22.0 检验可能会出现有共同方法偏差的因子模型，拟合指数如表 7-10 所示。

表7-10   **同源偏差检验和区别效度检验结果**

模型	χ^2	df	$\Delta\chi^2$	NNFI	CFI	RMSEA	AIC
五因子模型	663.226	542	—	0.907	0.920	0.057	839.226
四因子模型	1 133.233	546	470.007***	0.841	0.865	0.095	1 301.233
三因子模型	1 276.199	549	142.966***	0.821	0.848	0.184	1 438.199
双因子模型	1 429.343	551	153.144***	0.799	0.829	0.177	1 587.343
单因子模型	4 648.572	560	3 219.229***	0.348	0.518	0.253	4 788.572
适配标准	越小越好			>0.90	>0.90	<0.08	越小越好

表7-10表明，五因子模型的拟合指数均达到适配标准，而其他多因子模型的拟合指数均未达到基本拟合要求。此外，以Dc²与AIC指数比较五因子模型与其他多因子模型，测量模型的Dc²与AIC值（所得值越小越好）也都优于其他多因子模型。由此可见，无共同方法偏差因子的五因子模型明显优于有共同方法偏差的其他竞争模型的拟合指数，表明各变量间不存在严重的同源方差，上述变量具有良好的区别效度。

7.3.3 回归分析

本书采用层级式多元回归的方法检验研究假设，即在模型中逐步加入控制变量、自变量、自变量交互项进行数据分析。此外，考虑到加入交互项可能带来的多重共线性问题，本书分别对自变量与调节变量做了中心化处理，然后再计算其交互项并代入回归方程之中。层次回归结果如表7-11所示。

表7-11   **层次回归结果**

变量	因变量：集群创新绩效					
	M1	M2	M3	M4	M5	M6
性别	−0.045 (−1.017)	−0.042 (−1.015)	−0.029 (−0.716)	−0.042 (−1.013)	−0.034 (−0.813)	−0.047 (−1.023)

续表

变量	因变量：集群创新绩效					
	M1	M2	M3	M4	M5	M6
职位	−0.012 (−0.529)	−0.010 (−0.523)	−0.013 (−0.533)	−0.013 (−0.532)	−0.010 (−0.521)	−0.011 (−0.522)
工作年限	−0.063 (−1.139)	−0.040 (−1.126)	−0.048 (−1.131)	−0.043 (−1.128)	−0.031 (−1.112)	−0.029 (−1.109)
所属行业	−0.010 (−0.511)	−0.014 (−0.513)	−0.010 (−0.512)	−0.006 (−0.493)	−0.002 (−0.484)	−0.001 (−0.475)
产权性质	0.072 (1.313)	0.053 (1.112)	0.056 (1.116)	0.061 (1.121)	0.063 (1.125)	0.061 (1.122)
集群规模	0.158** (4.254)	0.136* (4.121)	0.139* (4.132)	0.129* (4.076)	0.101* (3.986)	0.103* (4.021)
集群成立年限	0.106* (3.636)	0.077 (3.221)	0.071 (3.193)	0.080 (3.214)	0.049 (2.105)	0.055 (2.843)
正向技术溢出		0.309*** (7.719)	0.305*** (7.879)	0.312*** (7.933)	0.291*** (7.675)	0.297*** (8.127)
逆向技术溢出		0.240*** (4.936)	0.245*** (5.009)	0.268*** (5.145)	0.249*** (5.121)	0.275*** (5.912)
联合依赖			0.185*** (5.091)	0.201*** (5.216)	0.184*** (5.088)	0.203*** (5.917)
非对称依赖			−0.151*** (−4.254)	−0.155*** (−4.312)	−0.164*** (−4.495)	−0.172*** (−5.146)
联合依赖× 正向技术溢出				0.127** (3.375)		0.144*** (4.068)
联合依赖× 逆向技术溢出				0.087** (2.979)		0.107*** (3.636)
非对称依赖×正向技术 溢出					−0.128** (−4.073)	−0.147** (−4.139)

变量	因变量：集群创新绩效					
	M1	M2	M3	M4	M5	M6
非对称依赖×逆向技术溢出					-0.066** (-1.826)	-0.123*** (-2.950)
R方	0.033	0.203	0.271	0.312	0.307	0.362
调整R方	0.017	0.186	0.252	0.290	0.285	0.338
F	0.902**	11.603***	19.081***	14.151***	13.823***	14.306***

注：1.*表示$P<0.1$，**表示$P<0.05$，***表示$P<0.01$（双尾）；

2.括号里是估计的t值。

表7-11列示的是测量变量的层次回归结果。M1是控制变量对集群创新绩效的回归模型，实证结果表明，集群规模和集群成立年限与集群创新绩效正相关（$\beta=0.158$，$P<0.05$；$\beta=0.106$，$P<0.1$），这是因为规模更大的产业集群，往往拥有更丰富的资源，能获得更多的收益，同时吸引其他企业进驻，为集群带来资金、技术、人才，促进集群的良性发展；而集群存在越久，积累的资源越多，群内企业的合作关系也越稳定，长期的稳定合作能增加群内企业间的信任和承诺，强化网络联结进而促进产业集群绩效的提升。

M2是控制变量、自变量对集群创新绩效的回归模型，从实证结果可以看出，正向技术溢出和逆向技术溢出对集群创新绩效有显著的正向影响（$\beta=0.309$，$P<0.01$；$\beta=0.240$，$P<0.01$），表明集群中的正向技术溢出和逆向技术溢出越多，集群创新绩效越高，假设1和假设2成立。

M3进一步增加了调节变量进行回归，实证结果表明，联合依赖对集群创新绩效的回归系数为0.185，并通过了1%的显著性检验，说明企业间关系的联合依赖水平越高，越容易形成稳定互惠的合作关系，共担创新的成本和风险，共享互补的创新资源。非对称依赖对集群创新绩效的回归系数为-0.151，并通过1%的显著性检验，说明企业间关系的非对称依赖水平越高，权力差距越大，企业间的合作关系越不稳定，难以促进创新绩效的提升。M3的拟合优度系数0.252大于M2的拟合优度系数0.186，说明调节变量对因变量具有一定的解释作用，可以认为联合依赖促进了集群创新绩效的提升，而非对称依赖不利于集群创新绩效的提升。

M6在M3的基础上加入了调节变量与自变量的乘积项，以检验调节效应。实证结果显示，正向技术溢出与联合依赖的交互项、逆向技术溢出与联合依赖的交互项均与集群创新绩效有显著的正向作用关系，其中正向技术溢出与联合依赖的交互项通过了1%的显著性检验（β=0.144），逆向技术溢出与联合依赖的交互项通过了1%的显著性检验（β=0.107），表明联合依赖在正向和逆向技术溢出中起到显著的正向调节作用，假设3-1、假设3-2得到验证。正向技术溢出与联合依赖的交互项、逆向技术溢出与非对称依赖的交互项均与集群创新绩效有显著的负向作用关系，其中正向技术溢出与联合依赖的交互项通过了5%的显著性检验（β=-0.147），逆向技术溢出与联合依赖的交互项通过了1%的显著性检验（β=-0.123），表明非对称依赖在正向和逆向技术溢出中起到显著的负向调节作用，假设4-1、假设4-2得到验证。

综合上述实证检验结果，本书关于双向技术溢出与集群创新绩效正相关的假设得到支持，联合依赖和非对称依赖对主效应的调节作用也得到支持。根据万幼清等（2014）的研究，企业经济活动嵌于组织间关系中。联合依赖水平高说明企业间资源的互补性强，通过互补性资源的依赖关系，不同企业间的利益更加紧密地结合到一起，降低了合作风险和机会主义防范成本，有利于企业间技术知识的流动与合作创新的开展。而非对称依赖水平高说明企业间的权力差异大，使得利益分配不均，增加了合作中的冲突水平，也降低了关系的稳定性，不利于协作关系的维持和企业间的技术知识共享。图7-2至图7-5更为直观地表示了双向技术溢出、联合依赖、非对称依赖和集群创新绩效之间的关系。

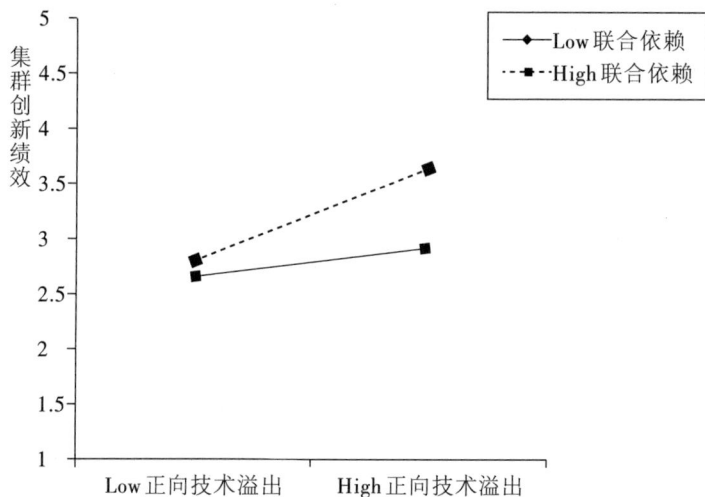

图7-2 联合依赖对"正向技术溢出-集群创新绩效"关系调节作用示意图

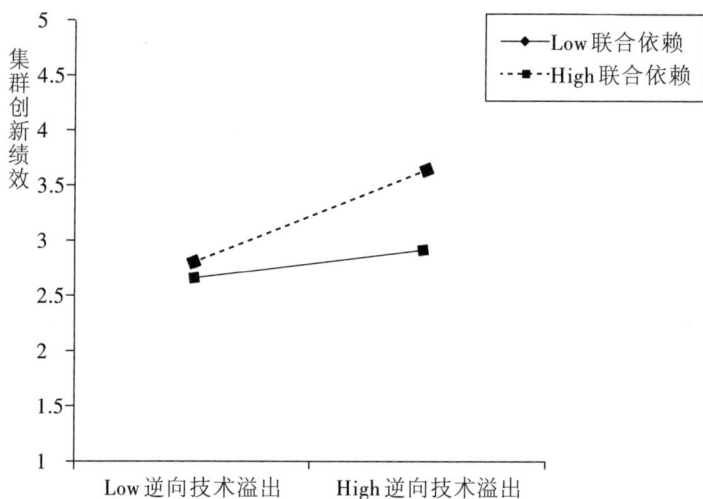

图7-3 联合依赖对"逆向技术溢出-集群创新绩效"关系调节作用示意图

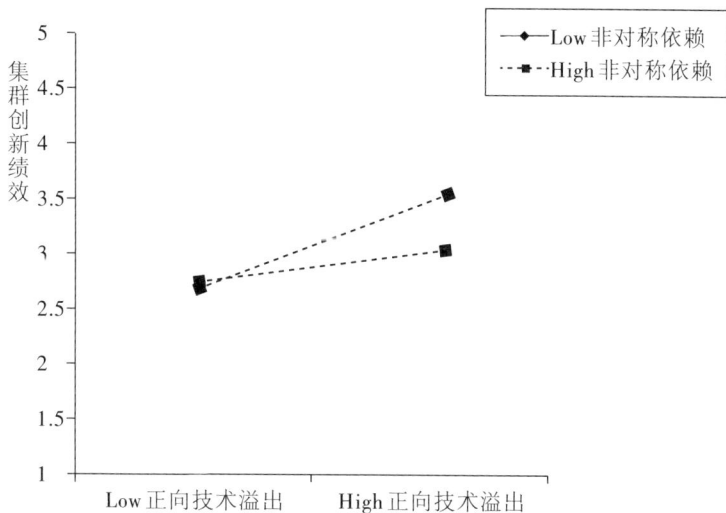

图 7-4　非对称依赖对"正向技术溢出－集群创新绩效"关系调节作用示意图

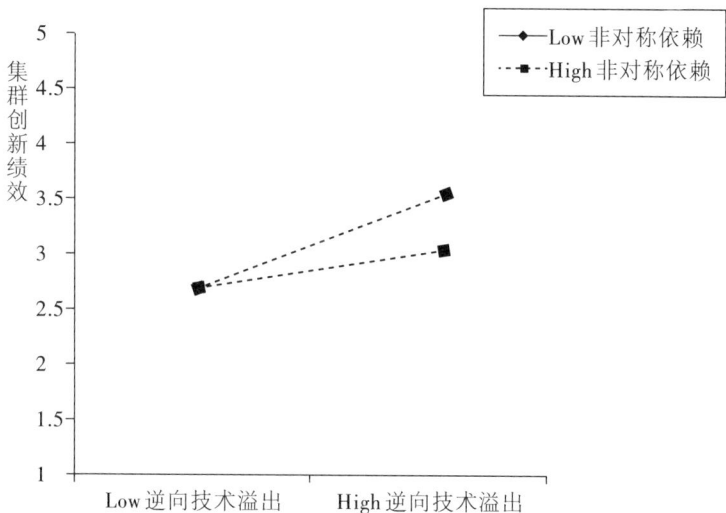

图 7-5　非对称依赖对"逆向技术溢出－集群创新绩效"关系调节作用示意图

7.4　本章小结

7.4.1　基本结论与贡献

本书探究了"有核"集群的双向技术溢出、组织间依赖与集群创新绩效的关系，并采用集群数据对相应研究假设进行验证。实证结果表明，"有核"集群存在双向的技术溢出效应，除了核心企业的正向技术溢出外，中小企业的逆向技术溢出也能显著提高集群创新绩效。联合依赖对正向、逆向技术溢出与集群创新绩效间的关系起正向调节作用，当核心企业与中小企业间的联合依赖水平较高时，正向、逆向技术溢出对集群创新绩效的积极作用更加强烈。非对称依赖对正向、逆向技术溢出与集群创新绩效间的关系起负向调节作用，会削弱正向、逆向技术溢出对集群创新绩效的影响。

（1）双向技术溢出对集群创新绩效的影响

"有核"集群中存在着双向的技术溢出，虽然逆向技术溢出（β=0.240，$P<0.01$）对集群创新绩效的影响程度不及正向技术溢出（β=0.309，$P<0.01$），但中小企业同样可以对产业集群的知识基础做出贡献。这一研究结论挑战了原有技术溢出理论的假设前提，即技术创新信息总是从领先企业流向跟随企业，并限定了其应用范围。首先，技术溢出并不总是单向的，核心企业具有主动识别和吸收来自合作伙伴且对自身有益的技术知识的能力。在具有合作关系的集群企业间，各个成员产生的技术溢出构成合作企业间的共享技术基础，成员利用共享技术基础产生的收益属于合作企业内部的共同收益，这就将技术溢出效应的外部性在一定程度上转化为集群合作企业间的内部性，避免了传统技术溢出因缺乏合理的知识保护机制而产生的外部不经济、知识产权风险等问题。其次，正向技术溢出和逆向技术溢出明显体现出相互促进的协同效应，传统的单向技术溢出更适合用来解释不存在合作关系的企业间技术溢出现象，而双向的技术溢出则更符合产业集群内具有普遍合作关系的企业间的技术溢出。而合作企业间的双向技术溢出，能把企业间技术溢出的外部性转化为合作的内部性，合作企业共享技术溢出的收益，对技术共享与技术合作达成共识，扩大了集群层面的知识容量，为集群创新绩效的提升创造条件。

（2）组织间依赖的调节作用

集群内部企业间的依赖关系会影响技术溢出转化为集群创新动力的可能性和大小。联合依赖会强化正向技术溢出（β=0.144，$P<0.01$）和

逆向技术溢出（β=0.107，P<0.01）对集群创新的正向作用，而非对称依赖会削弱正向技术溢出（β=-0.147，P<0.05）和逆向技术溢出（β=-0.123，P<0.01）对集群创新的作用。已有研究拘泥于讨论关系属性，如关系质量、关系强度对集群创新绩效的影响，与以往研究不同的是，这一发现表明形成不同关系属性的权力依赖结构，仍会对技术溢山向创新的转化效果产生重要作用。本书将联合依赖和非对称依赖引入技术溢出与集群创新绩效的作用关系并验证了其显著作用，弥补了先前研究过分关注社会网络和企业自身能力对集群创新活动影响效果的局限性。

联合依赖会带来关系导向的加深和联合行动的产生，引发关系内聚力水平的提升。在高联合依赖水平的关系中，核心企业和中小企业会提高自己开放的广度与深度，更加畅通地交流、分享技术经验，同时关注于互惠共赢合作关系的长期维持，相对降低对合作过程中关系风险和机会主义的防范，从而提高集群整体的合作创新绩效。集群企业地理邻近性优势虽然提高了接触与合作的可能性，但无法保障合作关系质量，尤其是"小企业群生型"的产业集群，往往因为没有实质性的合作和高水平的联合依赖，而缺乏对合作关系的长远考虑，创新成果容易在短时间内被其他企业抄袭和模仿，严重影响企业的创新动机和方式，由此导致的低端产品恶性竞争，也为集群的发展埋下隐患。

非对称依赖体现了关系主体间的权力不对称，也从侧面反映出中小企业与核心企业的技术实力差距。在高水平的非对称依赖关系中，具有权力优势的一方往往拥有更强的技术实力，而处于劣势的一方技术基础普遍比较薄弱，对优势方溢出的技术可能无法消化吸收。如前文所提到的吉林长春汽车产业集群，虽有实力雄厚的央企作为核心企业，但周边中小企业与核心企业实力悬殊，难以吸收长春一汽溢出的先进技术，而采取技术含量很低的模仿手段跟随核心企业，集群内同质化产品盛行，缺乏创新的积极性。同时，具有依赖优势的一方倾向于剥削、掠夺劣势方的利益以达到提高自身绩效的目的，较高的不对称依赖会使核心企业与中小企业的合作关系遭到破坏。通过实地调研发现，在一些不对称依赖水平较高的集群中，虽然中小企业与核心企业建立了协作关系向其供应零部件，但协作过程中中小企业很难学到核心企业的技术诀窍和相关知识，反而由于地位悬殊丧失话语权而受到核心企业的压榨。显然，这种高非对称的依赖关系，不仅抑制了技术溢出对中小企业创新活动的作用，还可能意味着关系套牢和效率损失，不利于集群创新氛围的营造和竞争力的维持。

本书的理论价值体现在以下两点：

第一，"有核"集群往往存在不同程度的双向技术溢出，耦合不同依赖关系的双向技术溢出对集群创新绩效会产生不同的影响。现有研究大多注重核心企业技术溢出的正效应或负效应，这类研究一方面产生了相悖的结论，另一方面忽视了中小企业在溢出过程中可能发挥的作用。基于集群多维邻近性理论和开放式创新理论，研究发现双向技术溢出更适合用来解释存在合作关系的企业间技术溢出现象，集群核心企业与中小企业一旦形成创新利益共同体，这种双向技术溢出将极大地促进集群创新绩效。这一发现拓展了集群企业技术溢出效应的研究视角，也丰富了技术溢出与创新绩效关系在理论层面的研究成果。

第二，企业间关系是技术溢出的基础，引入组织间依赖变量从更深层次阐述了组织间关系影响集群创新绩效的作用机制。现有研究基于社会网络理论更多地关注了集群层面的网络结构或网络整体的运行过程，而对集群这个复杂"集体"内部的其他关系揭示不足，尤其是关联企业间存在的不同状态的依赖关系对创新效果的影响。产业集群中企业间关系的实质是权力依赖，从权力依赖角度对组织间关系进行的划分，突破了基于关系质量和关系结构分析框架的讨论，不仅揭示了影响集群创新绩效的关键要素，而且从资源依赖视角对技术溢出与创新关系的研究做出了补充。

在实践价值方面，本书从组织间依赖关系的视角出发，研究产业集群的双向技术溢出效应与集群创新绩效的关系，有助于集群企业结合自身的关系网络布局寻找利用双向技术溢出效应提高创新绩效的关系管理机制，以及根据集群内部权力依赖的关系格局找到利用技术溢出提升创新绩效的新路径和新方法。诸如谷歌为获得逆向技术溢出而设立的"扶持创新"计划等，技术溢出的负面效应并没有显现出来，溢出方和接受方反而通过溢出效应更具有创新活力。这对促进我国产业集群转型与提升创新水平有着现实借鉴意义。

7.4.2　研究启示

技术溢出推动了产业集群创新升级，集群内部企业间不同的权力依赖关系对技术溢出向创新动力的转化产生不同影响。核心企业在产业转型升级和创新驱动发展中的引领带动作用要充分发挥出来，要充分认识到具有一定创新精神的非核心企业在核心企业自身发展和集群整体创新绩效提升中的重要性。有了非核心企业与核心企业在创新体系中的良好沟通和互动，构建拥有良好企业间合作关系的产业集群网络，是提高集群整体绩效的重要途径。

本书的分析和发现对于集群内企业关系管理实践和区域经济政策有以下三点启示。

第一，加强核心企业与中小企业间的交流与合作，形成畅通的技术溢出渠道，创造积极的创新环境。具体而言，对于技术密集型产业集群内的企业，应该积极利用集群内部的创新网络环境，加强企业间的知识交流与共享，有意识地培育合作观念强、技术共享气氛浓厚的良好集群文化。对于地方政府，应该构建集群内显性技术和隐性技术互动的知识平台，引导和协调群内企业，将技术溢出转化为知识生产合作，实现知识生产收益的内部化。同时应加大政府科技投入的力度，通过财政补贴、融资优惠等政策引导各创新主体加大研发投入力度，提高研发活动的效益。

第二，发挥核心企业在产业集群中的示范带头作用，激发核心企业的技术溢出效应。具体而言，对于科技产业集群内的核心企业，应加大技术研发投入，在实现自身发展目标的同时带动其他企业共同发展，但同时也应该注意保持适度的权力集中，避免过多采取强制命令的方式迫使中小企业服从自己的要求，过分剥夺中小企业的利益，以构建长远稳定的集群网络关系为目标，建立同中小企业的战略合作伙伴关系。对于地方政府，应依托核心企业建立产业共性技术平台，不断促进技术外溢与转移，鼓励参与或主导产业技术标准的制定，既提升产业技术水平，又增强协同创新能力。

　　第三，对集群内的中小企业而言，应结合依赖关系格局，选择与自身技术基础和吸收能力相匹配的创新方式。具体而言，当非对称依赖水平较高时，技术溢出对中小企业的推动作用并不是非常显著的，此时基于非正式交流的模仿创新更适合中小企业，但这种模仿会导致同质化产品的恶性竞争，不利于集群的可持续发展，这就要求中小企业在实现一定的技术积累，缩小与核心企业的权力依赖差距后，主动寻求与核心企业的合作，通过与核心企业建立战略联盟关系，将技术溢出的外部性内化，结合自主研发与技术溢出两种策略，实现自身与集群的良性发展。

8 集群核心企业平台的协同创新：
定性比较分析

为了提高创新能力和市场反应能力，越来越多的企业试图建立或加入一个与供应商、外包商、分销商、中介机构、客户、研究机构、大学和政府紧密合作的创新生态系统（Iansiti & Levien，2004；Adner，2006；Adner & Kapoor，2010，2015；Yu，et al，2017）。现有文献对创新生态系统的研究集中在核心企业与上下游企业这种具有双边关系特点的协同创新活动中。例如 Adner 和 Kapoor（2010）认为核心企业创新绩效的外部挑战不仅由企业的规模大小决定，同时还由企业在创新生态系统中所处的位置决定，上游部件供应商面临更多的创新挑战（主要指上游企业创新遭受的困难）会增强核心企业的技术能力，而下游互补品提供商面临更多的创新挑战（主要指下游企业创新遇到的困境）反而会侵蚀核心企业的技术创新能力。Song（2016）认为核心企业与其上游合作伙伴的互动强度对协同创新绩效的影响比核心企业和下游合作伙伴的互动强度更为有利。然而，另有部分学者认为这种从双边关系角度的分析不能完美解释创新生态系统企业与合作伙伴协同创新机制，因为可能存在上下游企业不响应核心企业生态呼叫（Join the Ecosystem Call of the Focal Firm）的问题（Ritala, et al, 2013; Radziwon, et al, 2016）。这类研究往往将平台与创新生态系统搭建起联系，认为创新生态系统建立在平台基础之上（Iansiti & Levien, 2004; Gawer & Cusumano, 2008; Li, 2009），平台企业作为整个系统创新的创造者、推动者和领导者，在系统创新中发挥着不可替代的主导作用（Rober & Perrons, 2009; Scholten, 2012; Nambisan, et al, 2013; West & Wood, 2013）。平台企业凭借平台优势激发网络效应，引导不同创新主体之间进行优势资源互补，打破创新资源的限制，加速创新资源流动与分享，从而响应生态呼叫，提高创新效率，为用户创造优质的消费体验（郑少芳、唐方成，2018）。因此，支撑创新生态系统的平台企业需要全面思考价值创造模式，为系统设计出一个多方的联合行动计划，让系统中的每个参与者获得价值增值。这意味着创新生态系统平台企业需要吸引多边群体，让诸多利益相关群体彼此之间交流与分享，共同创造价值的增长（侯雨伽，2015）。

对多边关系的权衡，使平台企业与互补企业在创新生态系统中的协同创新活动更为复杂，影响平台企业的组织知识流、组织目标、知识属性、机会主义行为等因素可能导致冲突（Peng & Wu, 2016）。因此，基于平台企业的创新生态系统中的协同创新活动需要较为全面地考察众多影响因素以判断发挥重要作用的关键要素。现有研究中，学者已经探索了一系列重要的少量影响因素，如选择性知识披露（Oliver, 2013; 陈搏，2013; 郑少芳、唐方成，2018）、专利交叉许可（陈伟，2017; 郑少芳、唐方成，2018）、信任机制（Perrons, 2009; 吴绍波，2013）、声誉机制（Ceccagnoli, et al, 2012; 史宝娟、郑祖婷，2017）、激励机制（Agnieszka, et al, 2016; 芮明杰，2016; 史宝娟、郑祖婷，2017）、自主创新成本（Zhang, 2016; 王发明、彭长虹，2017）、知识互补性（Zhang, et al, 2014; 黄海霞、陈劲，2016; 李其玮等，2018）。以上研究都探究了平台企业与互补企业协同创新的影响因素，但是没有探究这些要素在不同的情境下如何搭配动态组合来实现协同创新。

为了考察多因素组合对基于平台企业的创新生态系统协同创新活动

的影响，本书利用一项模糊集的定性比较分析（fs QCA）综合考虑现有学者研究发现的一系列影响因素，从变量之间是替代关系还是相辅相成的互补关系等多种组合角度研究各个影响因素组合对协同创新（结果变量）的影响，即检验哪些因素组合会更有利于平台企业与互补企业协同创新，哪些因素组合对实现协同创新没有明显影响，哪些因素组合是实现协同创新的必要或充分条件，最终理清基于平台企业的创新生态系统协同创新机制。基于模糊集定性比较分析法变量选取主要来源于现有研究，并且现有研究中学者多从平台企业如何通过资源分享诱导合作企业协同创新，以及从治理角度维持协同创新来研究，所以本书在企业合作时间长短的基础上从这两方面挑选影响因素，资源分享包括选择性知识披露、专利授权；治理角度包括声誉机制、信任机制、激励机制。

8.1 概念界定与研究基础

8.1.1 创新生态系统

创新生态系统越来越受欢迎，但在学术界、政策和商业领域都经常含糊不清地使用概念。1993 年 Moore 首次提出了"商业生态系统"并对其进行了概念界定，但是从商业生态系统发展到创新生态系统经历了 10 年的时间，美国 2004 年的一份报告中才首次明确介绍了"创新生态系统"（Innovation Ecosystem）并对其内涵进行了描述。报告中显示，创新生态系统是顺应世界创新格局、创新主体以及国际创新环境的改变而出现的，世界各国之间、各创新主体之间合作竞争的局面发生改变，出现一种新的模式，所以，"企业、政府、教育家和工人之间需要构建一种新型的关系，形成一个 21 世纪的创新生态系统"。

自创新生态系统概念被提出，内涵得到明确后，其理念、内涵受到来自全世界的认同与响应。在当今竞争尤为激烈的世界格局下，很多国家和地区意识到建立创新生态系统的必要性和紧迫性，无论是从国家层面、区域产业层面还是微观的企业层面来说，创新生态系统的建立和维持都有利于创新创业，实现经济飞速发展。创新生态系统的重要性毋庸置疑，但是如何界定其定义以便构建持续稳定的创新生态系统成为一个跨不过的难题。对此，可以根据国内外现有研究视角来探讨分析。

创新生态系统最早诞生于国外，所以国外学者对创新生态系统的界定很好地展示了其发展的过程。Adner（2006）在 Moore（1996）的商业生态系统的基础上进一步发展其内涵，并将之视为创新生态系统，在这个创新生态系统中所有企业需要将创新成果整合为一体，成为一种面向客户的协同解决方案；Luoma-aho 等（2011）认为创新生态系统是一个临时性或持续性的系统，在系统中成员作为创新主体互动交流信息与资源，共同促进创新的发展；而 Russel（2011）等人则认为，创新生态系统由各个子系统组成，包括跨组织、政治、经济、环境和技术等，这些子系统互相交流分享，有益于创新发展以保持整个生态系统的价值创造。随着研究的进一步发展，Ricardo 等（2015）认为创新生态系统可以被定义为一个由生态学家形成的环境和经济发展的扩散模型，其目标是创建、存储和转移定义新技术，实现技术开发、知识技能和文化的创新，参与创新生态系统的成员（如工业行业、学术界和政府）通过社会互动和文化结合在一起。Ozgur 等（2015）则认为可以将创新生态系统视为企业间网络，它们共同产生一个整体的综合产品系统，为企业和最终用户创造价值。此外，还有学者认为创新生态系统的概念来自于自然生态系统的思想，在系统内不同的物种相互适应生存环境并在发展过程中共存、共同演变。在创新活动中，协同创新机制是多方面行为者的有效和最佳选择。

创新生态系统传到国内后，学者纷纷提出了自己的看法。张运生（2008）、张利飞（2009）认为，在全世界范围内，高科技企业在专利技术许可、标准化研发及技术标准的基础上形成的类似于生物界生态系统共同生存、共同演化的标准化技术创新体系即为创新生态系统。曾国平（2013）等认为创新生态系统需要结合我国经济、政治等环境来探究其内涵。首先，创新生态系统由系统成员自发组织形成，符合自组织的特点；其次，创新生态系统各个创新成员之间相互依存、相互合作，系统内资源信息流动频繁。朱从双、张晓慧（2016）认为创新生态系统跟平台联系密切，甚至系统内的创新主体基于平台进行资源流动、知识创新，从而推动整个系统的创新。此外，国内还有学者从区域集群视角来探究生态系统，认为它由创新主体及创新主体所处的政治经济文化环境组成，具体来说由企业、科研机构、大学、政府、中间商等要素构成相互协调、相互配套的系统。

除了从国内外学者对创新生态系统内涵及发展的视角来研究，还可以从创新生态系统研究层次来看。前文中提到的关于生态系统的界定多是集中于微观层面，另有部分学者将创新生态系统扩散到区域产业等中观层面，以及国家等宏观层面。学者纷纷从区域产业角度来探究创新生态系统的概念内涵及构建，例如在区域创新体系中提出了三螺旋模式，将区域视为创新点，强调不同类型组织在区域创新过程中的重要性，包括教育与研究，知识转移与融合，资金和信息的支持。其中国家机构在推动和限制工业和学术行为方面发挥关键作用，而行业参与者是创新过程中的主流力量，最后知识机构（大学、研究机构）与其他系统成员合作，甚至带头进行创新。在三螺旋模式的基础上学者又进一步提出四螺旋模式，这种模式的生态系统由利益相关者以目标共同体组成，包括与核心业务直接相关的组织，以及政府、协会和中介机构等间接相关的组织，这种模式包含了互补性资产的生产和使用方面，以及外部媒体和基于文化的公共话语。总而言之，无论哪种模式，学者的眼光不再局限于从企业的个体行为来分析构建创新生态系统。

通过对国内外创新生态系统研究发展视角及创新生态系统不同研究层次的梳理，本书发现现有研究对创新生态系统的概念界定各有不同，但其根本的内涵没有发生质的改变。虽然概念内涵相似，但是学者对于创新生态系统概念有各自不同的见解，导致现今没有产生一种普遍得到大家认可的定义，根据创新生态系统发展历程及自然生态系统的特点，本书将创新生态系统定义为：一个与供应商、外包商、分销商、中介机构、客户、研究机构、大学和政府紧密合作的（Iansiti & Levien，2004；Adner，2006；Adner & Kapoor，2010）系统。在整个系统中，各个创新主体共生共存，协同演化，通过资源信息交流互补，共同实现价值创造。

8.1.2 创新生态系统的协同创新机制

创新生态系统成功创新取决于企业与合作伙伴之间的密切合作。因此，探究企业与合作伙伴协同创新模式成为学者研究的热点。现有国内外相关研究大致分为两个研究方向：一部分学者对创新生态系统的研究集中在核心企业与上下游企业这种具有双边关系特点的协同创新活动中；另一部分学者将平台与创新生态系统建立起联系，探究平台企业如何全面思考价值创造模式，为系统设计出一个多方联合的行动计划，来实现协同创新活动。

首先，关于创新生态系统核心企业与上下游企业这种具有双边关系特点的协同创新研究。学者认为核心企业与上下游合作商、中介机构甚至同行业竞争对手及提供相关配套产品服务的成员建立起互相依存、合作共赢的关系，可以将之视为创新生态系统（Adner & Kapoor，2010；吴少波，2014）。在这个系统模式内，研究者关注核心企业与上下游合作企业如何进行协同创新。Adner 和 Kapoor（2010）认为核心企业创新绩效的外部挑战不仅由企业的规模大小决定，同时还由企业在创新生态系统中所处的位置决定，上游部件供应商面临更多的创新挑战会增强核心企业的技术能力，而下游互补品提供商面临更多的创新挑战反而会侵蚀核心企业的技术创新能力。Andrea 和 Francisco（2012）研究认为在创新生态系统中核心企业与上下游配套企业的合作存在黑暗面，如果不能将创新成果商业化，核心企业与上下游企业合作共赢的目标将会夭折。Gawer 和 Cusumano（2014）发现，当上下游企业发展迅速、实力强劲时，会侵蚀原有创新生态系统核心企业的主导优势，甚至出现取而代之的局面。王伟光等（2015）进一步提出核心企业凭借其在创新生态系统中的网络位置，通过掌握的技术及资源对上下游合作企业形成掌控。但是在系统创新网络中，创新活动是一个动态的演化过程，因此企业间的合作关系以及企业在整个系统中所处的位置也会不断发生变化，当企业实现技术积累、知识创新后很可能挑战核心企业的地位，尝试突破系统合作范围限制以摆脱其控制。Song（2016）认为核心企业与其上游合作伙伴的互动强度对协同创新绩效的影响比核心企业和下游合作伙伴的互动强度的影响更为有利，因此核心企业在与上下游企业合作时需要采取不同战略。

其次，关于将平台与生态系统建立联系来探究创新生态系统协同创新研究。这些学者认为创新生态系统建立在平台基础之上（Iansiti & Levien，2004；Gawer & Cusumano，2008；Li，2009），平台创新生态系统是由开放创新平台接口的核心创新企业建立的一种相互依赖的伙伴关系，其他具有产品技术的参与者也提供了核心企业的所需资源，如作为公司、大学、研究机构、上游供应商、下游分销商、用户甚至竞争对手，每个创新组织都形成了与平台创新中的生态系统类似的集团关系，它们共存，互为寄生，共同为消费者创造价值。其中平台企业作为系统创新的建设者、推动者和领导者，在系统创新中发挥着不可替代和主导的作用（Rober & Perrons，2009；Scholten，2012；Nambisan，et al，2013；West & Wood，2013）。

现有研究中对平台创新生态系统关注较多。Baldwin（2000）等学者研究了平台生态系统中的结构设计，包括平台结构的构造、工程设计标准以及实现模块化创新的方法。Suarez 和 Battles（2004）探究了平台创新生态系统平台技术改进以及其优势的革新，Murmann 和 Frenken（2006）在此基础上进一步完善了研究。Gawer 和 Cusumano（2008）认为，平台领导者可以通过挑选平台生产辅助产品和服务的公司作为创新成员构成创新生态系统，以实现其价值创造。Perrons（2009）研究了平台企业如何确保其在生态系统中的领导地位，研究表明，通过对信任机制和控制机制的权衡可以实现。Nambisan 和 Baron（2012）研究了平台企业在创新生态系统中需要具备的能力，包括对合作伙伴的选择以及对平台合作规则的设计和维护。Ceccagnoli 等（2012）认为创新生态系统外的企业，为了在资本市场上学习知识和技能，获得快速进入市场的机会，以及相应的声誉和品牌优势，会尝试加入系统，这解释了企业加入系统的动机。Scholten 和 Scholten（2012）研究了平台创新生态系统的控制机制。张运飞（2009）解析了高新技术企业创新生态系统的运行机制。张运生（2010）和 Wang（2012）研究了高新技术企业创新生态系统的风险形成机制。Zhang（2016）认为自主创新成本影响创新生态系统企业间协同创新的意愿。史宝娟、郑祖婷（2017）通过博弈论的方法探究长期合作、直接利益、共同利益、商业信誉是否能够影响创新生态系统内组织的协同创新问题。王发明等（2017）认为作为创新生态系统中的非核心企业可以通过提高自身声誉、优化分配机制来实现与核心企业的合作创新。以上研究探究了平台企业与合作企业协同创新的影响因素，但是对于各个影响因素所发挥作用的效果不好判别，也没有说明这些要素如何搭配组合来实现协同创新。

8.2 协同创新影响因素的模型构建

8.2.1 协同创新影响因素

研究基于平台企业的创新生态系统中协同创新活动需要较为全面地考察众多影响因素以判断发挥重要作用的关键要素。因此，本书在充分借鉴相关研究的基础上，挑选出主要影响因素来进行研究，具体步骤为：首先，基于现有文献研究挑选出影响协同创新的主要影响因素；其次，通过相关案例研究验证这些主要影响因素在创新生态系统实际协同创新过程中是否存在，以及是否有遗漏。

首先，目前学界对创新生态系统协同创新研究主要集中在两个方面。第一个方面：Oliver（2013）、张利飞（2013）等认为平台企业可以基于自身所拥有的资源，通过资源分享的手段吸引合作伙伴加入创新生态系统，以此维持创新生态系统的健康运行，实现协同创新，其中资源分享机制主要为选择性知识披露和专利许可授权。第二个方面：吴绍波（2014）、张运生等（2007，2010）认为在创新生态系统协同创新中存在机会主义风险，当出现搭便车和敲竹杠的行为时会严重损害协同创新参与者的利益，会导致创新成员没有动力响应平台企业生态呼叫进而退出现有创新生态系统甚至转而进入属于竞争对手的另一合作组织，给原创新生态系统带来巨大损失。因此，为了维持创新生态系统协同创新的稳定，需要采取有效的治理手段。吴绍波（2014）认为声誉机制能在一定程度上约束合作伙伴行为，有利于创新生态系统协同创新共赢局面的出现；Faber（2001）认为信任机制能减少创新生态系统协同创新中的机会主义和冲突，增加创新成功的机会；史宝娟（2016）等认为即使存在一定的机会主义风险，当创新生态系统内创新主体在受到直接利益或间接利益激励时，更愿意进行协同创新，而这些利益刺激持续发挥效果时，协同创新也会相应地继续下去。同时，史宝娟、郑祖婷（2017）认为平台企业与合作伙伴合作时间会影响创新生态系统协同创新的稳定性，长期合作能发挥间接效用，促进创新组织间开展持续的协同创新。所以平台企业与合作伙伴合作时间可以视为影响协同创新的权变因素。当平台企业与合作伙伴存在长期合作关系时，协同创新活动会更加的持久，生态系统也会更加稳定，当平台企业与合作伙伴存在短期合作关系时，平台企业需要调动合作伙伴的积极性。根据张大鹏、孙新波（2018）的研究，平台创新生态系统内企业处在稳定的合作关系中，合作时间需要保证在 2 年及以上。所以本书合作时间长期和短期的划分以 2 年为界限，2 年以内为短期合作。

其次，在中国知网和 Web of Science 上搜索创新生态系统，挑选出案例进行研究，通过案例研究验证上文选取的协同创新主要影响因素是否存在以及是否有遗漏。本书主要选取了丰田、比亚迪、海尔这三个案例进行研究，三个案例在协同创新过程中都主要面临着如何有效进行知识分享与信息披露以及合作伙伴积极性调动的问题。这些问题反映出协同创新影响因素主要为资源分享以及治理两个方面。

基于上述分析，本书拟从平台企业如何通过资源分享诱导合作企业协同创新和通过治理维持协同创新的角度来研究，加入权变因素（平台企业与合作企业合作时间）来探讨基于平台企业的创新生态系统协同创新机制，其中资源分享角度影响因素包括选择性知识披露、专利授权；治理角度影响因素包括声誉机制、信任机制、激励机制。

接下来详细解释资源分享角度和治理角度的影响因素。

8.2.2 资源分享角度影响因素

（1）选择性知识披露

选择性知识披露被定义为自愿的、有目的的、不可撤销的、明确选择的资源（通常是基于知识的资源）的披露（Oliver，2013）。在创新生态系统中，平台企业所掌握的核心技术通常需要其他载体来帮助其实现功能，所以平台企业需要与合作伙伴分享相关知识，为合作伙伴提供条件以实现创新的目的。Oliver（2013）的研究显示，在创新生态系统中，掌握核心知识的平台企业进行选择性知识披露可以克服合作不确定性，通过知识披露表明与合作伙伴的合作意愿，并为之提供所需资源，从而使合作伙伴有能力生产一系列与平台企业创新相配套的技术，实现整个生态系统的创新。总的来说，选择性知识披露是平台企业在创新生态系统中进行知识分享的一种手段，既能使合作伙伴获取知识产权共享，得到所需资源，实现价值最大化，又能使平台企业在创新生态系统中凭借知识分享这一行为掌握 控制权，创造与创新生态系统中其他行为者的合作行为。

（2）专利授权

在创新生态系统中，平台企业与合作伙伴基于互补技术形成共存共生的创新体系，为了更好实现技术互补，平台企业会制定出创新生态系统技术标准，并通过专利许可来与合作伙伴更好地实现技术对接，增强系统整体协同创新能力。平台企业采取的专利许可主要有两种方式：专利交叉许可模式、免费许可模式（张利飞，2009，2013）。其中专利交叉许可模式意味着企业有条件或无偿允许对方使用本企业专利技术，这种许可模式通常表现为企业在产品生产制造过程中需要对方的专利技术，从而进行谈判协商制定协议。双方协商进而进行专利授权能有效避免专利纠纷、侵权等法律问题（曾德明等，2013）。双方签订专利交叉许可协议，可以对授权的专利技术、许可费用、专利使用范围、双方应尽职责和违约惩罚等内容进行约定，因此，专利交叉许可是降低知识扩散风险的主要有效方法。签订专利交叉许可，不仅尊重了创新生态系统内部创新成员的知识产权权益，还可以使平台企业和合作企业避免潜在的专利侵权行为，减少法律诉讼的可能性，更专注于产品、技术协同创新。免费许可模式是指平台企业选择向社会大众无偿公开其使用的技术标准，能吸引大批创新实力不够的互补及配套企业使用其制定的技术标准，从而使其开发平台企业所需的配套产品，共同为技术发展提供助力，实现创新生态系统价值创造和共赢的目标（吴绍波，2014）。

8.2.3 治理角度影响因素

（1）声誉机制

在创新生态系统中，声誉是一种无形资产，它主要来源于企业的技能、可信度以及其他合作伙伴对其的评价，可以视为企业对不了解该企业私人信息的合作伙伴的承诺（Fombrun & Rindova，1996；吴绍波，2014）。一般来说，良好的声誉需要一定时间的积累同时也是影响企业的合作因素之一，声誉好的企业更容易获得合作者信任。所以，对企业来说声誉是一份有价值、需要维护的无形资产。同时企业的声誉越好，维持声誉所产生的价值越高，则企业积极性越高，而企业如果声誉较差，那么会更早、更容易出现机会主义行为（刘宇、何琼，2015）。在创新生态系统中，如果合作企业进行"搭便车"等机会主义行为就会破坏积累起来的声誉，而且坏掉的声誉会在整个创新生态系统中传播开来，成为企业以后与其他企业合作的障碍。因此，平台企业在协同创新活动中采取声誉机制，会使合作伙伴存在顾虑，不敢随意违约付出得不偿失的代价，从而能在一定程度上约束合作伙伴行为，有利于协同创新共赢局面的出现。

（2）信任机制

在创新生态系统内，企业进行协同创新过程中合作伙伴机会主义行为无法事先预料，当无法判断合作成员机会主义动机时，有形的契约机制无法发挥其该有的作用（吴绍波，2013）。而以情感为基础的信任通过激发开放性和联合解决问题，能减少机会主义和冲突，增加创新成功的机会（Faber，2001）。因此，在创新生态系统中，平台企业采取信任机制，既能加深合作伙伴的情感信任，建立更强的联系意愿，有利于成员间信息交流，又能消除潜在的冲突，为整个创新生态系统创造一个稳定环境。

（3）激励机制

激励机制被视为调动企业积极性的助推器。从协同创新积极性调动角度来看，当合作双方受到直接利益或间接利益吸引时，协同创新的意愿更强，当直接利益或间接利益不间断时，协同创新相应的也会继续下去（史宝娟、郑祖婷，2017）。如芮明杰（2016）指出，平台企业对合作伙伴进行承诺订单和价格激励等激励措施能够提升其创新动力，激励机制促使成员更加主动分享有价值的信息、积极创新来实现价值共赢的目的。Agnieszka 等（2016）研究发现，创新生态系统中的货币激励可能成为平台企业和中小企业合作成功的必要驱动因素，它可以在降低产品共同开发风险方面发挥重要作用。因此，在创新生态系统中面对合作伙伴没有动力参与领先企业生态呼叫并最终逃跑的问题上，平台企业可以通过激励机制降低创新生态系统成员对风险的担忧，为其提供保障，从而使创新生态系统成员放心大胆地参与生态创新，为实现共同价值创造而努力。

8.2.4　研究模型

基于以上论述，本书认为现有关于创新生态系统协同创新影响因素的研究已经有了大量的积累，研究角度也越来越多。但是，这些学者主要关注单个因素对创新生态系统协同创新发挥的作用，通过静态视角来验证哪些因素与创新生态系统协同创新具有线性相关性，却无法解释创新生态系统协同创新在不同情境下的动态组合过程。模糊集定性比较分析认为结果不是由某个因素单独作用而形成的产物，而是因素之间替代关系或相辅相成的互补关系等综合作用的结果。本书将模糊集定性比较分析的特性应用到创新生态系统协同创新的问题上来。就本书而言，选择性知识披露、专利授权、声誉机制、信任机制、激励机制和合作时间等因素相匹配时，就构成了创新生态系统协同创新的影响机制。但是6个影响因素之间如何互动、如何搭配，怎样进行条件组合能够实现创新生态协同创新的目标需要根据企业实际情况，通过一项模糊集定性比较分析进行更进一步的研究，故本书基于此研究思路提出了如图8-1所示的研究模型，旨在探讨选择性知识披露、专利授权、声誉机制、信任机制、激励机制和合作时间等因素路径组合方式如何导致协同创新结果的出现，理清创新生态系统协同创新研究机制。

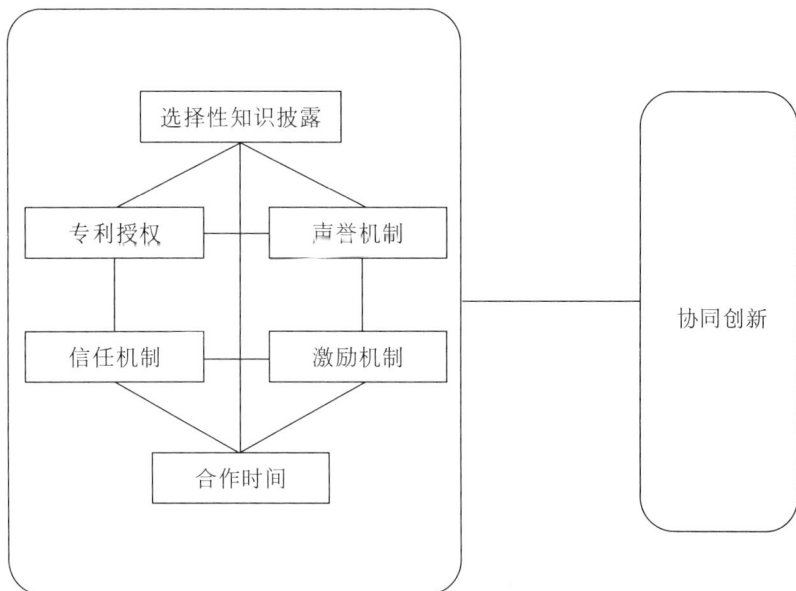

图 8-1　创新生态系统协同创新机制研究模型

8.3　方法介绍与研究设计

8.3.1　研究方法——模糊集定性比较分析

Ragin（1987）开创了定性比较分析方法，最初定性比较分析方法被视为一种"宏观比较"方法广泛运用于社会科学中，它介于定性研究和定量研究之间，又能整合两种研究方法的优势，以案例为导向通过对小样本系统分析，探究前因条件和结果变量之间多重并发因果关系。定性比较分析认为不同的前因条件组合可能会产生相同的结果，例如在不同的情境下，当某一结果出现时，它可能是由前因条件 A 与 B 组合产生的，也可能是前因条件 B 与 C 组合产成的，缺少前因条件 A 并不影响结果的形成（杜运周，2016），因此，定性比较分析认为因果关系存在非对称性。Fiss（2013）认为定性比较分析以集合的思维以及布尔运算进行研究设计，观测和解析不同的前因变量是如何搭配组合来导致结果变量的实现，并且追求用一个简洁的解释来诠释这个结果变量出现的复杂原因。基于以上特点，定性比较分析应用范围越来越广，在组织社会学、管理研究领域也逐渐被接受和采纳。目前关于定性比较分析，学术界使用最多的主要为三个技术方面，分别是清晰集定性比较分析（cs QCA），其主要用于二分变量数据处理，目前使用最广泛；模糊集定性比较分析（fs QCA），其主要用于连续变量数据处理，通过校准样本数据显示其属于集合中的程度；多值定性比较分析（mv QCA），其主要孕育多值数据结果处理，是清晰集定性比较分析的扩展版。

本书选用模糊集定性比较分析（fs QCA）。原因在于本书的变量是连续型变量，无法进行二分。而模糊集定性比较分析同时是定性和定量的，与清晰集定性比较分析中传统的区间和比例变量相比，它同时具有两者优点又允许它们进行定性评估。在模糊集定性比较分析中成员不再只属于或不属于某个集合，它允许介于两者之间的存在，即部分隶属。通过对理论和知识的掌握，fs QCA对数据进行校准，可以明确指定成员在集合中的资格程度。因此，模糊集定性分析的使用使研究能够更好地界定所选变量在集合中的程度，模拟变量导致结果出现的现象：平台企业如何与合作伙伴进行协同创新活动。

在模糊集定性比较分析中，连续模糊集取值在 [0，1] 之内，它代表各个变量在集合中的程度。与清晰集定性比较分析不同，fs QCA 需要对样本样式数据进行模糊集转换才能使数据介于0到1之间，数据转换必须基于实际情况和理论知识，这个数据处理过程被称为数据校准（Calibrate），可以通过 fs QCA 软件实现。在模糊集定性比较分析过程中，数据校准是非常关键的一步。一般来说，要进行数据校准，研究者首先要选择定性锚点（Qualitative Anchor）来确定变量如何进行模糊集转换。在 fs QCA 中存在三值模糊集、四值模糊集、六值模糊集，以及"连续"模糊集，例如三值模糊集需要设定三个定性锚点，即"完全隶属于（1）"、"完全不隶属于（0）"以及在 [0，1] 之间加入一个交叉点"既非完全隶属于，也非完全不隶属于（0.5）"通过这三个定性锚点对样本原始数据进行模糊集转换。至于选择哪一种模糊集定性锚点，由研究者自行决定，本书选择的是三值模糊集，因为它是模糊集定性比较分析中最常用的一种，而且足够用来将原始数据与模糊集隶属度建立起关系。在数据校准后，原始数据转换成模糊集数据构成了真值表，真值表代表与研究结果相关的前因条件的组合，每一个条件组合对应着0、1或者1个以上的案例，最终条件组合由专门的软件对真值表进行运算而得出。值得注意的是，在进行模糊集真值表分析之前，需要首先对判断必要条件的组合一致性（Consistency）进行检验，只有前因条件组合属于结果变量才能进行下面的分析。一般来说一致性取值最低要求为0.75，数值越接近于1表明条件组合对结果变量的解释性越强，而且通过必要性检测，可以判断哪些变量是充分或必要条件。在校准每个要素到集合成员中，并确定其必要性能够分析后，就可采用 fs QCA2.5 真值表算法对数据进行统一分析，探索创新生态系统协同创新结果产生的原因，并找出多条原因组合。

本书选取模糊集定性比较分析方法开展对创新生态系统协同创新研究的原因有3点：

①与定量研究相比，基于模糊集定性比较分析的研究主要探究解释变量对结果变量的单独作用，通常默认为解释变量是结果变量的充分必要条件。而且传统的实证研究只能够处理3个以下变量之间的相互关系。而模糊集定性比较分析假定解释变量与结果变量之间存在复杂的因果关系，探究解释变量如何搭配组合以导致结果变量的出现，而且模糊集定性比较分析能有效处理3个以上变量之间的交互作用并且能够判断哪些变量是结果变量的必要或充分条件。本书研究创新生态系统协同创新机制，在较为全面地考虑众多影响因素发挥的作用的前提下，本书考虑6个影响因素如何搭配组合实现协同创新，恰恰适合应用定性比较分析而不是定性研究。本书采用 fs QCA2.5 软件对选取的主要影响因素进行赋值和编码，然后通过真值表数据结果分析来产生协同创新路径，从而解释了各个影响协同创新因素之间的相互作用，理清创新生态系统协同创新机制。

②在分析原因要素形成协同创新主要路径过程中，模糊集定性比较分析方法综合了定性和定量的分析思想。模糊集定性比较分析通过对原始数据的模糊集转换，确定样本成员在集合中的程度，以及样本是否属于某个结果变量的集合来探究结果量出现的条件组合，其中每个样本成

员取值介于0到1之间，本书采用三值模糊集，所以意味着存在完全隶属、完全不隶属、交叉点（既非完全隶属，也非完全不隶属）3种情况，例如变量信任机制，问卷为李克特5点量表，那么信任机制得分为"5"的企业是完全隶属成员，得分为"1"的企业是完全不隶属成员，得分为"3"属于交叉点。定性定量研究无法实现这一点。

③与定性研究相比，基于模糊集定性比较分析的研究通常是从单案例或多案例研究中获得研究结论，但是由于样本较少导致研究结论的推广具有局限性，结论适用范围受到挑战。而模糊集定性比较分析不存在这个问题，通过对小样本进行系统分析，清晰地得出具体影响因素组合方式来解析协同创新机制，研究结论与定性研究相比更具有普适性。

8.3.2 样本选择与数据收集

（1）样本选择

本书探索的是创新生态系统协同创新机制，所以数据来源是基于创新生态系统。关于创新生态系统案例的选择，本书主要根据以下原则进行确定：通过中国知网和Web of Sciences搜索创新生态系统研究，然后进行梳理归纳从而确定案例企业及数据收集对象。具体为：丰田创新生态系统案例研究（芮明杰，2016）；海尔平台创新生态系统案例研究（张小宁、赵剑波，2015）；比亚迪新能源汽车创新生态系统案例研究（王宏起等，2015）；腾讯"众创"创新生态系统案例研究（孔令兵、宋伟，2016）；大唐、华为、中兴、华立、展讯等企业在产品开发过程中构成的纵向的创新生态系统（吴绍波，2013，2014）；苹果、谷歌、IBM、微软、西门子、宝洁和沃尔玛等知名领先企业凭借强大的技术能力和资源优势建立的大规模、复杂的创新生态系统（Chen，et al，2017）。所以丰田、海尔、比亚迪、腾讯、大唐、华为、中兴、华立、展讯、苹果、谷歌、IBM、微软、西门子、宝洁和沃尔玛皆可视为可选择案例对象。除此之外，张利飞（2013）认为创新生态系统是高科技企业基于关联互补技术由在全球范围内形成的共同演化的创新体系，其中"平台生产企业（简称平台企业）+众多互补品生产企业（简称互补企业）"是其主要组织模式。如众多高科技企业巨头微软、IBM、英特尔、思科等是以平台产品为基石、围绕产品生产的互补合作伙伴共同构建起的创新生态系统。所以本书假定"平台企业＋互补企业"构成一个创新生态系统，同时参考张大鹏和孙新波（2018）对创新生态系统样本选择原则，平台型企业也可视为可选择案例对象。

基于以上案例选择原则以及数据的可获得性，本书选择丰田、海尔、比亚迪、腾讯、阿里巴巴、华为、中兴、宝洁、沃尔玛以及部分平台企业为案例对象。

（2）数据收集

本书根据影响平台企业与合作伙伴的协同创新因素，确定研究变量，并根据变量现有成熟测量方式构建了量表，以平台企业和创新生态系统案例研究确定的企业（丰田、海尔、沃尔玛等）为调查对象，数据收集采取二手数据与问卷调查相结合的方式。二手数据主要来源于中国知网中对调查对象企业的案例研究以及调查对象企业官网公开提供的信息。至于问卷调查，问卷发放的方式主要采用电子邮件和问卷星相结合的形式。借助导师团队积累的人际关系展开调查，进行问卷发放，其中关于腾讯、华为、海尔、阿里等9家企业的数据是借助相识的企业在职员工开展数据收集。本书没有采取访谈的方式进行数据收集原因有两个：①本书选取的影响创新生态系统协同创新的因素都具有成熟的测量方式，通过问卷调查可以获取所需数据；②在模糊集定性比较分析中可以采用问卷调查收集数据，这种数据收集方式得到了学者们的认可和采用；③基于数据的可获得性和作者自身的局限性，对全部研究对象进行访谈难以实现。

本书二手数据和问卷的收集时间集中在2018年4月至2018年8月，大致为4个月。截至2018年8月15日共回收问卷63份，去掉未完成及答案一模一样的问卷8份，剩余有效问卷55份。然后根据这55份有效问卷在网络上收集与问卷相关的公开资料。为了保证问卷调查结果的准确度，将55份有效问卷的数据与对应的二手数据进行匹配验证，如果问卷调查的结果与收集的二手数据不符合，则剔除该份问卷。例如关于选择性知识披露的测量，问卷测量题项有一项为"贵企业在官方网站公开展示专业技术知识"，为了验证答题者的答案是否准确，本书会搜索答题者对应企业官方网站，查找是否存在专业技术知识网页，如果问卷答案与官网信息不一致，则视为该份问卷无效。通过对55份问卷的结果与二手资料一一匹配，共筛选出5份结果不一致的问卷，最终有效问卷为50份，有效率为79.3%。并且，根据Marx对QCA研究前因要素数量研究，当前因条件为6时，所需样本≥16时就能明确鉴别数据属性是随机的还是真实的，本书样本量为50，样本量足够确保研究分析具有较高的内部效度。问卷样本描述性统计见表8-1。

表8-1　　　　　　　问卷样本描述性统计（N=50）

项目		样本数（个）	所占比重
问卷对象职位	高层管理者	14	0.28
	中层管理者	15	0.30
	基层管理者	10	0.20
	其他	11	0.22
工作年限	2年以内	0	0.00
	2～5年	15	0.30
	6～10年	22	0.44
	10年以上	13	0.26
企业与合作伙伴合作年限	2年以内	7	0.14
	3年以上	43	0.86
所属行业	制造	7	0.14
	电子信息	13	0.26
	新能源、新材料	9	0.18
	生物制药	3	0.06
	软件开发	4	0.08
	其他行业	14	0.28

8.3.3　变量的测量预赋值

本书变量测量主要参考已有的成熟量表，而量表变量测量主要采取李克特打分模式。同时模糊集定性比较分析通过对原始数据的模糊集转换，确定样本成员在集合中的程度，以及样本是否属于某个结果变量的集合来探究结果变量出现的条件组合，本书选取三值模糊集，所以意味着存在完全隶属、完全不隶属、交叉点（既非完全隶属也非完全不隶属）三种情况，每个成员的取值在［0，1］内，其中"0"表示完全不隶属成员，"1"表示完全隶属成员，"0.5"是交叉点。

（1）前因变量

①选择性知识披露。选择性知识披露被定义为自愿的、有目的的、不可撤销的、明确选择的资源（通常是基于知识的资源）的披露。而有意识的知识溢出是知识溢出方出于某种目的，主动利用知识的外部性对掌握的知识进行创造，自愿并且可控地选择合作对象以及知识溢出的内容。而且有学者视选择性知识披露为自愿的知识溢出（Harhoff，et al，2003；Polidoro F & Toh K，2011）。因此，本书采用有意识知识溢出来代表选择性知识披露。借鉴陈帅（2017）关于有意识知识溢出的测量方法，将其分为"直接知识披露""间接知识披露"2个维度，10个题项。

通过计算均值得到选择性知识披露各个维度的得分。根据 Ragin（2008）模糊集校准设计原则将 7 点量表中"1"定义为完全不隶属成员、"4"定义为分界线、"7"定义为完全隶属成员。通过这 3 个锚点的确定，将问卷原始数据转化为介于［0，1］的数值。

②专利授权。张利飞（2013）的研究将其划分为专利交叉许可、免费许可两个维度。衡量两个不同许可方式占企业总专利许可比例，其中，"1"表示（该许可方式占总专利技术授权）20% 以下，"2"表示21% ~ 40%，"3"表示 41% ~ 60%，"4"表示 61% ~ 80%，"5"表示81% 以上。接着，计算该许可方式得分的均值。同理，本书根据 Ragin（2008）模糊集校准设计原则，采用三值模糊集，将"1"定义为完全不隶属成员，"3"为分界线，"5"为完全隶属成员。通过这 3 个锚点的确定，将问卷原始数据转化为介于［0，1］的数值。

③声誉机制。借鉴邱玉霞、孙晓燕（2017）的测量方法。具体题项为："贵公司对合作企业声誉的关注程度""贵公司对声誉高的合作企业更放心"。通过计算均值得到声誉机制的得分，根据 Ragin（2008）模糊

集校准设计原则，采用三值模糊集，其中"1"为完全不隶属成员，"3"为分界线，"5"为完全隶属成员。通过这 3 个锚点的确定，将问卷原始数据转化为介于［0，1］的数值。

④信任机制。借鉴 Inkpen 和 Currall（2004）测量方法，题项为："贵公司与合作伙伴之间均十分相信对方提供的信息资源""协同创新过程中，贵公司与合作伙伴均认为对方将一直遵守合同，履行各自义务""协同创新过程中，贵公司与合作伙伴均十分信任对方的战略决策""在创新生态系统中，贵公司与合作伙伴成员花费了大量的时间与成本建立关系"。通过计算均值得到信任机制的得分，根据 Ragin（2008）模糊集校准设计原则，采用三值模糊集，其中"1"为完全不隶属成员，"3"为分界线，"5"为完全隶属成员。通过这 3 个锚点的确定，将问卷原始数据转化为介于［0，1］的数值。

⑤激励机制。根据芮明杰（2016）、史宝娟等（2017）的研究，将激励机制分为直接利益激励和间接利益激励两个维度，直接利益激励用货币代表，间接利益激励用非货币代表。根据 Ragin（2008）模糊集校准设计原则，其中"1"表示（平台企业采用货币激励占总激励方式比例）20%以下，"2"表示 21%~40%，"3"表示 41%~60%，"4"表示61%~80%，"5"表示 81%以上。因此，根据三值模糊集设计原则，本书将"1"定义为完全不隶属成员，"3"为交叉点，"5"为完全隶属成员。通过这 3 个锚点的确定，将问卷原始数据转化为介于［0，1］的数值。

⑥合作时间。史宝娟、郑祖婷（2017）认为平台企业与合作伙伴合作时间会影响创新生态系统协同创新的稳定性，长期合作能发挥间接效用，促进创新组织间开展持续的协同创新。因此需要将平台企业与合作伙伴合作年限区分为短期合作、长期合作。根据张大鹏和孙新波（2018）的研究，平台创新生态系统内企业处在稳定的合作关系中，合作时间需要保证在 2 年及以上。所以本书合作时间长期和短期的划分以 2 年为界限，2 年以内为短期合作，变量赋值为 0，2 年以上为长期合作，变量赋值为 1。

（2）结果变量

协同创新。根据史宝娟、郑祖婷（2012）的研究，通过探讨创新生态系统创新主体如何通过合作来研发核心技术、突破技术瓶颈（其中核心技术主要涉及本单位及行业内核心技术）来测量协同创新。题项为："贵公司与互补企业通过合作能突破技术瓶颈""贵公司与互补企业通过合作有利于研发行业内核心技术"。通过计算均值得到协同创新的得分，根据 Ragin（2008）模糊集校准设计原则，采用三值模糊集，将"1"定义为完全不隶属成员，"3"为交叉点，"5"为完全隶属成员。通过这 3 个锚点的确定，将问卷原始数据转化为介于［0，1］的数值。

综上，本书研究相关构念，使用模糊集定性比较分析软件中的校准（Calibrate）选项对变量赋值，赋值标准如表 8-2 所示。

表 8-2　　　　　校准（Calibrate）程序赋值标准总结

变量	阈值		
	完全不隶属成员	分界线	完全隶属成员
选择性知识披露	1	4	7
专利授权	1	3	5
声誉机制	1	3	5
信任机制	1	3	5
激励机制	1	3	5
协同创新	1	3	5

8.3.4　信度效度检验

本书对量表进行信度和效度分析，使用的软件为 SPSS 22.0 以及 AMOS 22.0。首先对各个变量的测量进行探索性因子分析（EFA），在 0.001 显著水平下，软件 SPSS 22.0 分析结果显著，且 KMO 统计量为 0.826，处于高信度范围内。其次，所有构念的 Cranbach's α 系数和组成信度（C.R.）≥0.7（见表 8-3），这表明本书选用的量表信度较高。然后对变量量表进行验证性因子分析（CFA），软件 AMOS 22.0 分析结果显示研究模型的拟合优度（RMSE A=0.055，$\chi^2/df=1.512$，GFI=0.900，CFI=0.958，NFI=0.920）比较高，所有构念平均萃取方差（AVE）≥0.5，因子负载≥0.60，而 0.5 以上的因子载荷代表着较好的聚合效度，因此分析结果表明本书构念具有较好的聚合效度。

表8-3 信度效度分析

构念	测量题项	负载	Cronbach's α	C.R	AVE
直接知识披露	Q5	0.692	0.789	0.8615	0.715
	Q6	0.751			
	Q7	0.724			
	Q8	0.571			
	Q9	0.571			
间接知识披露	Q10	0.766	0.822	0.751	0.566
	Q11	0.766			
	Q12	0.567			
	Q13	0.593			
	Q14	0.686			
专利许可	Q15	0.681	0.860	0.740	0.609
	Q16	0.701			
信任机制	Q17	0.791	0.901	0.830	0.694
	Q18	0.795			
	Q19	0.768			
声誉机制	Q20	0.762	0.855	0.893	0.676
	Q21	0.763			
	Q22	0.794			
激励机制	Q23	0.709	0.830	0.830	0.71
	Q24	0.709			
协同创新	Q25	0.792	0.920	0.812	0.661
	Q26	0.771			
	Q27	0.777			

8.4　定性比较分析

8.4.1　真值表的构建

（1）数据校准

模糊集定性比较分析法的关键步骤是数据校准。由于问卷初始样本数据不符合 fs QCA 运算逻辑要求，因此需要将原始数据进行模糊处理，将其转化为［0，1］区间内的集合数据。本书在设计变量测量时采用的是李克特量表，如选择性知识披露采取 7 点量表测量变量，其余所有变量采用 5 点量表测量变量（除合作时间外）。然后分别计算各个变量测量题项的均值，将各个变量题项的均值作为研究协同创新条件组合的初始数据。由于本书的样本量达到 50，不方便在正文中呈现所有原始数据，因此本书摘取部分计算后的原始数据在表8-4中呈现。

表8-4　　　　　　　　　　　　　　初始数据集

变量名 案例数	直接知识披露	间接知识披露	专利交叉许可	免费许可	声誉机制	信任机制	货币激励	非货币激励	协同创新
1	6	6	1	4	4	3.6	3	3	4
2	5.6	5.6	4	1	3.7	4	1	4	3.7
3	2.8	2.4	2	2	1.7	1.7	2	2	2
4	2.6	3.4	4	2	3	3	1	4	4
5	4.2	2.8	1	1	3.3	3.8	2	2	1.3
6	1.2	1.6	1	1	4.3	4.3	2	2	2
7	5	3.4	5	1	3	3	2	4	2.7
8	3.2	4.4	1	1	3	3	2	3	2
9	5.8	5	5	1	5	5	3	3	5
10	4.2	3.6	1	1	4.3	4.3	3	2	5

注：案例数 1～10 表示50个样本中的前10个样本。

在获取初始数据后，使用 fs QCA2.5 软件将数据录入软件，参照 Fiss（2007）和 Ragin（2008）对于连续变量的处理方式和上文中变量赋值的原则。利用 fs QCA2.5 软件工具栏中校准（Cabriate）选项对初始数据进行模糊转换，如声誉机制初始取值为 [1，5]，通过 fs QCA 软件转换后变为 [0，1] 的隶属度区间。特别注意的是对合作时间的变量赋值为二分法，长期合作关系为1，短期合作关系为0，所以合作时间数据不需要进行模糊转换，在其他变量完成初始数据转换为模糊集数据后直接将合作时间这个变量加入到结果中去。因此，转换后的结果即真值表如表8-5所示。由于本书的样本量达到 50，在表中仅呈现部分数据。

表8-5   模糊集真值表

变量名 案例数	直接知识披露	间接知识披露	专利交叉许可	免费许可	声誉机制	信任机制	货币激励	非货币激励	合作时间	协同创新
1	0.88	0.88	0.82	0.9	0.82	0.73	0.82	0.82	1	0.82
2	0.83	0.83	0.82	0.5	0.74	0.82	0.5	0.82	1	0.74
3	0.23	0.17	0.18	0.18	0.5	0.12	0.18	0.18	0	0.18
4	0.2	0.35	0.82	0.18	0.93	0.5	0.5	0.82	1	0.82
5	0.55	0.23	0.05	0.5	0.93	0.61	0.18	0.18	1	0.07
6	0.06	0.18	0.05	0.18	0.39	0.88	0.18	0.18	0	0.18
7	0.73	0.35	0.95	0.05	0.95	0.5	0.18	0.18	0	0.39
8	0.31	0.6	0.05	0.95	0.95	0.5	0.18	0.82	0	0.18
9	0.86	0.73	0.95	0.05	0.95	0.95	0.82	0.82	1	0.95
10	0.55	0.4	0.05	0.82	0.95	0.88	0.95	0.95	0	0.95

注：案例数1~10表示50个样本中的前10个样本。

（2）单个前因要素一致性分析

在进行模糊集真值表程序分析之前需要检查各个条件变量是否是结果的必要条件（Ragin，2008）。因此，在进行模糊集真值表程序分析前，本书首先对各个前因变量是否为结果变量的必要和充分条件进行检验。如表8-6所示，所有单项前因变量对结果变量（协同创新）的实现都不构成充分必要条件。接下来，分别判断变量（选择性知识披露、专利授权、声誉机制、信任机制、激励机制和合作时间长短）是否为结果变量（协同创新）的必要性或充分性条件。通过fs QCA2.5软件，本书分析各个单项前因条件对协同创新形成的必要性条件。必要性指标中的一致性（Consistency）是导致结果产生的必须存在的条件，但是它无法保证结果必然产生，即某一个结果在多大程度上需要某一个变量存在。在定性比较分析中必要性指标达到0.9意味条件变量是形成结果的必要条件的标准。表8-6中显示在这些变量中信任机制和声誉机制必要性指标均超过了0.9，达到了结果变量（协同创新）的必要条件。由此可知，信任机制和声誉机制是实现协同创新的必要不充分条件。

表8-6　　　　　　　**前因变量的必要条件和充分性检验**

变量必要性分析（Analysis of Necessary Conditions）

结果变量（Outcome Variable）：协同创新

前因变量（Conditions Tested）：

变量名	Consistency	Coverage
直接知识披露	0.818681	0.785037
间接知识披露	0.766667	0.829239
专利交叉许可	0.652015	0.857418
免费许可	0.580558	0.827244
声誉机制	0.979487	0.660911
信任机制	0.957509	0.760105
货币激励	0.825275	0.817119
非货币激励	0.861538	0.806308
合作时间	0.704396	0.582727

8.4.2 协同创新影响因素的条件组合

（1）真值表数据结果

在校准每个要素到集合成员和必要性分析后，采用 fs QCA2.5 真值表算法对数据进行统一分析，表中包含选择性知识披露、专利授权、声誉机制、信任机制、激励机制、合作时间和结果变量协同创新，通过软件分析会得到前因条件的不同组合方式，从而产生协同创新的路径。

软件首先会进行模糊集真值表（Truth Table）构建，模糊集真值表列出所有前因条件的组合形式。本书包括了 6 个前因变量，根据模糊集真值表的算法，形成 64 个潜在条件组合。在这 64 个条件组合中，有些可能没有样本，有些可能样本数不止一个，这种现象被称为有限多样性。对于没有样本的行，本书根据 Ragin（2008）的处理方式，对其进行删除，并以一致性为 0.8 为最低标准对剩下的行进行处理，样本一致性在 0.8 以上则编码为 1，一致性在 0.8 以下则编码为 0，然后进行模糊集定性比价分析的运算。运算结束后 fs QCA2.5 软件分析可以得到三个结果：复杂解（Complex Solution）、简单解（Parsimonious Solution）、中间解（Intermediate Solution）。其中当有限的多样性很大时，解决方案可能错综复杂，因为这一类的解没有或很少进行简化。同样，在这些相同的条件下，简单解由于结合了许多（简单和困难）的反事实组合，因此简化解决方案可能是不切实际的。而中间解是介于前两个解之间的一种解，通常解释力是最强的。Ragin（2008）认为中间解优于复杂解和简单解，推荐研究者使用中间解来分析研究结果。因此，本书即采取标准分析来获得中间解，并根据中间解来分析创新生态系统协同创新路径。参照 Ragin（2008）对模糊集定性比较分析结果的表示，使用"●"表示前因条件出现，使用"⊗"表示前因条件不出现，空白表示前因原因对于结果无关紧要。协同创新影响因素条件组合如表 8-7 所示。

（2）协同创新影响因素条件组合分析

表 8-7 显示，所有的逻辑条件组合的整体一致性（Solution Consistency）大于 0.8，三条路径组合大概解释结果 80% 的情况，且根

表8-7 协同创新影响因素条件组合

变量		条件组合		
		1	2	3
选择性知识披露	直接披露	●	●	●
	间接披露	●	●	⊗
专利授权	交叉许可		●	
	免费许可	⊗	⊗	
信任机制		●	●	●
声誉机制		●	●	●
激励机制	货币激励	●		●
	非货币激励		●	●
合作时间	长期合作	●	●	
	短期合作			●
一致性（Consistency）		0.908537	0.989028	0.957282
Unique Coverage		0.042124	0.032967	0.033333
路径覆盖度（Solution Coverage）		0.676923		
路径一致性（Solution Consistency）		0.816254		

据 Ragin（2008）的研究，原生覆盖度（Raw Coverage）处于［0.25，0.75］之间，数据解释力强，表中三组条件组合的原生覆盖度都处于这个范围，因此数据结果具有较强的解释力。表8-7中一共有三组条件组合，其中第一组和第二组是平台企业与合作伙伴处于长期合作关系下实现创新生态系统协同创新的路径。第三组是平台企业与合作伙伴处于短期合作关系下实现创新生态系统协同创新的路径，接下来本书将进行详细论述和分析。

第一，平台企业和合作伙伴长期合作。

对50家企业的数据采用 fs QCA2.5软件计算得到平台企业和合作伙伴长期合作的路径（结果见表8-7），由表可知覆盖率达到了0.676923，总体一致性为0.816254，大于0.8的临界值，本书研究发现了两条实现协同创新的条件组合，即声誉*信任*货币激励*选择性知识披露（*表示变量同时存在）和声誉*信任*非货币激励*交叉许可*选择性知识披露，证明了因素组合视角"殊途同归"的重要特性。

在声誉、信任、激励、选择性知识披露和合作时间多个因素的复杂作用下，协同创新的实现呈现出两条主要路径：①强调货币激励和选择性知识披露的应用策略；②强调非货币激励、交叉许可授权和选择性知识披露应用策略。在这两条路径中，第一条路径以专利许可为条件缺失，而在对高度信任、商誉高的合作伙伴进行货币激励和选择性知识披露的共同作用下，实现协同创新；而第二条路径强调对高度信任、商誉高的合作伙伴进行非货币激励，需要在交叉许可和选择性知识披露的共同作用下，实现协同创新。

具体来说，路径一：声誉*信任*货币激励*选择性知识披露表示当平台企业着眼于与合作伙伴进行长期合作时，合作参与者的信息会长期不断地进行披露，如采取在项目研发时员工间进行面对面的沟通和信息共享这种直接披露方式，或平台企业组织或参加培训活动以及经验技术交流分享会，为合作参与者互相交流提供平台和机会的这种间接披露方式。并且，当平台企业对合作伙伴高度信任时，平台企业与合作方情感联系更加紧密，成员信息交流欲望更加强烈，能缩短建立密切联系的时间和精力，进一步解决信息不对称的问题。当合作伙伴重视声誉且声誉较高时，企业因为重视声誉的维护更愿意完成协同创新（史宝娟、郑祖婷，2017），所以其一旦选择与平台企业进行协同创新，为了维护在同行中的评价以及社会知名度，企业会努力与平台企业进行协同创新。而当平台企业进一步在选择性知识披露的基础上实施货币激励，直接利益刺激能降低对未来不确定性的担忧，调动合作伙伴的积极性，从而有利于协同创新目标的实现。

凭借对中国知网和 Web of Sciences 上创新生态系统案例研究的阅读和归纳，在现有创新生态系统案例研究中，丰田创新生态系统协同创新模式是最典型的路径一模式。通过对丰田相关的案例研究的追踪，本书发现在丰田创新生态系统中，丰田首先明确了与合作伙伴建立长期的合作关系，以维持稳定的创新生态系统的目标，在此基础上丰田严格挑选自己的合作伙伴，选择声誉高实力强的合作伙伴组建联盟，在建立联盟后高度信任自己的合作伙伴，展开了一系列知识分享和信息披露活动，不仅实现了与上下游企业间从采购到生产等一系列信息的沟通，而且在丰田构建的创新生态系统内，上下游合作企业之间的联系比一般合作伙伴更加频繁有效，丰田与合作伙伴的联系还涵盖了图纸设计、生产流程乃至生产指令等多维度的沟通与交流。除此之外，丰田针对合作伙伴在协同创新过程中遇到的问题，提供咨询帮助。丰田面对合作伙伴生产中遇到的特定问题，会专门派出专家顾问，指导合作伙伴进行生产工艺改造、创新产品制造，并且这些宝贵的经验和升级的技术会分享给所有合作伙伴，以推动创新在协同创新成员之间传播。最后，丰田为了调动合作伙伴的创新动力，打消其对风险的顾虑，采取了直接利益刺激的方式，通过目标价格和订单承诺等手段为合作伙伴提供收入保障。丰田创新生态系统的案例验证了路径一的合理性，同时根据分析结果，路径一大概解释了32%的样本企业。

路径二：声誉*信任*非货币激励*交叉许可*选择性知识披露和路径一很相似。平台企业仍然选择在选择性知识披露的基础上与信任程度高的和声誉高的合作伙伴来实现协同创新，但是激励方式由直接利益刺激改为了间接利益刺激，间接利益刺激效果没有直接利益刺激效果好（史宝娟、郑祖婷，2017），所以为了达到和直接利益刺激一样的效果，平台企业需要额外的刺激因素来调动合作伙伴积极性。平台企业通过与合作伙伴进行专利交叉许可，保障双方知识产权，避免潜在的专利纠纷，减少诉讼可能性，使得合作参与者更专注于产品、技术协同创新，从而实现协同创新的目的。

凭借对中国知网和Web of Sciences上创新生态系统案例研究的阅读和归纳，在现有创新生态系统案例研究中，顺丰航空转包生产商所在的创新生态系统协同创新模式是最典型的路径二模式。通过对顺丰航空转包生产商相关的案例研究的追踪，本书发现在顺丰航空转包生产商所在的创新生态系统中，顺丰航空转包生产商与高度信任和声誉高的合作伙伴合作时间长达数年，通过长期的信息披露和知识分享，顺丰航空转包生产商与其合作伙伴关系更加紧密，使得所在航空转包生产创新生态系统的业务和技术得到发展与进步，由只能生产零部件向大部件制造升级，进一步到设计阶段开始参与国际民机转包领域的合作。在此过程中，专利技术交叉许可发挥了很大的作用，因为航空属于高技术类复杂产品，对知识需求度高，对技术水平要求极高，互补件供应商的创新难度高，需要相互进行技术合作，如在 C 系列研制中顺丰航空转包生产商建立了波音研制中心和项目联合研制组，引进数字化制造技术并与合作伙伴进行交流研发，而合作伙伴庞巴迪为这一系列机身设计提供技术指导，蒙皮和长桁等组件供应商为互补件提供技术帮助。顺丰航空转包生产商的创新生态系统案例验证了路径二的合理性，同时根据分析结果路径二大概解释了 27% 的样本企业。

总而言之，如果平台企业与合作伙伴是长期合作关系，为实现协同创新的目标，维持长期信息披露和知识分享是有效的，且长期合作有利于维持创新生态系统的稳定。

第二，平台企业和合作伙伴短期合作。

通过对 50 家企业的数据采用 fs QCA2.5 计算得到平台企业和合作伙伴长期合作的路径，结果显示见表 8-7，研究发现了一条实现协同创新的路径，即声誉*信任*激励机制。

在声誉、信任、激励、选择性知识披露和合作时间多个因素的复杂作用下，协同创新的实现呈现出一种主要构型：当平台企业与合作伙伴处于短期合作关系下，强调平台企业应该挑选高度信任、商誉高的合作伙伴在进行直接知识披露的基础上进行货币激励与非货币激励相结合的方式。具体来说：

路径三：声誉*信任*激励机制*直接性知识披露表示当平台企业着眼于与合作伙伴短期合作时，由于合作时间短，平台企业与合作伙伴相互了解的时间会比长期合作伙伴要少，可能会存在信息不对称的现象。在信息非对称的情形中激励机制能有效调动合作参与者的积极性，而且在实际创新生态系统中小企业与大企业业务周边和规划期限（即财务实力和收入时间）存在很大的差距。例如，平台企业能接受等待 10 年时间获得创新研究收入，但是对于其合作伙伴来说成本与风险太大，企业运营将难以维持，因此基于此种局面平台企业的合作伙伴将没有动力参与平台企业的生态系统呼叫，并最终逃跑退出创新生态系统（Ritala， et al，2013）。这表明平台企业需要采取措施来产生和建立明确的短期合作协议，并调动合作伙伴的积极性。而平台企业在进行直接知识披露的基础上实施货币激励和非货币激励，如注入部分风险资本，实施具体的快速获利项目能很好地减轻合作伙伴风险厌恶程度，使其放心参与协同创新。

对中国知网和 Web of Sciences 上创新生态系统案例研究进行阅读和归纳，发现在现有创新生态系统案例研究中，A ＆ D 系统集成商所在创新生态系统协同创新模式是最典型的路径三模式。通过对 A ＆ D 系统集成商相关的案例研究的追踪，本书发现，在 A ＆ D 系统集成商所构建的创新生态系统中，A ＆ D 公司希望建立航空航天集群并且实现可持续发展，但是 A ＆ D 公司新的合作伙伴通常是创新型中小企业，其业务周边和规划期限与 A ＆ D 公司相差巨大，所以 A ＆ D 公司一直在寻找与中小企业建立合作的方法。最终 A ＆ D 公司开发和测试出一种新的方式，通过联合商业模式与创新型中小企业建立明确的、有利可图的短期合作协议，并且为了更好地进行协同创新活动，A ＆ D 公司与合作伙伴建立了行业联盟，采取开放式知识共享方式，经常组织交流会议和参加交流论坛。同时，为了激励现有的合作伙伴、吸引新的合作伙伴，A ＆ D 公司一直在追求为合作伙伴提供良好的创新条件，包括让合作伙伴参与创新生态系统管理，制定共赢的利益分享机制，实施具体的快速获利项目，降低合作伙伴对风险的厌恶程度。A ＆ D 公司构建的创新生态系统验证了路径三的合理性，并且根据数据分析结果，路径三大概解释了 25% 的样本企业，原因可能是在创新生态系统中平台企业与合作伙伴更倾向于保持长期合作的关系，即使平台企业在初期与合作伙伴保持短期合作，但在后续发展中会慢慢转变为长期合作，因为长期合作关系相较于短期合作关系发挥的作用更大。当创新生态系统成员签订长期合作合同时，成员受到合同的制约，退出系统的概率可能会有所下降，这有利于建设和维持稳定的生态系统，系统稳定了，就更有利于协同创新活动维持下去。

8.5 本章小结

8.5.1 基本结论与贡献

本书从一个系统、全面的视角试图理清创新生态系统协同创新机制，并重点研究协同创新的影响因素。在相关理论分析的基础上，本书阐述了创新生态系统现有研究，挑选出选择性知识披露、专利授权、声誉机制、信任机制、激励机制和合作时间等影响协同创新的主要因素。采用模糊集定性比较分析，通过数据收集、数据模糊集转换以及对模糊集真值表的分析探究协同创新的影响因素如何搭配组合以实现协同创新，研究得到以下主要结论：

（1）创新生态系统协同创新是多个因素相互联系综合作用的结果。尽管现有关于协同创新影响因素的研究，通过定性或定量方法得出了许多影响因素与协同创新的相关性结果，但是这些因素作用于创新生态系统协同创新时并不是独立的，而是因素之间可能通过替代、互补或增强等交互作用的结果。由定性比较分析识别的6个因素组合可以看出，选择性知识披露、专利授权、声誉机制、信任机制、激励机制和合作时间并不是独立作用实现协同创新，而是必须在其他因素搭配组合的作用下才能实现协同创新的目标。如平台企业与合作伙伴要建立长期合作关系，需要声誉机制、信任机制、货币激励、选择性知识披露共同作用才能实现协同创新。除此之外，信任机制*声誉机制是实现创新生态系统协同创新的必要不充分条件。

（2）研究发现，实现创新生态系统协同创新的路径共有三条。其中路径一和路径二是平台企业与合作伙伴保持长期合作关系时实现协同创新影响因素的条件组合。路径三是平台企业与合作伙伴保持短期合作关系时实现协同创新影响因素的条件组合。具体来说：①在长期合作关系下，平台企业有两条路径。路径一，平台企业需要长期不断地进行披露，如采取在项目研发时员工间进行面对面的沟通和信息共享这种直接披露方式，或平台企业组织或参加培训活动以及经验技术交流分享会，为合作参与者互相交流提供平台和机会的这种间接披露方式。并且，对高度信任的且声誉高的合作伙伴在知识披露的基础上实施货币激励，直接的利益刺激能使合作伙伴降低对未来不确定性的担忧，调动其积极性，从而有利于协同创新目标的实现。路径二，当平台企业将激励方式由直接利益刺激改为间接利益刺激时，在对信任程度高的和声誉高的合作伙伴进行选择性知识披露的基础上，需要额外的刺激因素。通过与合作伙伴进行专利交叉许可，保障双方知识产权，避免潜在的专利纠纷，减少诉讼可能性，使得合作参与者更专注于产品、技术协同创新，从而实现协同创新。②在短期合作关系下，平台企业有一条路径。路径三要求平台企业挑选高度信任、商誉高的合作伙伴在直接知识披露的基础上采取货币激励与非货币激励相结合的方式实现协同创新。

8.5.2 研究启示

本书采取模糊集定性比较分析方法（fs QCA）分析创新生态系统协同创新机制，表明创新生态系统协同创新是多个因素相互联系、综合作用的结果。通过 fs QCA2.5 研究发现了协同创新的主要实现路径，全面、系统地分析了选择性知识披露、专利授权、声誉机制、信任机制、激励机制等对协同创新的共同作用和相互作用机理。

本书的分析和发现对于创新生态系统管理实践有以下两点启示：

第一，加强平台企业与合作企业间的交流与合作，形成共生共存、资源互享的模式，创造稳定的生态系统环境，进行持续的协同创新活动，实现系统价值的创造。总体而言，平台企业作为生态系统的管理者和大量资源的掌握者，应该对资源知识分享采取开放的态度，为合作伙伴提供获取信息的渠道并提供支持，引导合作伙伴围绕自身产品技术进行协同创新，推动产品技术的发展，达到价值共赢的目标。具体来说，在协同创新中，平台企业与合作伙伴长期合作时，既可以在对高度信任、商誉高的合作伙伴进行货币激励和选择性知识披露的共同作用下，实现协同创新，又能通过对高度信任、商誉高的合作伙伴进行非货币激励在交叉许可和选择性知识披露的共同作用下实现协同创新。平台企业和合作伙伴短期合作时，平台企业应该挑选高度信任、商誉高的合作伙伴通过货币激励与非货币激励相结合的方式实现协同创新。最后，信任机制和声誉机制是实现创新生态系统协同创新的必要条件。

第二，对于创新生态系统内非平台企业来说，它们依赖于平台企业的资源和技术，受到平台企业的管理，应结合自身实际积极主动地参与到平台企业协同创新活动中去，以获取所需资源，加速自身技术发展。具体而言，当企业对平台企业提出的生态创新活动存在顾虑时，应结合自身实力谨慎做出选择，如果协同创新项目周期较长、获利较慢而企业又不想失去从平台企业获取知识和技术的机会，可以选择短期合作，要求平台企业提供风险保障，如果企业认可平台企业协同创新项目，并签署长期合作合同，企业应该与平台企业建立更加密切的联系，以避免信息不对称，并通过平台企业分享的知识推动自身技术发展。

9 全书总结与研究展望

9.1 全书总结

全书紧紧围绕"有核"产业集群中核心企业如何发挥独特的功能和角色推动知识溢出的同时也从知识溢出获益，并且在核心企业的主导下如何产生一系列推动集群创新生态系统生成的效应，这些效应主要是核心企业在构建知识网络、运用知识权力和推动集群企业知识创造方面的。研究采用了案例研究（包括单案例和多案例研究），大样本实证研究（主要是回归分析），以及模糊集定性比较分析（fs QCA）的研究方法，可以说全面透视了基于核心企业的产业集群知识溢出特征和创新生态系统生成机制。研究主要得到以下主要结论：

第一，存在一种"有意识的知识溢出"。这种知识溢出行为以实现价值共享为目的，在专利交易、合作研发知识产品等交易中，主动将自有知识提供给知识接受方，以提高双方创新绩效，实现新知识创造。这一定义将创新集群中有意识的知识溢出与传统知识溢出进行区分，丰富了创新集群知识溢出的研究内容。

第二，有意识的知识溢出的两个维度对集群衍生效应中的企业衍生、技术衍生均具有正向影响。其中，贡献者溢出更能影响企业衍生，而项目溢出更能影响技术衍生。并且集群衍生效应的两个潜变量对集群创新绩效的影响作用存在一定的差异。有意识的知识溢出在企业家导向与知识资本之间起到部分中介作用，既突出了知识溢出方的主动性意愿，又兼顾了知识溢出对接受方的外部性效果，拓展了不同技术水平的集群企业之间基于溢出方合作意愿的纵向知识共享模式。由此构成了关于创新集群知识资本积累模式的更为全面的阐释，进一步通过有意识的知识溢出揭示了集群企业对知识网络环境的主动适应性机制。

第三，加强平台企业与合作企业间的交流与合作，形成共生共存、资源互享的模式，创造稳定的生态系统环境，进行持续的协同创新活动，实现系统价值的创造。总体而言，平台企业作为生态系统的管理者和大量资源的掌握者，应该对资源知识分享采取开放的态度，为合作伙伴提供获取信息的渠道并提供支持，引导合作伙伴围绕自身产品技术进行协同创新，推动产品技术的发展，达到价值共赢的目标。

第四，在核心企业网络治理方面的研究中，核心企业与集群创新间的关系至今模糊不清。本书通过文献回顾、概念梳理等过程，整合资源依赖理论与惯例研究，提出核心企业知识权力与产业集群知识创造能力间的倒 U 形曲线关系模式，并引入了网络惯例这一研究视角，为核心企业网络治理的内在机制提供了理论阐释。此外，"有核"集群存在双向的技术溢出效应，除了核心企业的正向技术溢出外，中小企业的逆向技术溢出也能显著提高集群创新绩效。联合依赖对正向、逆向技术溢出与集群创新绩效间的关系起着正向调节作用，当核心企业与中小企业间的联合依赖水平较高时，正向、逆向技术溢出对集群创新绩效的积极作用更加强烈。非对称依赖对正向、逆向技术溢出与集群创新绩效间的关系起负向调节作用，会削弱正向、逆向技术溢出对集群创新绩效的影响。

第五，对于高新技术产业集群而言，如何在核心企业技术溢出过程中动态配置与非核心企业的竞合关系模式，实现集群整体创新绩效的提升，关键在于从动态视角出发，探索竞合关系模式在核心企业技术溢出过程中扮演的角色。通过对辽宁沈本新城与东莞松山湖创新集群的纵向案例解剖，本书主要发现：在核心企业技术溢出的过程中，4种竞合关系模式顺序更迭（孤立型、依附型、渐进型、共生型）扮演了重要角色。探索了核心企业技术溢出的"拉拢效应"与"追赶效应"演化阶段，以及与不同竞合关系模式的匹配过程，发现与核心企业技术溢出过程相匹配的竞合关系模式，对创新绩效有着不同程度的影响。

9.2 研究展望

9.2.1 产业链知识体属性的挖掘

在知识经济背景下，产业链已经大大超越传统生产要素沿着生产工序排列组合的范畴。知识作为至关重要的生产要素，以及适应最终产品高技术含量和复杂程度的网状产业链的出现（Jeffrey & Kentaro，2000；芮明杰、刘明宇，2006），改变了传统产业链的价值创造属性，使垂直整合能够同时具备控制生产过程和知识整合的双重功能（Cheng，et al.，2013）。如苹果公司同时运营其终端电子产品的硬件和软件两大产业链，不仅掌握着两大产业链上的关键技术环节和分销渠道，而且通过最终产品设计将两大产业链闭合为一个相对封闭的产品系统，某些外部环节也制定了极为苛刻的产品标准，并以高度嵌入外包活动的方式打造能够提供知识共享的产业平台。因此，这种垂直整合模式从结构上讲已经不是一种传统意义上的垂直整合模式，而是基于系统构建的垂直整合与外包并存的混合模式（纪雪洪等，2013），这一模式致力于打造一种由最终产品带给消费者的多重体验和全方位的满足感。今天的企业如果简单提供一种创新产品，其竞争力是不够持久的，企业竞争的长久优势在于全产业链参与的系统竞争，创新越来越需要系统的协同并指向系统的自我增强。因此，从价值创造上讲，这也是一种产业链控制力与产业机会创造力的混合模式，从知识角度讲则是一种模块化知识分工和网络化知识共享的混合模式。

9.2.2 知识整合、垂直整合与创新生态系统生成

在现有研究基础上，应尝试通过双重网络嵌入将知识整合能力和创新生态系统生成有机结合，关注企业内部的部门集群网络（Sectoral Clusters Networking），企业外部的跨产业链虚拟协作网络和实体空间的地域集群网络对新型垂直整合战略的塑造过程。

创新生态系统是由多主体共同参与，通过优化和联结多种知识价值链，实现知识创新资源的动态整合（Carayannis & Campbell，2012），知识整合是驱动该系统生成的核心要素。可以通过文献梳理、案例分析和回归分析等方法建立知识整合导向同创新生态系统的理论联系，分析知识整合情境导向和界面导向对创新生态系统的影响，在尝试建立直接相关关系的基础上，进一步发展理论关系并探索适用条件及其他影响因素。

接下来可以进一步探讨知识整合能力同创新生态系统直接关系的理论依据，由于知识整合能力基于知识创造过程本身，这一过程也涵盖创新生态系统从企业内部扩展到产业，乃至区域范畴所引起的能力主体的变化。因此，有利于从创新网络和知识集群等角度进一步挖掘知识整合能力和创新生态系统的关系机理。将建立知识整合能力同创新生态系统进行理论关联，探索理论的适用条件及其他影响因素。

9.2.3 多层次组织间创新网络特性与创新集群衍生动力

创新网络作为提供知识溢出和知识创造的组织机制促进创新集群衍生，而不仅是情境。接下来的研究可以从企业、产业和区域三个层次考察创新网络性质，并为多层次创新网络发挥的创新集群动力作用提供理论和实证贡献。

（1）企业层次的创新网络特性与创新集群衍生动力机制。可以借鉴 Gnyawali & Srivastava （2013）的研究，将创新网络划分为知识资源利用型和知识协作开发型网络，这两种定位将提供企业不同的创新机会，而企业家活动包含机会的套利和对创造出的新机会的开发利用，在这个过程中知识溢出通过企业家精神进行传播（Acs，et al.，2009）。在此认

识上，建立企业层次的企业家精神动力机制模型，研究企业家精神如何在不同的网络定位中推动知识溢出形成知识库、促进不同形式的创新和发现创业机会，实现创新集群衍生的作用。

（2）产业层次的创新网络特性与创新集群衍生动力机制。可以借鉴 Javorcik & Spatareanu（2008）对产业层次网络性质的划分。针对垂直互补性网络，从产业供应链的视角出发，关注产业链垂直整合的信息或知识分享对集群衍生的影响，尤其考察这一模式中的联盟合作关系；而水平集中化网络拟从产业组织的视角出发，关注相同产业中人力资源、专利等携带信息和知识的载体的流动性对创新集群衍生的影响，尤其考察这一模式中的市场竞争关系。

（3）区域层次的创新网络特性与创新集群衍生动力机制。可以借鉴 Gardet 和 Mothe（2012）、Batterink 等（2010）的研究，基于网络协调主体差异将创新网络划分为中心企业主导网络和外部经济人主导网络。创新和企业家精神被理解为由无数经纪人的相互作用导致（Ferrary & Granovetter，2009），考察支持高新技术企业启动和发展的经纪人的多样性和联结多重性特征，并进一步讨论风投企业（VC）与大学、大型企业、实验室等知识和创业源组成的区域创新生态体系对创新集群衍生的影响。

（4）跨层次动力机制。可以借鉴 Morel（1999）、Wegner（1995）、Lewis（2004）、樊钱涛（2012）的研究，通过建立区域创新机构、集群企业间的知识索引体系研究区域层次对集群层次、集群层次对企业层次创新的调节作用。知识索引体系本质上是知识分工系统，能够使每个区域和集群企业追踪自己的知识溢出，在哪些企业又形成了异质性的技术专长，从而有利于知识溢出企业更有效地利用这些知识合作创造新知识。可以讨论跨层次的网络的特性如何将整个产业集群联结成一个具备活力和衍生能力的知识存储库，及各层次之间的相互影响如何为集群创新提供主动性机制、诱发性机制和协调机制等动力机制。

主要参考文献

[1]　白鸥，魏江，斯碧霞. 关系还是契约：服务创新网络治理和知识获取困境 [J]. 科学学研究，2015（9）：1432-1440.

[2]　宝贡敏，王庆喜. 战略联盟关系资本的建立与维护 [J]. 研究与发展管理，2004（3）：9-14.

[3]　卞显红. 基于自组织理论的旅游产业集群演化阶段与机制研究——以杭州国际旅游综合体为例 [J]. 经济地理，2011（2）：327-332.

[4]　蔡酞花，黄娟，王丽丽. 产学研网络惯例、知识协同与创新绩效的关系 [J]. 技术经济，2017（6）：40-45.

[5]　曾德明，邹思明，张运生. 高科技企业创新生态系统定价模式研究 [J]. 中国科技论坛，2013（5）：30-35.

[6]　常红锦，杨有振. 创新网络惯例、网络位置与知识共享 [J]. 研究与发展管理，2016（3）：89-96.

[7]　陈菲琼. 关系资本在企业知识联盟中的作用 [J]. 科研管理，2003（5）：37-43.

[8]　陈劲，蒋子军，陈钰芬. 开放式创新视角下企业知识吸收能力影响因素研究 [J]. 浙江大学学报：人文社会科学版，2011（5）：71-82.

[9]　陈彦亮，高闯. 基于组织双元能力的惯例复制机制研究 [J]. 中国工业经济. 2014（10）：147-160.

[10] 陈羽，朱子凯，贺扬. 技术差距如何影响 FDI 技术溢出效应——基于中国制造业面板数据的实证分析［J］. 世界经济研究，2012（6）：71-76.

[11] 程鹏，张桂芳，余江. 知识整合能力与本土企业的快速追赶——基于华星光电的分析［J］. 科学学研究，2014（7）：1060-1069.

[12] 池毛毛，赵晶，李延晖，等. 企业平台双元性的实现构型研究：一项模糊集的定性比较分析［J］. 南开管理评论，2017（3）：65-76.

[13] 池仁男，虞晓芬，李正卫. 我国东西部地区技术创新效率差异及其原因分析［J］. 中国软科学，2004（8）：128-131.

[14] 崔焕金，曾蓓. 地方集群竞争优势的持续——嵌入全球价值链［J］. 科技情报开发与经济，2005（7）：97-99.

[15] 崔焕金. 动态联盟的创新优势：知识的结构性整合［J］. 求实，2005（9）：47-48.

[16] 单子丹，邹映，陈晓利. 双元惯例动态异质性网络与开放式知识创造：策略选择及路径优化［J］. 科学学与科学技术管理，2018（4）：88-98.

[17] 党兴华，孙永磊. 技术创新网络位置对网络惯例的影响研究——以组织间信任为中介变量［J］. 科研管理，2013（4）：1-8.

[18] 党兴华，魏龙，闫海. 技术创新网络组织惯性对双元创新的影响研究［J］. 科学学研究，2016（9）：1432-1440.

[19] 党兴华，郑登攀. 技术创新网络中核心企业影响力评价因素研究［J］. 科研管理，2007（3）：19-27.

[20] 丁魁礼，钟书华. 创新集群：研究谱系与分析维度［J］. 科研管理，2010（6）：151-158.

[21] 樊钱涛. 产业集群内共同创造的发生机制与绩效影响研究［D］. 杭州：浙江大学，2012.

[22] 范培华，高丽，侯明君. 扎根理论在中国本土管理研究中的运用现状与展望［J］. 管理学报，2017（9）：1274-1282.

[23] 方岚，郭洋，王宁. 核心企业网络权力、关系承诺与弱势企业绩效——网络权力侵蚀视角［J］. 科技管理研究，2018（19）：216-225.

[24] 付韬，张永安，李晨光. 焦点企业核型结构产业集群技术创新传播多网络连通性剖析［J］. 科技进步与对策，2017（22）：55-63.

[25] 高雪莲. 北京高科技产业集群衍生效应及影响分析——基于中关村科技园区的实证研究［J］. 中国科技论坛，2009（4）：62-67.

[26] 高雪莲. 产业集群衍生效应的若干理论问题探讨——以高科技产业集群为例［J］. 云南师范大学学报：哲学社会科学版，2008（4）：100-105.

[27] 高志军，朱卫平，陈圣迪. 物流服务供应链整合研究［J］. 中国流通经济，

2017 (10)：46-54.

[28] 龚丽敏，江诗松. 平台型商业生态系统战略管理研究前沿：视角和对象 [J]. 外国经济与管理，2016 (6)：38-50.

[29] 韩炜，杨俊，陈逢文，等. 创业企业如何构建联结组合提升绩效？——基于“结构-资源”互动过程的案例研究 [J]. 管理世界，2017 (10)：130-149.

[30] 郝斌，任浩. 企业间领导力：一种理解联盟企业行为与战略的新视角 [J]. 中国工业经济，2011 (3)：109-118.

[31] 贺正楚，刘亚茹. 集群创新网络、核心企业与轨道交通装备制造业的发展 [J]. 湖南科技大学学报：社会科学版，2019 (1)：168-180.

[32] 侯宏. 从消费互联网寡头格局迈向产业互联网生态共同体 [J]. 清华管理评论，2019 (4)：72-83.

[33] 胡蓓，古家军. 基于 BP 神经网络的产业集群创新能力评价实证研究 [J]. 科技进步与对策，2008 (7)：144-147.

[34] 胡建绩，陈海滨. 促进产业集群企业衍生的关键“软因素”分析——以浙江“块状经济”企业衍生的经验为例 [J]. 中国工业经济，2005 (3)：51-57.

[35] 胡杨，李郇. 多维邻近性对产学研合作创新的影响——广州市高新技术企业的案例分析 [J]. 地理研究，2017 (4)：695-706.

[36] 黄速建，王欣，叶树光，等. 开放式系统创新模式研究——以天士力集团为例 [J]. 中国工业经济，2010 (1)：11.

[37] 霍沛军，宣国良. 纵向一体化对下游企业 R&D 投资的效应 [J]. 管理工程学报，2002 (1)：44-46.

[38] 纪雪洪，孙道银，陈元智. 整合还是外包——基于汽车制造业的多案例研究 [J]. 管理案例研究与评论，2013 (4)：92-102.

[39] 贾旭东，衡量. 基于“扎根精神”的中国本土管理理论构建范式初探 [J]. 管理学报，2016 (3)：336-346.

[40] 简美玲. 基于供应链视角的企业边界整合：类型划分与台湾产业案例 [J]. 物流技术，2010 (12)：160-162.

[41] 简兆权，令狐克睿，李雷. 价值共创研究的演进与展望——从“顾客体验”到“服务生态系统”视角 [J]. 外国经济与管理，2016 (9)：3-20.

[42] 姜翰，金占明. 企业间关系强度对关系价值机制影响的实证研究——基于企业间相互依赖性视角 [J]. 管理世界，2008 (12)：114-125.

[43] 蒋石梅，张玉瑶，王自媛，等. 非技术要素对企业创新生态系统的作用机理——以海尔创新生态系统为例 [J]. 技术经济，2018 (4)：29-36.

[44] 解学梅，左蕾蕾. 企业协同创新网络特征与创新绩效：基于知识吸收能力的中介效应研究 [J]. 南开管理评论，2013（3）：47-56.

[45] 赖磊，等. 基于模块化理论地产业集群创新能力研究 [J]. 科技管理研究，2006（2）：85-87.

[46] 兰娟丽，雷宏振. 基于知识外溢的产业集群企业合作演化博弈分析 [J]. 技术经济，2015（3）：1-6.

[47] 李恒毅，宋娟. 新技术创新生态系统资源整合及其演化关系的案例研究 [J]. 中国软科学，2014（6）：129-141.

[48] 李健，西宝. 管制俘获成因的定性比较分析 [J]. 哈尔滨工程大学学报，2012（7）：923-928.

[49] 李健. 基于模糊集定性比较分析的民营企业政治行为有效性研究 [J]. 商业经济与管理，2012（11）：48-55.

[50] 李琳，李一智. 产业集群中的知识流动与创新机制研究评述 [J]. 西北民族大学学报：哲学社会科学版，2005（2）：30-35.

[51] 李玲，党兴华. 基于权力依赖的技术创新网络核心企业的识别研究 [J]. 软科学，2009（5）：72-77.

[52] 李玲. 技术创新网络中企业间依赖、企业开放度对合作绩效的影响 [J]. 南开管理评论，2011（4）：16-24.

[53] 李培楠，赵兰香，万劲波. 产学研合作过程管理与评价研究——美国工业/大学合作研究中心计划管理启示 [J]. 科学学与科学技术管理，2013（2）：20-27.

[54] 李鹏，胡汉辉. 企业到平台生态系统的跃迁：机理与路径 [J]. 科技进步与对策，2016（10）：1-5.

[55] 李其玮，顾新，赵长轶. 创新生态系统研究综述：一个层次分析框架 [J]. 科学管理研究，2016（2）：14-17.

[56] 李万，常静，王敏杰. 创新 3.0 与创新生态系统 [J]. 科学学研究，2014（12）：1761-1770.

[57] 李卫国，钟书华. 创新集群绩效评价：以欧洲 IT 集群为例 [J]. 科技与经济，2010（3）：15-18.

[58] 李湘桔，詹勇飞. 创新生态系统——创新管理的新思路 [J]. 电子科技大学学报：社会科学版，2008（1）：45-48.

[59] 李小康，胡蓓. 大企业衍生创业对创业集群形成的影响研究 [J]. 科研管理，2013（9）：72-80.

[60] 李晓华，张亚豪. 个体如何参与企业的价值创造?——众包理论与实践研究评述 [J]. 经济管理，2013（11）：48-58.

[61] 李宇，陆艳红，张洁. 产业集群创新网络的知识创造效用研究——有意识的知识溢出视角 [J]. 2017 (6)：94-106.

[62] 李宇，王俊倩. 产业集群技术溢出的正向利用机制与创新绩效——兼论如何减小技术模仿等负效应 [J]. 经济管理，2015 (3)：23-32.

[63] 李宇，陆艳红. 知识权力如何有效运用："有核"集群的知识创造及权力距离的调节作用 [J]. 南开管理评论，2018 (6)：107-120.

[64] 李煜华，李昕，胡瑶瑛. 创意产业集群企业间双向知识流动影响因素分析 [J]. 科技与管理，2013 (2)：1-4.

[65] 李煜华，武晓锋，胡瑶瑛. 基于演化博弈的战略性新兴产业集群协同创新策略研究 [J]. 科技进步与对策，2013 (2)：70-73.

[66] 梁娟，陈国宏. 多重网络嵌入与集群企业知识创造绩效研究 [J]. 科学学研究，2015 (1)：90-97.

[67] 梁启华. 相关技术及衍生技术对产业集聚的影响机理 [J]. 科学学与科学技术管理，2005 (4)：48-51.

[68] 林莉，周鹏飞. 知识联盟中知识学习、冲突管理与关系资本 [J]. 科学学与科学技术管理，2004 (4)：107-110.

[69] 刘兰剑，司春林. 创新网络 17 年研究文献述评 [J]. 研究与发展管理，2009 (4)：68-77.

[70] 刘明霞，于飞. 在华跨国公司母子双向知识流动及其转移逻辑 [J]. 科研管理，2015 (2)：160-166.

[71] 刘学元，丁雯婧，赵先德. 企业创新网络中关系强度、吸收能力与创新绩效的关系研究 [J]. 南开管理评论，2016 (1)：30-42.

[72] 刘学元，丁雯婧，赵先德. 企业创新网络中关系强度、吸收能力与创新绩效的关系研究 [J]. 南开管理评论，2016 (1)：30-42.

[73] 刘友金，罗发友. 基于焦点企业成长的集群演进机理研究——以长沙工程机械集群为例 [J]. 管理世界，2005 (10)：159-161.

[74] 刘玉琴. 交易性金融资产与可供出售金融资产会计处理异同浅析 [J]. 财会通讯，2011 (4)：63-65

[75] 卢艳秋，叶英平. 产学研合作中网络惯例对创新绩效的影响 [J]. 科研管理. 2017 (3)：11-17.

[76] 罗珉，赵红梅. 中国制造的秘密：创新+互补性资产 [J]. 中国工业经济，2009 (5)：46-56.

[77] 罗颖，王腾，易明. 开放式创新与产业集群创新绩效的关联机理研究 [J]. 管理学报，2017 (2)：229-234.

[78] 吕一博，苏敬勤. 企业网络与中小企业成长的关系研究 [J]. 科研管理，

2010 (4): 39-48.

[79] 吕一博，程露，苏敬勤. 组织惯性对集群网络演化的影响研究 [J]. 管理科学学报，2015 (6): 30-40.

[80] 毛文静. 基于网络化的中小企业集群成长机理 [J]. 技术经济，2011 (10): 104-108.

[81] 梅亮，陈劲，刘洋. 创新生态系统：源起、知识演进和理论框架 [J]. 科学学研究，2014 (12): 1771-1780.

[82] 梅亮，陈劲. 创新范式转移——责任式创新的研究兴起 [J]. 科学与管理，2014 (3): 3-11.

[83] 倪宁，杨玉红. 基于模糊集定性比较分析方法改进胜任力建模 [J]. 工业工程与管理，2009 (2): 109-113.

[84] 彭向，蒋传海. 产业集聚、知识溢出与地区创新——基于中国工业行业的实证检验 [J]. 经济学 (季刊)，2011 (3): 913-934.

[85] 芮明杰，李宇，刘昆. 产业集群中的知识溢出：框架、焦点议题与中国情境 [J]. 研究与发展管理，2017 (4): 54-64.

[86] 芮明杰，刘明宇. 网络状产业链的知识整合研究 [J]. 中国工业经济，2006 (1): 49-55.

[87] 石乘齐，党兴华. 创新网络中组织间依赖的维度和构面研究 [J]. 经济管理，2012 (12): 120-128.

[88] 石乘齐. 创新情景下组织间依赖的研究述评 [J]. 科技管理研究，2017 (1): 32-36.

[89] 史永隽. 源企业成长障碍、社会网络结构特征与孵化型集群衍生——以浙江洛舍钢琴产业集群为案例 [J]. 学术研究，2012 (3): 67-74.

[90] 宋晶，孙永磊，陈劲. 基于调节定向的网络惯例对合作创新绩效的作用研究 [J]. 科学学与科学技术管理，2017 (2): 127-137.

[91] 孙冰，周大铭. 国外创新网络核心企业研究现状评介与未来展望 [J]. 外国经济与管理，2011 (8): 17-24.

[92] 孙红霞，生帆，李军. 基于动态能力视角的知识流动过程模型构建 [J]. 图书情报工作，2016 (14): 39-46.

[93] 孙姝羽，薛伟贤，党兴华. 网络惯例情境下技术创新网络治理方式选择研究 [J]. 科学学与科学技术管理，2017 (8): 62-71.

[94] 孙永磊，党兴华. 基于网络惯例的双元能力对合作创新绩效的影响 [J]. 管理科学，2014 (2): 38-47.

[95] 王程韡. 腐败的社会文化根源：基于模糊集的定性比较分析 [J]. 社会科学，2013 (10): 28-39.

[96] 王凤彬，江鸿，王璁. 央企集团管控架构的演进：战略决定、制度引致还是路径依赖？——一项定性比较分析（QCA）尝试 [J]. 管理世界，2014（12）：92-117.

[97] 王凤彬，郑晓杰，陈公海，等. 管理要素联动效应与中央企业管理提升——基于管理系统网络特征的跨层比较分析 [J]. 中国工业经济，2014（5）：135-147.

[98] 王宏起，汪英华，武建龙，等. 新能源汽车创新生态系统演进机理——基于比亚迪新能源汽车的案例研究 [J]. 中国软科学，2016（4）：81-94.

[99] 王节祥，蔡宁，盛亚. 龙头企业跨界创业、双平台架构与产业集群生态升级——基于江苏宜兴"环境医院"模式的案例研究 [J]. 中国工业经济，2018（2）：157-175.

[100] 王珺. 衍生型集群：珠江三角洲西岸地区产业集群生成机制研究 [J]. 管理世界，2005（8）：80-86.

[101] 王璐，高鹏. 扎根理论及其在管理学研究中的应用问题探讨 [J]. 外国经济与管理，2010（12）：10-18.

[102] 王鹏飞，张红霞，曹洪军. 基于BP神经网络的产业集群创新能力研究 [J]. 科学学与科学技术管理，2005（5）：73-76.

[103] 王然，燕波，邓伟根. FDI对我国工业自主创新能力的影响及机制——基于产业关联的视角 [J]. 中国工业经济，2010（12）：16-25.

[104] 王伟光，冯荣凯，尹博. 产业创新网络中核心企业控制力能够促进知识溢出吗？[J]. 管理世界，2015（6）：99-109.

[105] 魏江，徐蕾. 知识网络双重嵌入、知识整合与集群企业创新能力 [J]. 管理科学学报，2014（2）：34-47.

[106] 吴波，杨菊萍. 区域龙头企业的知识溢出与本地中小企业成长——基于浙江省三个产业集群中小企业调查的实证研究 [J]. 科学学研究，2008（1）：130-136.

[107] 吴绍波，顾新. 战略性新兴产业创新生态系统协同创新的治理模式选择研究 [J]. 研究与发展管理，2014（1）：13-21.

[108] 吴钊阳，邵云飞，党雁. 产业集群协同创新网络结构演化——以"一校一带"模式为例 [J]. 技术经济，2018（1）：8-17.

[109] 肖静华，谢康，吴瑶，等. 从面向合作伙伴到面向消费者的供应链转型——电商企业供应链双案例研究 [J]. 管理世界，2015（4）：137-154，188.

[110] 肖利平，谢丹阳. 国外技术引进与本土创新增长：互补还是替代——基于异质吸收能力的视角 [J]. 中国工业经济，2016（9）：75-92.

[111] 徐占忱，何明升. 接近性、互动网络与区域企业集群创新 [J]. 科学学与科学技术管理，2005 (6)：87-91.

[112] 许庆瑞，毛凯军. 论企业集群中的龙头企业网络和创新 [J]. 研究与发展管理，2003 (4)：53-58.

[113] 闫威，杨金兰. 锦标赛理论研究综述 [J]. 华东经济管理，2010 (8)：135-141.

[114] 杨皎平，侯楠，徐雷. 知识溢出与集群创新绩效：竞争程度调节效应 [J]. 科研管理，2015 (6)：68-74.

[115] 杨皎平，张恒俊，金彦龙. 集群文化嵌入与创新绩效关系研究——以创新环境不确定性为调节变量 [J]. 软科学，2015 (4)：20-24.

[116] 杨菊萍，贾生华. 知识扩散路径、吸收能力与区域中小企业创新——基于浙江省3个传统制造业集群的实证分析 [J]. 科研管理，2009 (5)：17-24.

[117] 杨勇，周勤. 集群网络、知识溢出和企业家精神——基于美国高科技产业集群的证据 [J]. 管理工程学报，2013 (2)：32-37.

[118] 姚先国，温伟祥，任洲麒. 企业集群环境下的公司创业研究——网络资源与创业导向对集群企业绩效的影响 [J]. 中国工业经济，2008 (3)：84-92.

[119] 应瑛，刘洋，魏江. 开放式创新网络中的价值独占机制：打开"开放性"和"与狼共舞"悖论 [J]. 管理世界，2018 (2)：144-160，188.

[120] 由雷，王伟光. 创新网络中非核心企业技术创新能力评价 [J]. 经济问题探索，2017 (7)：59-68.

[121] 于旭，朱秀梅. 技术溢出对集群企业创新绩效的影响机理研究 [J]. 科学学研究，2010 (9)：1435-1440.

[122] 岳贤平，李廉水，顾海英. 专利交叉许可的微观机理研究 [J]. 情报理论与实践，2007 (3)：306-310.

[123] 张驰，郑晓杰，王凤彬. 定性比较分析法在管理学构型研究中的应用：述评与展望 [J]. 外国经济与管理. 2017 (4)：68-83.

[124] 张春晏. 在硅谷，看科技巨头全球竞争与投资战略——吴军对话曾鸣 [J]. 清华管理评论，2017 (11)：5-11.

[125] 张华. 合作稳定性、参与动机与创新生态系统自组织进化 [J]. 外国经济与管理，2016 (12)：59-73.

[126] 张杰，张少辉，刘志彪. 多维技术溢出效应、本土企业创新动力与产业升级的路径选择——基于中国地方产业集群形态的研究 [J]. 南开经济研究，2007 (3)：47-67.

[127] 张危宁，朱秀梅，柳青，等. 高技术产业集群创新绩效评价指标体系设计 [J]. 工业技术经济，2006 (11)：57-60.

［128］ 张永安，王燕妮．核心企业创新网络结构、类型解析［J］．科学学与科学技术管理，2010（12）：50-55．

［129］ 张运生，邹思明．高科技企业创新生态系统治理机制研究［J］．科学学研究，2010（5）：785-792．

［130］ 张运生．高科技企业创新生态系统边界与结构解析［J］．软科学，2008（11）：95-97，102．

［131］ 赵勇，白永秀．知识溢出：一个文献综述［J］．经济研究，2009（1）：144-156．

［132］ 周飞，孙锐．吸收能力与网络惯例形成演化视角下的突破性产品创新研究［J］．管理学报，2015（12）：873-879．

［133］ 周文，陈伟，郎益夫．集群创新网络知识动态增长研究：基于过程视角［J］．系统工程学报，2015（4）：431-441．

［134］ DARON A, PHILIPPE A, RACHEL G, et al. . Vertical Integration and Technology: Theory and Evidence［J］. Journal of the European Economic Association, 2010, 8 (5): 989-1033.

［135］ DARON A, PHILIPPE A, FABRIZIO Z.Vertical Integration and Distance to Frontier［J］. Journal of the European Economic Association, 2003, 1 (2-3): 630-638.

［136］ ACS Z J, BRAUNERHJELM P.AUDRETSCH D B, et al .The knowledge spillover theory of entrepreneurship［J］. Small Business Economics, 2009, 32 (1): 15-30.

［137］ ADNER R.Match your innovation strategy to your innovation ecosystem［J］. Harvard Business Review, 2006, 84 (4): 98-107.

［138］ ADNER R, KAPOOR R .Value creation in innovation ecosystems: How the structure of technological interdependence affects firm performancein new technology generations［J］. Strategic Management Journal, 2010, 31 (3): 306-333.

［139］ ADNER R. Ecosystem as Structure: An Actionable Construct for Strategy［J］. Journal of Management, 2017, 43 (1): 39-58.

［140］ AGARWAL R, AUDRETSCH D, SARKAR M B. The process of creative construction: knowledge spillovers, entrepreneurship, and economic growth［J］. Strategic Entrepreneurship Journal, 2007, 1 (3-4): 263-286.

［141］ PHILIPPE A, RACHEL G, PETER H.U-shaped relationship between vertical integration and competition: Theory and evidence［J］.

International Journal of Economic Theory, 2006, 2 (3-4): 351-363.

[142] ALCÁCER, JUAN, CHUNG W . Location Strategies and Knowledge Spillovers [J]. Management Science, 2007, 53 (5): 760-776.

[143] ALDERSON S, NIELSEN F.Globalization and the Great U-Turn: Income Inequality Trends in 16 OECD Countries [J]. American Journal of Sociology, 2002, 107 (5): 1244-1299.

[144] ROMANO A, GIUSEPPINA P, PASQUALE DV, et al..The innovation ecosystem as booster for the innovative entrepreneurship in the smart specialisation strategy [J]. International Journal of Knowledge-Based Development, 2014, 5 (3): 271-288.

[145] ALEXY O, GEORGE G, SALTER A I . Cui Bono? The Selective Reveling of Knowledge and Its Implications for Innovative Active [J]. Academy of Management Review, 2013, 38 (2): 270-291.

[146] ALEXY O, GEORGE G, SALTER A J. Cui Bono? The Selective Revealing of Knowledge and Its Implications for Innovative Activity [J]. Academy Of Management Review, 2013, 38 (2): 270-291.

[147] ALMEIDA P, KOGUT B.Localization of knowledge and the mobility of engineers in regional networks [J]. Management science, 1999, 45 (7): 905-917.

[148] ALMEIDA P, PHENE A. Subsidiaries and knowledge creation: the influence of the MNC and host country on innovation [J]. Strategic Management Journal, 2004, 25 (8-9): 847-864.

[149] NIGAM A, HUISING R, GOLDEN B. Explaining the Selection of Routines for Change during Organizational Search [J]. Administrative Science Quarterly, 2016, 61 (4): 551-583.

[150] ARIKAN A T. Interfirm Knowledge Exchanges and the Knowledge Creation Capability of Clusters [J]. Academy of Management Review, 2009, 34 (4): 658-676.

[151] ANNA A, MARCO T, TIZIANA R S, et al.. Exploring innovation contexts: system, network and ecosystem innovation [J] . International Journal of Management and Enterprise Development, 2016, 15 (2-3): 127-146.

[152] ARGOTE L, GREVE H R. A behavioral theory of the firm—40 years and counting: Introduction and impact [J]. Organization Science, 2007, 18 (3): 337-349.

[153] ARNALDO C. Transforming industrial districts: large firms and small business networks in the Italian eyewear industry [J]. Industry & Innovation, 2003, 10 (4): 377-401.

[154] AUDRETSCH D B, FELDMAN M P. Knowledge spillovers and the geography of innovation [J]. Handbook of Urban & Regional Economics, 2003, 4 (3): 2713-2739.

[155] BARTOL K M, SRIVASTAVA A. Encouraging knowledge sharing: The role of organizational reward systems [J]. Journal of Leadership & Organizational Studies, 2002, 9 (1): 64-76.

[156] BECKER M. Organizational routines: a review of the literature [J]. Industrial and Corporate Change. 2005, 13 (4): 643-677.

[157] BEHERA S R B. Regional foreign direct investment and technology spillover: evidence across different clusters in India [J]. Economics of Innovation & New Technology, 2017, (26): 1-25.

[158] BELL G G. Clusters, networks, and firm innovativeness [J]. Strategic management journal, 2005, 26 (3): 287-295.

[159] BHUYAN S Does vertical integration effect market power? Evidence from U.S. food manufacturing industries [J]. Journal of Agricultural and Applied Economics, 2005, 37 (I): 263-276.

[160] BLOCK J H, THURIK R, ZHOU H. What turns knowledge into innovative products? The role of entrepreneurship and knowledge spillovers [J]. Journal of Evolutionary Economics, 2013, 23 (4): 693-718.

[161] BOCKEN, PAUW, BAKKER, et al.. Product design and business model strategies for a circular economy [J]. Journal of Industrial and Production Engineering. 2016, 33 (5):

[162] BOER M D, BOSCH F A J V D, VOLBERDA H W. Managing organizational knowledge integration in the emerging multimedia complex [J]. Journal of Management Studies, 1999, 36 (3): 379-398.

[163] BORGH M, CLOODT M, ROMME A G L. Value creation by knowledge-based ecosystems: Evidence from a field study [J]. R & D Management, 2012, 42 (2): 150-169.

[164] BOSCH F A, VOLBERDA H W, BOER M D. Coevolution of firm absorptive capacity and knowledge environment: Organizational forms

and combinative capabilities [J]. Organiz ation Science, 1999, 10 (5): 551-568.

[165] BRETT A G, PATRICIA P M, DAVID B. Clusters, knowledge spillovers and new venture performance: An empirical examination [J]. Journal of Business Venturing, 2008, 23 (4): 405-422.

[166] BROCKMAN P, KHURANA I K, ZHONG R. Societal trust and open innovation [J]. Research Policy, 2018, 47 (10): 2048-2065.

[167] CAMPION M, MEDSKER G, HIGGS A. Relations between work group characteristics and effectiveness: implications for designing effective work groups [J]. Personnel Psychology. 2006, 46 (4): 823-847.

[168] CANIËLS M C J, VERSPAGEN B. Barriers to knowledge spillovers and regional convergence in an evolutionary model [J]. Journal of Evolutionary Economics, 2001, 11 (3): 307-329.

[169] CANNAVACCIUOLO L, IANDOLI L, PONSIGLIONE C, et al.. Learning by failure vs learning by habits: Entrepreneurial learning micro-strategies as determinants of the emergence of co-located entrepreneurial networks [J]. International Journal of Entrepreneurial Behavior & Research, 2017, 23 (3): 524-546.

[170] CANTNER U, Graf H. The network of innovators in Jena: An application of social network analysis [J]. Research Policy, 2006, 35 (4): 463-480.

[171] Carayannis E G, Laget P. Transatlantic innovation structure networks: public-private, EU-US partnerships [J]. R & D Management, 2004, 34 (1): 17-31.

[172] Casciaro T, Piskorski M J. Power Imbalance, Mutual Dependence, and Constraint Absorption: A Closer Look at Resource Dependence Theory. Administrative Science Quarterly, 2005, 50 (2): 167-199.

[173] Cassiman B, Veugelers R. In Search of Complementarity in Innovation Strategy: Internal R & D and External Knowledge Acquisition [J]. Management Science, 2006, 52 (1): 68-82.

[174] Chakkol M, Finne M, Raja J Z., Johnson M. Social capital is not for sale: a supply network perspective on mergers and acquisitions [J]. Supply Chain Management, 2018, 23 (5): 377-395.

[175] Chang H H, Chuang S S. Social capital and individual motivations on knowledge sharing: Participant involvement as a moderator [J].

Information & Management, 2011, 48（1）：9-18.

[176] Chen, Tsou, Ching.Co-production and its effects on service innovation [J]. Industrial Marketing Management.2011, 40（3）：1131-1146.

[177] Cheng J H, Fu Y C. Inter-organizational Relationships and Knowledge Sharing through the Relationship and Institutional Orientations in Supply Chains [J]. International Journal of Information Management, 2013, 33（3）：473-484.

[178] Chiu C M, Hsu M H, Wang E T. Understanding knowledge sharing in virtual communities：an integration of social capital and social cognitive theories [J]. Decision Support Systems, 2006, 42（3）：1872-1888.

[179] Chiu Y T H. How network competence and network location influence innovation performance [J]. Journal of Business & Industrial Marketing, 2008, 24（1）：46-55.

[180] Choi T Y, Hong Y. Unveiling the structure of supply networks：case studies in Honda, Acura, and DaimlerChrysler [J]. Operate Management. 2002, 20（5），469-493.

[181] Chrisman J J, Mcmullan E, Hall J.The influence of guided preparation on the long-term performance of new ventures [J]. Journal of Business Venturing, 2005, 20（6）：769-791.

[182] Cirillo B . External learning strategies and technological search output：Spinout strategy and corporate invention quality [J]. Organization Science, 2019, 30（2）：361-382.

[183] Clercq D D, Sapienza H J. Effects of relational capital and commitment on venture capitalists´ perception of portfolio company performance [J]. Journal of Business Venturing, 2006, 21（3）：326-347.

[184] Cohen M D, Burkhart, Dosi, et al.. Routines and other recurring action patterns of organizations：Contemporary research issues [J]. Industrial & Corporate Change. 1996, 5（3），653-688.

[185] Coombs J E, Deeds D L, Venkataraman S . An examination of the investments in U. S. biotechnology firms by foreign and domestic corporate partners [J]. Social Science Electronic Publishing, 2006, 21（4）：405-428.

[186] Cooper R G, Kleinschmidt E J. Benchmarking the Firm's Critical Success Factors in New Product Development [J]. Journal of Product Innovation Management, 2010, 12（5）：374-391.

[187] Cousins P D, Handfield R B, Lawson B, et al. Creating supply chain relational capital: The impact of formal and informal socialization processes [J]. Journal of Operations Management, 2006, 24 (6): 851-863.

[188] Danneels E. The Dynamics of Product Innovation and Firm Competences [J]. Strategic Management Journal, 2002, 23 (23): 1095-1121.

[189] Davids M, Frenken K. Proximity, Knowledge Base and the Innovation Process: Towards an Integrated Framework [J]. Regional Studies, 2018, 52 (3): 1-12.

[190] De Araujo PC, Sonia BCI, Bezerra Filho JM. Aggregation of a comparative non-parametric statistics to didactic engineerin [J]. Electronic Journal of Mathematics & Technology, 2011, 5 (3): 276-289.

[191] Dhanaraj C, Parkhe A. Orchestrating innovation networks [J]. Academy of Management Review, 2006, 31 (3): 659-669.

[192] Diez-Vial I, Alvarez-Suescun E. Geographical Agglomeration as an Alternative to Vertical Integrationl [J]. Review of Industrial Organization, 2010, 36 (36): 373-389.

[193] Ding X H, Huang R H . Effects of knowledge spillover on inter-organizational resource sharing decision in collaborative knowledge creation [J]. European Journal of Operational Research, 2010, 201 (3): 949-959.

[194] Döring T, Schnellenbach J. What do we know about geographical knowledge spillovers and regional growth?: a survey of the literature [J]. Regional Studies, 2006, 40 (03): 375-395.

[195] Dutta M, Marjit S. Intra-country Technology Transfer. Indian Economic Review [J]. 2016, 51 (2): 117-127.

[196] Dyer J H, Singh H. The Relational View: Cooperative Strategy and Sources of Inter-organizational Competitive Advantage [J]. Academy of Management Review 1998, 23 (4): 660-679.

[197] Elisa Giuliani, Martin Bell. The micro-determiants of meso-level learning and innovation: evidence from a Chilean wine cluster [J]. Research Policy, 2005, 34 (1): 47-68.

[198] Engel C, Kleine M . Who is Afraid of Pirates? An Experiment on the Deterrence of Innovation by Imitation [J]. Research Policy, 2015,

44（1）：20-33.

[199] Engel J S, del-Palacio I. Global networks of clusters of innovation：Accelerating the innovation process [J]. Business Horizons, 2009, 52（5）：493-503.

[200] Enkel E, Gassmann O, Chesbrough H. Open R & D and open innovation：exploring the phenomenon [J]. R & D Management, 2010, 39（4）：311-316.

[201] Escribano A, Fosfuri A, Tribo F J. Managing External Knowledge Flows：the Moderating Role of Absorptive Capacity [J]. Research Policy, 2009, 38（1）：96-105.

[202] Fehmi B, Moez E. Vertical Integration and Patent Licensing in Upstream and Downstream Markets [J]. Journal of Advanced Research in Management, 2010, 1（1）：4-17.

[203] Feldman M S. Organizational Routines as a Source of Continuous Change [J]. Organization Science. 2000, 11（6）：611-629.

[204] Feldman M, Pentland. Reconceptualizing organizational routines as a source of flexibility and change [J]. Administrative Science Quarterly. 2003, 48（1）：94－118.

[205] Fershtman C, Gandal N . Direct and indirect knowledge spillovers：the "social network" of open-source projects [J]. The RAND Journal of Economics, 2011, 42（1）：70-91.

[206] Fischer M M, Scherngell T Jansenberger E. The geography of knowledge spillovers between high-technology firms in Europe：Evidence from a spatial interaction modeling perspective [J] . Geographical Analysis, 2006, 38（3），288-309.

[207] Fiss P C. A set-theoretic approach to organizational configurations [J]. Academy of Management Review, 2007, 32（4）：1180-1198.

[208] Fiss P C. Building better causal theories：A fuzzy set approach to typologies in organization research [J] . Academy of Management Journal, 2011, 54（2）：393-420.

[209] Foord Jo. The new boomtown? Creative city to Tech City in east London [J]. Cities, 2013, 33：51-60.

[210] Fritsch M, Franke G. Innovation, regional knowledge spillovers and R & D cooperation [J]. Research Policy, 2004, 33（2）：245-255.

[211] Gardet E, Mothe C. SME dependence and coordination in innovation

networks [J]. Journal of Small Business and Enterprise Development, 2012, 19 (2): 263-280.

[212] Gay, B., Dousset, B.. Innovation and Network Structural Dynamics: Study of the Alliance Network of a Major Sector of the Biotechnology Industry [J]. Research Policy, 2005, 34 (10): 1457-1475.

[213] Geoffrey G, Bell. clusters, networks, and firm innovativeness [J]. Strategic Management Journal, 2005, 26 (3): 287-295.

[214] Gereffi G. International trade and industrial upgrading in the Apparel Commodity Chain [J]. Journal of International Economics, 1999, 48 (1): 37-70.

[215] Gertler M S, Levitte Y M. Local nodes in global networks: The geography of knowledge flows in biotechnology innovation [J]. Industry & Innovation, 2005, 12 (4): 487-507.

[216] Gianluca Elia, Alessandro M, Claudio P. An operational model to develop technology entrepreneurship "EGO-System" [J]. International Journal of Innovation and Technology Management, 2016, 13 (5): 1640008.

[217] Gilbert B A, McDougall P P, Audretsch D B. Clusters, knowledge spillovers and new venture performance: An empirical examination [J]. Journal of Business Venturing, 2008, 23 (4): 405-422.

[218] Giuliani E. The selective nature of knowledge networks in clusters: evidence from the wine industry [J]. Journal of Economic Geography, 2007, 7 (2): 139-168.

[219] Gnyawali D R, Srivastava M K. Complementary effects of clusters and networks on firm innovation: A conceptual model [J]. Journal of Engineering and Technology Management, 2013, 30 (1): 1-20.

[220] Gobble, M M. Charting the Innovation Ecosystem [J]. Research Technology Management, 2014, 57 (4): 57-59.

[221] Grant R M, Baden - Fuller C. A Knowledge accessing theory of strategic alliances [J]. Journal of Management Studies, 2004, 41 (1): 61-84.

[222] Gulati R, Sytch M. Dependence asymmetry and joint dependence in Inter -organizational relationships: Effects of embeddedness on a manufacturer's performance in procurement relationships [J]. Administrative Science Quarterly, 2007, 52 (1): 32-69.

[223] Gulati R, Sytch M. Does familiarity breed trust? Revisiting the

antecedents of trust [J]. Managerial and Decision Economics, 2008, 29 (2-3): 165-190.

[224] Hambrick D C, Humphrey S E, Gupta A. Structural Interdependence within Top Management Teams: A Key Moderator of Upper Echelons Predictions [J]. Strategic Management Journal, 2015, 36 (3): 449-461.

[225] Hansen M T. Knowledge Networks: Explaining effective knowledge sharing in multiunit companies [J]. Organization Science, 2002, 13 (3): 232-248.

[226] Hauser C, Tappeiner G, Walde J. The learning region: the impact of social capital and weak ties on innovation [J]. Regional Studies, 2007, 41 (1): 75-88.

[227] Hayton J C, George G, Zahra S A., National Culture and Entrepreneurship: A Review of Behavioral Research [J]. Entrepreneurship Theory & Practice, 2002, 26 (6): 33-52.

[228] Hendry C, Brown J. Dynamics of clustering and performance in the UK opto – electronics industry [J]. R egional Studies, 2006, 40 (7): 707-725.

[229] Hervas-Oliver J L, Albors-Garrigos J. The role of the firm's internal and relational capabilities in clusters: when distance and embeddedness are not enough to explain innovation [J]. Journal of Economic Geography, 2009, 9 (2): 263-283.

[230] Hochman O . Efficient agglomeration of spatial clubs [J]. Journal of Urban Economics, 2011, 69 (1): 0-135.

[231] Hollanders H, Terweel B. Technology, knowledge spillovers and changes in employment structure: Evidence from six OECD countries [J]. Labour Economics, 2002, 9 (5): 579-599.

[232] Hsu I. Knowledge sharing practices as a facilitating factor for improving organizational performance through human capital: A preliminary test [J]. Expert Systems with Applications, 2008, 35 (3): 1316-1326.

[233] Huggins R, Johnston A, Thompson P. Network capital, social capital and knowledge flow: how the nature of inter-organizational networks impacts on innovation [J]. Industry and Innovation, 2012, 19 (3): 203-232.

[234] Huggins R. Network resources and knowledge alliances: Sociological

perspectives on inter-firm networks as innovation facilitators [J]. International Journal of Sociology and Social Policy, 2010, 30 (9/10): 515-531.

[235] Huggins R, Johnston A, Thompson P. Network Capital, Social Capital and Knowledge Flow: How the Nature of Inter-organizational Networks Impacts on Innovation [J]. Industry and Innovation, 2012, 19 (3): 203-232.

[236] Hur K, Watanabe C. Dynamic Process of Technology Spillover: A Transfer Function Approach [J]. Technovation, 2018, 22 (7): 437-444.

[237] Iammarino S, McCann P. The structure and evolution of industrial clusters: Transactions, technology and knowledge spillovers [J]. Research policy, 2006, 35 (7): 1018-1036.

[238] Inkpen A C, Tsang E W. Social capital, networks, and knowledge transfer [J]. Acad Manag, 2005, 30 (1), 146-165.

[239] Ioannou, Ioannis. When Do Spinouts Enhance Parent Firm Performance? Evidence from the U.S. Automobile Industry, 1890-1986 [J]. Organization Science, 2014, 25 (2): 529-551.

[240] Jacobides, MacDuffie, Tae. Agency, structure and the dominance of OEMS: change and stability in the automotive sector [J]. Strategic Management Journal. 2016, 37 (9), 1942-1967.

[241] Javorcik B S, Spatareanu M. To share or not to share: Does local participation matter for spillovers from foreign direct investment? [J]. Journal of development Economics, 2008, 85 (1): 194-217.

[242] Jerome S, Engel, Itxaso del-Palacio, Global networks of clusters of innovation: Accelerating the innovation process [J]. Business Horizons, 2009, 52 (5): 493-503.

[243] Jianxi Luo, Giorgio Triulzi. Cyclic dependence, vertical integration, and innovation: The case of Japanese electronics sector in the 1990's [J]. Technological Forecasting & Social Change. 2018, 12 (9): 1-10.

[244] Jianxi Luo. Architecture and evolvability of innovation ecosystems [J]. Technological Forecasting & Social Change. 2017, 6 (33): 1-13.

[245] Jochen Streb. Shaping the national system of inter-industry knowledge exchange: Vertical integration, licensing and repeated knowledge transfer in the German plastics industry [J]. Research Policy, 2003,

32（6）：1125-1140.

[246] Johnston W J, Peters L D, Gassenheimer J. Questions about network dynamics: Characteristics, structures, and interactions [J]. Journal of Business Research, 2006, 59（8）：945-954.

[247] Jones G R, Hill C W. Transaction cost analysis of strategy-structure choice [J]. Strategic Management Journal, 2008, 29（2）：159-172.

[248] Kale P, Singh H, Perlmutter H. Learning and protection of proprietary assets in strategic alliances: building relational capital [J]. Strategic Management Journal, 2000, 21（3）：217-237.

[249] Kapoor R, Lee J M. Coordinating and competing in ecosystems: How organizational forms shape new technology investments [J]. Strategic Management Journal, 2013, 34（3）：274-296.

[250] Kaynaka E, Kara A. Market orientation and organizational performance: a comparison of industrial versus consumer companies in mainland China using market orientation scale （MARKOR）[J]. Industrial Marketing Management, 2004, 33（8）：743-753.

[251] Kim J Y R, Steensma H K. Employee mobility, spin-outs, and knowledge spill-in: How incumbent firms can learn from new ventures [J]. Strategic Management Journal, 2017, 38（8）：1626-1645.

[252] Kim, Minyoung. Geographic scope, isolating mechanisms, and value appropriation [J]. Strategic Management Journal, 2016, 37（4）：695-713.

[253] Lages L F, Silva G, Styles C. Relationship Capabilities, Quality, and Innovation as Determinants of Export Performance [J]. Journal of International Marketing, 2009, 17（4）：47-70.

[254] Lai M, Peng S, Bao Q. Technology spillovers, absorptive capacity and economic growth [J]. China Economic Review, 2006, 17（3）：300-320.

[255] Lalit, Manral. Technology Transfer and the Spillover Effect to Local Firms: Evidence from India. The Academy of Management, 2001, 2（15）：129-130.

[256] Lammarino S, McCann P. The structure and evolution of industrial clusters: Transactions, technology and knowledge spillovers [J]. Research Policy, 2005, 9（35）：1018-1035.

[257] Laursen K, Salter A J. The paradox of openness: Appropriability,

external search and collaboration [J]. Research Policy, 2014, 43 (5): 867-878.

[258] Lavie D. The competitive advantage of interconnected firms: An extension of the resource-based view [J]. Academy of management review, 2006, 31 (3): 638-658.

[259] Leten R, Belderbos R, Van Looy D. Technological diversification, coherence, and performance of firms [J]. Journal of Product Innovation Management, 2007, 24 (6): 567-579.

[260] Lewin, Volberda. Prolegomena on co-evolution: A framework for research on strategy and new organizational forms [J]. Organization Science, 1999, 10: 519-534.

[261] Lichtenthaler U. External commercialization of knowledge: review and research agenda [J]. International Journal of Management Review, 2005, 7 (4): 231-255.

[262] Lin H F. Knowledge sharing and firm innovation capability: an empirical study [J]. International Journal of Manpower, 2007, 28 (3/4): 315-332.

[263] Liu C H. The effects of innovation alliance on network structure and density of cluster [J]. Expert Systems with Applications, 2011, 38 (1): 299-305.

[264] Luo J, Baldwin, Whitney, et al.. The architecture of transaction networks: a comparative analysis of hierarchy in two sectors [J]. Industrial and Corporate Change, 2012. 21 (6), 1307-1335.

[265] Maarten J. Accelerating chemical start-ups in ecosystems: the need for biotopes [J]. European Journal of Innovation Management, 2016, 20 (1): 135-152.

[266] Macher J T. Technological development and the boundaries of the firm: a knowledge-based examination in semiconductor manufacturing [J]. Management Science, 2006, 52 (6): 826-843.

[267] Mahmood I P, Zhu H, Zajac E J. Where can capabilities come from? Network ties and capability acquisition in business groups [J]. Strategic Management Journal, 2011, 32 (8): 820-848.

[268] Mahr, Lievens, Blazevic. The value of customer cocreated knowledge during the innovation process [J]. Journal of Product Innovation Management, 2014, 31 (3): 599-615.

［269］ Maria B, Orjan S. Climate of competition, cluters and innonative performance ［J］. Scandinavian Jouranl of Management, 2004, 20 (3)：225-244.

［270］ Markham T, Frohlicha, Roy Westbrook. Arcs of integration：an international study of supply chain strategies ［J］. Journal of Operations Management, 2001, 19 (2)：185-200.

［271］ Maskell P. Knowledge creation and diffusion in geographic clusters ［J］. International journal of innovation Management, 2001, 5 (02)：213-237.

［272］ Mattes J. Dimensions of proximity and knowledge bases：innovation between spatial and non-spatial factors ［J］. Regional Studies, 2012, 46 (8)：1085-1099.

［273］ Mawdsley J K, Somaya D . Employee Mobility and Organizational Outcomes：An Integrative Conceptual Framework and Research Agenda ［J］. Journal of Management, 2015, 42 (1)：85-113.

［274］ McEvily B, Marcus A. Embedded ties and the acquisition of competitive capabilities ［J］. Strategic Management Journal, 2005, 26 (11)：1033-1055.

［275］ Michel Ferrary, Mark Granovetter. The role of venture capital firms in Silicon Valley's complex innovation network ［J］. Economy and Society, 2009, 38 (2)：326-359.

［276］ Milliou C. Vertical integration and R & D information flow：is there a need for "firewalls"? ［J］ . International Journal of Industrial Organization, 2004, 22 (1)：25-33.

［277］ Minbaeva D B. HRM practices and MNC knowledge transfer ［J］. Personnel Review, 2005, 34 (1)：125-144.

［278］ Mohammadbashir Sedighi, Stephan Lukosch, Frances Brazier, et al.. Multi -level knowledge sharing：the role of perceived benefits in different visibility levels of knowledge exchange ［J］ . Journal of Knowledge Management, 2018, 22 (6)：1264-1287.

［279］ Mohannak K.Innovation networks and capability building in the Australian high-technology SMEs ［J］. European Journal of Innovation Management, 2007, 10 (2)：236-251.

［280］ Mohr J J, Sengupta S. Managing the paradox of inter-firm learning：the role of governance mechanisms ［J］ . Journal of Business &

Industrial Marketing, 2002, 17 (4): 282-301.

[281] Nandini Lahiri, Sriram Narrayanan. Vertical integration, innovation, and alliance portfolio size: Implications for firm performance [J]. Strategic Management Journal, 2013, 34 (9): 1042-1064.

[282] Nonaka I, Konno N. The concept of 'ba': building a foundation for knowledge creation [J]. California Manage Review, 1998, 40 (3): 40-54.

[283] Nonaka I, Krogh G V. Perspective—Tacit Knowledge and Knowledge Conversion: Controversy and Advancement in Organizational Knowledge Creation Theory [J]. Organization Science, 2009, 20 (3): 635-652.

[284] Nonaka I, Reinmoeller P, Dai S. The "ART" of knowledge: Systems to capitalize on market knowledge [J]. European Management Journal, 1998, 16 (6): 673-684.

[285] Ornaghi C. Spillovers in product and process innovation: Evidence from manufacturing firms [J]. International Journal of Industrial Organization, 2006, 24 (2): 349-380.

[286] Paavo Ritala, Vassilis Agouridas. Value creation and capture mechanisms in innovation ecosystems: a comparative case study [J]. International Journal of Technology Management, 2013, 63 (3-4): 244-267.

[287] Paladino A. Analyzing the Effects of Market and Resource Orientations on Innovative Outcomes in Times of Turbulence [J]. Journal of Product Innovation Management, 2008, 25 (6): 577-592.

[288] Pallotti F, Lomi A. Network Influence and Organizational Performance: The Effects of Tie Strength and Structural Equivalence [J]. European Management Journal, 2011, 29 (5): 389-403.

[289] Pathak, Day J M, Nair, et al.. Complexity and adaptivity in supply networks: building supply network theory using a complex adaptive systems perspective [J]. Decision Science. 2007, 38 (4): 547-580.

[290] Pentland B T, Feldman M S, Becker M C. Dynamics of organizational routines: A generative model [J]. Journal of Management Studies, 2012, 49 (8): 1484-1508.

[291] Perri A, Andersson U, Nell P C, et al.. Balancing the trade-off between learning prospects and spillover risks: MNC subsidiaries'

vertical linkage patterns in developed countries [J]. Journal of World Business, 2013, 48 (4): 503-514.

[292] Pettigrew A M. Longitudinal field research on change: Theory and practice [J]. Organization Science, 1990, 1 (3): 267-292.

[293] Pisano G P, Teece D J. How to Capture Value from Innovation: Shaping intellectual property and industry architecture [J]. California Management Review, 2007, 50 (1): 278-296.

[294] Plum O, Hassink R. On the nature and geography of innovation and interactive learning: A case study of the biotechnology industry in the Aachen technology region, Germany [J]. European Planning Studies, 2011, 19 (7): 1141-1163.

[295] Powell Walter W, Koput K W, Smith-Doerr. Interorganizational Collaboration and the Locus of Innovation: Networks of Learning in Biotechnology [J]. Administrative Science Quarterly, 1996, 41 (1): 116.

[296] Raghu T S, Kannan PK, Rao H R, et al.. Dynamic profiling of consumers for customized offerings over the Internet: a model and analysis [J]. Decision Support Systems, 2001, 32 (2): 117-134.

[297] Reagans R, Mcevily B. Network Structure and Knowledge Transfer: The Effects of Cohesion and Range [J]. Administrative Science Quarterly, 2003, 48 (2): 240-267.

[298] Rennings K., Redefining innovation – eco-innovation research and the contribution from ecological economics [J]. Ecological Economics, 2000, 32 (2): 319-332.

[299] Renzl B. Trust in management and knowledge sharing: the mediating effects of fear and knowledge documentation [J]. Omega, 2008, 36 (2): 206-220.

[300] Ritala P, Hurmelinna-Laukkanen P. What's in it for me? Creating and appropriating value in innovation-related coopetition [J]. Technovation, 2009, 29 (12): 0-828.

[301] Ritter T, Gemünden H G. The impact of a company's business strategy on its technological competence, network competence and innovation success [J]. Journal of business research, 2004, 57 (5): 548-556.

[302] Robert Huggins, Andrew Johnston, Piers Thompson. Network Capital, Social Capital and Knowledge Flow: How the Nature of Inter-organizational Networks Impacts on Innovation [J]. Industry &

Innovation, 2012, 19 (3): 203-232.

[303] Rodan S. Innovation and heterogeneous knowledge in managerial contact networks [J]. Journal of Knowledge Management, 2002, 6 (2): 152-163.

[304] Rohrbeck R, Holzle K, Gemünden H G. Opening up for competitive advantage How deutsche telekom creates an open innovation ecosystem [J]. R & D Management, 2009, 39 (4): 420-430.

[305] Ron Adner, Kapoor. Innovation ecosystems and the pace of substitution: re -examining technology S-curves [J]. Strategic Management Journal, 2016, 3 (4): 625- 648.

[306] Rosenkopf L, Nerkar A. Beyond Local Research: Boundary-Spanning, Exploration, and Impact in the Optical Disk Industry [J]. Strategic Management Journal, 2001, 22 (4): 834-850.

[307] Rothgang M, Cantner U, Dehio J, et al.. Cluster policy: insights from the German leading edge cluster competition [J]. Journal of Open Innovation: Technology, Market, and Complexity, 2017, 3 (1): 18.

[308] Rutten, Boekema. Regional social capital: Embeddedness, innovation networks and regional economic development [J] . Technological Forecasting and Social Change, 2007, 74 (9): 1834-1846.

[309] Rychen F, Zimmermann J B. Clusters in the Global Knowledge-based Economy: Knowledge Gatekeepers and Temporary Proximity [J]. Regional Studies, 2008, 42 (6): 767-76.

[310] Ryu W, Brian T, McCann, et al.. Geographic Co-location of Partners and Rivals: Implications for the Design of R & D Alliances [J]. Academy of Management Journal, 2018, 61 (3), 945-965.

[311] Sabherwal R, Becerra-Fernandez I. Integrating Specific Knowledge: Insights From the Kennedy Space Center [J]. IEEE transactions on Engineering Management, 2005, 52 (3): 301-315.

[312] SaxenianA L. The new argonauts: Regional advantage in a global economy [J]. Economic Geography, 2008, 84 (1): 105-108.

[313] Schilling M A, Phelps C C. Interfirm collaboration networks: The impact of large-scale network structure on firm innovation [J]. Management Science, 2007, 53 (7): 1113-1126.

[314] Solvell O, Zander I. International Diffusion of Knowledge: Isolating Mechanism and the Role of MNE [J]. The Dynamic Firm, 2000

(16)：402-416.

[315] Song J. Innovation ecosystem：impact of interactive patterns，member location and member heterogeneity on cooperative innovation performance [J]. Innovation Management Policy & Practice, 2016, 18 (1)：13-29.

[316] Spralls S A, Hunt S D, Wilcox J B. Extranet use and building relationship capitalin interfirm distribution networks：The role of extranet capability. [J]. Journal of Retailing, 2011, 87 (1)：59-74.

[317] Srivastava M K, Gnyawali D R. When do relational resources matter? Leveraging portfolio technological resources for breakthrough innovation [J]. Academy of Management Journal, 2011, 54 (4)：797-810.

[318] Stanko M A, Olleros X . Industry growth and the knowledge spillover regime：Does outsourcing harm innovativeness but help profit? [J]. Journal of Business Research, 2013, 66 (10)：2007-2016.

[319] Stieglitz N, Heine K. Innovations and the role of complementarities in a strategic theory of the firm [J]. Strategic Management Journal, 2007, 28 (1)：1-15.

[320] Storey C, Kelly D. Measuring the Performance of New Service Development Activities [J]. Service Industries Journal, 2001, 21 (2)：71-90.

[321] Taheri M, Geenhuizen M. How human capital and social networks may influence the patterns of international learning among academic spin-off firms [J]. Papers in Regional Science, 2011, 90 (2)：287-311.

[322] Taminiau Y, Smit W, De Lange A. Innovation in management consulting firms through informal knowledge sharing [J]. Journal of Knowledge Management, 2009, 13 (1)：42-55.

[323] Tappeiner G, Hauser C, Walde J . Regional knowledge spillovers：Fact or artifact? [J]. Research Policy, 2008, 37 (5)：861-874.

[324] Tdtling F, Lehner P, Kaufmann A. Do different types of innovation rely on specific kinds of knowledge interactions? [J] . Technovation, 2009, 29 (1)：59-71.

[325] Teece D J. Explicating dynamic capabilities：the nature and microfoundations of (sustainable) enterprise performance [J] . Strategic management journal, 2007, 28 (13)：1319-1350.

[326] Ter Wal A L J. The dynamics of the inventor network in German

biotechnology: Geographical proximity versus triadic closure [J].
Journal of Economic Geography, 2013, 14 (3): 589-620.

[327] Thomke S, Hippel E V, Franke R. Modes of experimentation: an
innovation process—and competitive—variable [J]. Research Policy,
1998, 27 (3): 315-332.

[328] Thuno T. University-industry collaboration: The network embeddedness
approach [J]. Science & Public Policy, 2007, 34 (3): 158-168.

[329] Tiziana Russo Spena, Marco Trequa, Francesco B. Knowledge
Practices for an Emerging Innovation Ecosystem [J]. International
Journal of Innovation and Technology Management, 2016, 13 (5): 1-21.

[330] Tödtling F, Lehner P, Kaufmann A. Do different types of innovation rely
on specific kinds of knowledge interactions? [J]. Technovation, 2009,
29 (1): 59-71.

[331] Trippl M, Tödtling F, Lengauer L.Knowledge sourcing beyond buzz and
pipelines: evidence from the Vienna software sector [J]. Economic
Geography, 2009, 85 (4): 443-462.

[332] Trippl M. Networks in the Innovation Process: Local and Regional
Interactions, by Holger Graf [J]. Journal of Regional Science, 2009,
49 (2): 402-404..

[333] Tseng C Y, Hung C H. Knowledge absorptive capacity and innovation
performance in KIBS [J]. Journal of Knowledge Management, 2011,
15 (6): 971-983.

[334] Tseng, C Y, Hung C H. Knowledge absorptive capacity and innovation
performance in KIBS [J]. Journal of Knowledge Management, 2011,
15 (6): 971-983.

[335] Tung W F, Yuan S T., A Symbiosis-Based Value Co-Creation
Framework for Service Delivery Design [J]. Mis Review An
International Journal, 2010, 15 (2): 55-73.

[336] Vaccaro A, Veloso F, Brusoni S.The impact of virtual technologies on
knowledge-based processes: An empirical study [J], Research
Policy, 2009, 38 (4): 1278-1287.

[337] Verganti R, Öberg Åsa. Interpreting and envisioning—A hermeneutic
framework to look at radical innovation of meanings [J]. Industrial
Marketing Management, 2013, 42 (1): 86-95.

[338] Vernon Henderson J. Understanding knowledge spillovers [J].

Regional Science and Urban Economics, 2007, 37 (4): 497-508.

[339] Volkova T, Jakobsone I. The creation of successful business models through the extended application of design in business in Latvia and Estonia. Baltic Journal Of Management, 2016, 8 (4): 486-506.

[340] Wang J. Knowledge Creation in Collaboration Networks: Effects of Tie Configuration [J]. Research Policy. 2016, 45 (1): 68-80.

[341] Weck M. Knowledge creation and exploitation in collaborative R&D projects: lessons learned on success factors [J]. Knowledge and Process Management, 2006, 13 (4): 252-263.

[342] Westerlund M, Rajala R. Learning and innovation in inter-organizational network collaboration [J]. Journal of Business & Industrial Marketing, 2010, 25 (4): 435-442.

[343] Winter, Szulanski, Ringov. Reproducing Knowledge: Inaccurate Replication and Failure in Franchise Organizations [J]. Organization Science, 2012, 23 (3): 672-685.

[344] Xia J. Mutual Dependence, Partner Substitutability, and Repeated Partnership: The Survival of Cross-border Alliances [J]. Strategic Management Journal, 2011, 32 (3): 229-253.

[345] Yang H, Phelps C, Steensma H K. Learning from what others have learned from you: The effects of knowledge spillovers on originating firms. [J]. Academy of Management Journal, 2010, 53 (2): 371-389.

[346] Yang Q, Mudambi R, Meyer K E. Conventional and Reverse Knowledge Flows in Multinational Corporations [J]. Journal of Management, 2008, 34 (4): 882-902.

[347] Yeh C H, Shen W C. Using continuous auditing life cycle management to ensure continuous assurance [J]. African Journal of Business Management, 2010, 4 (12): 2554-2570.

[348] Ying T, Wang E, Jiang J. Knowledge Integration in ERP Project Success: A Hermeneutic Focus [J]. International Research Workshop, 2006, 23 (1): 263-292.

[349] Zaheer A, Bell G G. Benefiting from network position: firm capabilities, structural holes, and performance [J]. Strategic management journal, 2005, 26 (9): 809-825.

[350] Zhang Y, Li H. Innovation search of new ventures in a technology cluster: The role of ties with service intermediaries [J]. Strategic

Management Journal, 2010, 31 (1): 88-109.

[351] Zimmermann J B. Clusters in the global knowledge-based economy: knowledge gatekeepers and temporary proximity [J]. Regional Studies, 2008, 42 (6): 767-776.

[352] Zollo Reuer J, Singh H. Interorganizational Routines and Performance in Strategic Alliances [J]. Organization Science, 2002, 13 (6): 701-713.

索引